사회복지상담기술

JANET SEDEN 저
김용민 · 이무영 공역

청목출판사

옮긴이의 말

사회복지현장에서 상담기술은 가장 기본이 되고 토대가 되는 지식이다. 현장에서 사회복지실천을 접하면서 가장 필요로 하는 기술이기도 하다. 현장에서 사회복지를 실천할 때 경험 있는 사회복지사는 학교에서 중심적인 기술로 사회복지 상담을 배울 때와는 다르게 변화하는 환경 속에서 일어나는 여러 상황에 직면하면서 상담의 중요성이 더욱 절실함을 알게 될 것이다. 역자는 학교에서 사회복지상담을 가르치면서 복지관점에서 상담을 접근하는 체계적이고 통찰력 있는 교재를 갈급해 왔다. 그러던 중에, 영국의 Janet Seden에 의해 쓰여진 "Counselling Skills in Social Work Practice(제2판)"을 접하게 되었으며, 바로 이 책자가 조금이나마 목마름을 적셔줄 수 있는 반가운 책이라 생각하여 번역하게 되었다.

그동안의 상담은 사회복지실천론의 한 부분으로 중요성이 큼에도 그 깊이에 있어서 심도 있게 다뤄지지 않아 안타까움이 많았다. 이 책에서는 저자는 일반상담과 사회복지상담과의 공통점과 차이점을 명확하게 해석하고 있으며 일반상담의 적용기술을 통찰력 있게 설명하고 있으며 사회복지에 적용될 때의 여러 사례를 들어 차이점을 안내하며 사회복지상담을 설명하고 있다.

상담에서 적극적 경청과 부연설명하기, 공감, 도전하기, 목표설정하기, 자신과 상대방의 신체언어를 이해하기, 판단과 도덕적 반응을 피하기, 구조화 기술, 피드백을 제공하는 능력 등은 입문적인 기술이지만 개념을 알고 적절히 활용할 수 있는 기술이 필요하다. 필수 기술을 익히면서 의사소통과 관계형성을 통한 상담기술을 사회복지적인 사정에 개입하고 적용하고 다양한 세팅에서 활용할 수 있도록 연결시키는 것을 보여주고 있다. 이것은 초보실천가가 상담 접근법을 더 배우고자 하는 최소한의 상담기술 습득의 욕구와 숙련된 실천가가 연관된 심화된 기술을 배우고 싶어하는 욕구를 채우게 될 것이다.

일반 상담기술과 사회복지실천에서 상담기술은 업무에 있어서 실천 과정별 접근법의 차이점과 공통점을 명확히 해 주어야 한다. 일반 상담기술과 사회복지실천의 상담기술에서는 법률에 위임사항과 윤리적인 결정방법에 있어 차이는 물론 있지만 실천기술, 공유된 가치와 지식이 겹치는 공통된 부분도 있을 것이다. 사회복지는 자신의 환경과 상호작용하는 개인들을 위한 일에 종사한다는 점에서 변화를 도모하고 복지를 증진시키는 일을 한다는 점에서 일반상담과 사회복지실천에서의 상담간의 존재감의 차이가 있을 수 있다. 사회복지는 개인의 표현된 욕구에 초점을 맞추면서 경제적, 사회적 불평등한 개인에 대한 영향력을 이해하고 사회적 지지를 제공하는 분명한 역할이 있다. 성인과 아동을 위해로부터 보호하며 국가를 대신하여 개입할 권한과 의무를 가지고 있으며, 특히 다전문가기관과 함께 서비스 연계망을 형성하는 역할을 하는 면에서는 사회복지실천에서의 상담을 말한다.

그러나 사회복지사는 개인과 가족, 집단, 지역사회와 함께 일하지만 가장 기초적인 것은 일반적인 상담기술을 적용하여 사용한다는 것이다. 그러므로 사회복지사가 부족한 부분인 사회복지실천에서의 상담기술을 익힌다는 것은 이 책의 중요성에 무게를 실어준다.

또한 학습은 창의성을 가지고 도전해 나가야 하는데 저자는 실천훈련에 대한 아이디어와 자기개발이라는 접근법을 제시하였다. 타인의 기술을 이해하고 나의 것으로 내면화시켜서 자신의 새로운 기술로 개발하는데 질문을 던져 흥미를 갖게 한다. 그런 면에서 이 책을 접하게 되는 사회복지실천가에게 자신의 기술을 점검하게 하며 앞으로 나아가게 하는 재미를 더하고 있다.

번역판인 이 책은 원문을 살리면서 한국의 문화에 맞게 표현하는 것이 어려웠다. 어떤 부분은 문화적인 차이로 이해되지 못하는 부분이 있었으며 또한 문맥도 여러 번 수정을 했으나 매끄럽지 못한 부분이 있어 죄송한 마음을 금할 수 없다.

그러나 용기를 내어 출판하는 것은 사회복지실천현장에서 꼭 필요한 상담기술서이기에 현장사회복지사나 초보사회복지사에게 도전이 되고 도움이 되었으면 하는 마음이 더 컸기에 가능했으리라 생각된다.

대표 역자인 본인은 사회복지실천 현장에도 있었으며 후학을 가르치면서 저자가 예를 들은 사례에 동감하면서 한국 상황에도 똑같이 일어날 수 있는 일이라 놀라면서도 역시 사회복지는 실천학문이라는 면에서 조그만 미소도 지어 보았다.

이 책이 나오기까지 항상 함께 하여 주신 하나님께 먼저 감사함을 전합니다. 그리고 이 책을 출판하겠다고 결심하도록 용기와 지지, 번역에 많은 도움을 주신 정동하 박사님에게 고마운 마음을 전합니다. 특히, 이 책의 출판을 맡아주신 청목출판사의 유성렬 사장님과 최명성 이사님에게 감사드립니다.

아무쪼록 우리 역자들은 이 책이 사회복지실천 현장에서 좋은 입문서가 되기를 기대해 보며 한국형에 맞는 사회복지실천에서의 상담을 더 연구해 보겠다는 도전에 꿈을 꿔 본다.

2010년 8월

김용민, 이무영

글쓴이의 말

이 책은 상담 기술과 사회복지사의 전문적인 관심사에 대한 관계를 살펴보는 시리즈물 중의 하나이다. 제2판은 사회복지에서 학위의 요구조건으로 서비스 이용자에 대한 사회복지사의 중심적인 역할에 대해 의사소통, 인간계발 그리고 반영적인 실천을 적극적으로 강조함에 따라, 그에 따른 사회복지 교육의 변화에 부응하고 있다. 핵심적인 역할과 기준, 논의와 연관된 것은, 사회복지를 배우고 있는 학생들과 그것들을 가르치는 교사들에게 친밀할 것이지만, 어쩌면 다른 사람들에게는 그렇지 못할 수도 있다. 그러므로 여기서 다루는 범주들은 사회복지실천 현장에서 오랫동안 발전되어 온 지식, 가치 그리고 기술에 근거하여 형성된 것임을 분명하게 말해 두고자 한다.

상담과 사회복지이론은 개인 간에 일어나는 일을 알려주는 심리학과 사회이론으로부터 끌어오면서, 함께 발전적인 경로를 구축해 오고 있다. 상담과 마찬가지로 사회복지는 복지의 증진과 가능한 한 사람들이 원하는 것에 대해 응답하는데 관심이 있다. 상담과 달리, 사회복지는 사회/정치적 환경 속에서 사회적 불평등에 맞서 싸우는데 관심이 있다. 사회복지사들은 또한 정부의 사회정치적 관심에 의해 정의된 일정한 집단의 사람들에 대한 법적인 책임을 지고 있으며, 이것은 강제적인 개입을 포함할 수 있다.

서비스이용자들에 대한 조사와 상담결과 사회복지사들은 자신들이 직면한 복합적인 과업을 수행하기 위하여 최소한 기본적인 상담 기술, 때때로 진보된 기술을 필요로 한다는 사실이 분명해졌다. 정확하게 필요한 것은 개인이 일하는 장소에 달려 있다. 하지만 가장 근본적인 경청과 반응하는 기술을 사용하는데 실패하는 것은 종종 잘못된 결과를 가져오는 원인이 되고 있다. 경청하고, 듣고 긍정적으로 반응하는 능력은 서비스이용자가 사회복지사에게 중요한 대상임을 확인시켜 주는 기술들이다. 타인의 이야기를 있는 그대로 듣고 반영적으로 반응하는 기본적이고 핵심적인 능력은 아무리 강조해도 지나치지 않는다.

이 책은 적극적 경청과 반응으로 시작해서, 상담 기술을 탐색하고, 이것들과 다른 상담 기술이 민감하고 적절하게 사회복지실천에 유익하게 공헌하는 방법에 대해 살펴본다. 인간은 타인과 항상 의사소통을 하지만, 사회복지사는 자신들의 의사소통 태도가 존중심을 전달하고, 자신과 다양한 사람들을 효율적으로 연결시킨다는 사실을 확신해야 한다. 그들은 자신들의 행위뿐만 아니라, 그들이 말하고 상호관련을 맺는 방법에 대해 책임이 있고, 단지 습관과 경험에 의존할 수 없으며, 그들은 의사소통과 관계에서 기술을 필요로 한다.

사회복지는 다학문적이고, 기관 간 활동이며, 서비스제공을 위한 전문적인 협력관계이다. 효과적인 협력관계의 장벽 중의 하나는 언어, 배경, 태도와 가치에서 차이이다. 이런 차이가 개인의 환경을 전체적으로 조망할 수 있는 몇 가지 관점을 제공해 줄 수 있는 장점이 있는 반면에, 또한 자신의 전문적인 영역에 대한 방어막과 문제를 해결하는 방식에 대한 갈등의 위험이 있다. 모든 전문가들이 상담 기술을 필요하기 때문에(여기서는 간호사, 교육자 그리고 다른 전문영역이 해당될 것이다), 그들은 차이점을 해결하고 협력하는 방법을 알아내기 위해 공통적이고 일치된 통합된 접근방법을 사용하는 데 있어서 훨씬 수월한 부분이 있다. 높은 수준의 대인관계 기술은 연계망과 동반자적 관계를 형성하는 능력에 근간이 된다.

나 자신의 경험(보호관찰관, 일반사회복지사, 아동과 가족담당 사회복지사, 사회복지와 케어복지 강사, 상담가와 상담훈련가)은 기술을 적용함에 있어서 나에게 사회복지사, 상담가 그리고 다른 전문가 사이에서 접근방법의 공통점과 차이점을 보여주었다. 이 책에 실린 내용은 사회복지사, 건강전문가, 교사, 목사, 지지집단, 보육시설 관계자, 치료자, 지역사회와 청소년 담당자, 자원봉사 담당자와 그 외 다른 영역을 포함한 전문적인 영역에서 다루어지고 있다.

그렇지만 기술은 결코 그것이 적용되는 방법에 있어서 고정되어 있지 않다. 기술은 많은 맥락과 상황적 요인들에 의존한다. 될 수 있는 한 서비스이용자들이 이끌어 가야하고, 그들의 '제 목소리'를 낼 수 있어야 하고, '선택권'을 가져야 한다. 이 책은 실천가들이 필요로 하는 기술에 대해 초점을 두고 있다. 이것은 서비스이용자들이 수동적이기 때문이 아니라, 결코 그런 것은 아닌데, 사회복지사는 사람들이 그에게 가져온 것에 대한 자신의 태도와 반응에 책임이 있기 때문이다. 사회복지사는 자신의 능력을 최대한 발휘하여 의사소통과 관계를 맺는데 전문적인 책임을 지니고 있다. 만약 상담 기술을 익혀서 실천현장에서 반영적으로 사용된다면, 그런 기술은 사회복지사가 서비스이용자의 요구사항에 더 책임감을 갖게 할 수 있으며, 각각의 상황에서, 적시에 이용자의 선택을 고양하는데 사용될 수 있다. 상담 기술은 엄격하게, 규정적으로 또는 강제적으로 사용되는 것이 아니라, 그보다 사회복지사가 타인의 삶에 잘못 개입되었을 때 일어날 가능성이 있는 차별이나 해로움을 피하기 위해 유연하고, 책임감 있고, 윤리적인 것을 의미한다. 사회복지사는 항상 자신의 역할에서 개인적인 능력과 법령에 의해 부여된 권한을 갖고 돌보아야 한다.

여기서, 상담 기술은 사회복지를 위한 이론, 방법 그리고 기본적인 틀의 영역을 지탱하는 도구로 보인다. 그렇기 때문에 상담 기술은 중립적이 아니며, 타인의 경험을 고양시키기 위해 사용하는 실천가의 능력에 달려 있다. 따라서 이 책은 사회복지를 배경으로 한 상담 기술에 대한 것으로, 이 둘(사회복지와 상담기술)은 계속해서 상호관계 속에서 살펴보게 될 것이다.

용어의 정의는 언제나 중요하다. 상담가는 보통 그들이 상대하는 대상자를 '클라이언트'라고 말한다. 내가 상담 자료 또는 누군가의 설명에서 인용한 것에서 나는 이 단어를 바꾸지 않고 그대로 적었다. 그렇지 않으면 나는 그 용어들을 스코틀랜드에서 사회복지를 위한 기본 틀에서 다음과 같이 채택하였다.

'서비스를 이용하는 자'란 용어는 사회복지서비스를 받는 어떤 개인, 집단, 지역사회 또는 조직을 의미한다. 이 용어는 이런 서비스를 원하거나 혹은 요청하지 않는 사람들, 예를 들어 보호관찰이나 가석방 중에 있는 사람들을 포함한다.

'돌보미'란 용어는 가족구성원 또는 다른 사람 그리고 서비스를 전달하기 위하여 사회복지사와 동반자적 관계로 일하는 사람들에게 제공하는 비공식적, 비용을 받지 않는 돌봄을 제공하는 사람을 의미한다. 따라서 학습자의 입장에서는 적절한 지지를 제공하기 위해, 서비스이용자들과 돌보미들이 갖고 있는 불일치한 이해관계를 분리하는데 필요한 기술을 습득하고 그런 부분에 대해 정통해야 한다.

'사회복지사'란 용어는 사회복지에서 전문적인 자격을 획득한 자로 (스코틀랜드의) 2001년 케어규정에 정의되어 있다.

(www.scotland.gov.uk: accessed 4 April, 2004)

'서비스이용자'란 용어는 '서비스를 이용하는 사람'을 나타낸다. 보수를 받는 돌보미(paid carer) 또는 케어워커(care worker)는 일반 돌보미(carer)로부터 기관이나 개인에 의해 고용된 돌보미를 구별하는데 사용되고 있다. 나는 사회복지사와 전문가를 번갈아가면서 사용하고 있다. 나는 또한 복지사(worker)와 실천가(practitioner)란 용어를 건강과 사회적 케어 영역에서 역할을 하는 고용된 사람들을 기술하는데 사용하고 있다. 때때로 전문가는 사회복지사 이외 다른 분야(교사, 간호사, 의사 같은)를 포함한다.

사회복지는 수년 동안 그리고 지금까지도 매일 매일 사회로부터 미디어와 도덕적인 공황(moral panic)의 주제가 되고 있다. 많은 사회복지사들은 자신의 과업을 친절하고, 유능하고, 효과적인 방법으로 수행하고 있다. 하지만 그것들은 대중적으로 거의 인정받지 못하는 것처럼 보인다. 가정에서 요양시설이나 병원으로 옮기는 것 같은 중요한 사건, 자녀, 자유, 수입, 시민권 등을 잃어버리는 것들은 사회복지사가 개입하게 될 중요한 생활사건의 일부이다. 실천현장의 사례들은 자신들이 고용된 조직 내에서, 아동, 가족 그리고 성인들에 대해 자신의 일상적인 과업을 잘 수행하는데 헌신하고 있는 실천가들을 보여준다.

여기에 소개된 사례들은 실제상황에서 인용한 것으로, 발간을 위해 재편집된 것들이다. 사례들은 사회복지실천에서 상담 기술의 실제적 기술을 설명하고 있고, 이것들로부터 학습하고 배울 수 있다. 이것들은 사회복지사 자격을 갖춘 초보자와 경력자들에 의해 제공된 것이며, 아동과 성인서비스, 교정 분야와 자원봉사 영역을 포함하고 있다.

여기서 사용된 일반적인 이론과 방법론적인 내용은 나 자신의 경험, 연구와 강의자료에 근거한 것이며, 일부는 보건성(Department of Health)의 의뢰로 제출한 문헌에서 인용하였다. 완전한 간행본은 '빈곤 아동과 가족사정을 위한 틀의 개발에 관한 연구'(Department of Health, 2000)로 발간되었다. 이 책에서 인용하도록 동의해 주신 것에 대해 감사를 전한다.

또한 본 책을 발간하는데 도움을 주고 자료의 인용을 허락해준 다음 분들에게 감사의 말을 전한다: Kimberley Absalom, Pauline Anstead, Juliet Bewley, Julie Brooks, Lorraine Chapman, Toni Fox, Sandra Holyoake, Elizabeth Laurence, Liz McKenzie, Sarah Morris, David Neville, Sarah Orgill, Moira Phillips, Arlen Price, Pamela Shenton, Christs Shotton, Andy Smith, Maritin Shaw, Richard Taylor, Martyn Vali and Claire Wilkinson.

아울러 제1장에 언급된 질문을 완성해준 분들의 고마움에 감사의 말씀을 전한다. 나에게 상담에 대해 많은 것을 가르쳤고, 초판발간에 많은 조언을 해준 미카엘 제이콥스(Michael Jacobs)와 이 책을 쓰도록 격려해 준 제인 올게이트(Jane Aldgate) 교수에게 나는 많은 빚을 졌다. 또한 나는 The Open University에서 많은 동료들과 함께 한 팀(course team)의 업적에 대해 감사를 드린다. 그들의 통찰력, 경험, 인식 그리고 도전은 나로 하여금 더 많이 배우도록 하는 커다란 원동력이 되었다.

Janet Seden, Leicester, 17 July, 2004

자기개발을 위한 질문과 활동에 대해 일러두기

이번 제2판 간행본은 원래 독학 매뉴얼 또는 공개강좌 과정의 내용이 아니다. 이 책은 기술들을 학습하고 실천함에 편리하도록 개인 혹은 집단에 의해 사용될 수 있는 약간의 개입활동과 질문을 제공하고 있다. 이러한 내용들은 제1-7장의 끝부분과 제8장의 각 섹션의 끝에서 찾아볼 수 있다. 이것들은 독자가 건강과 사회적 케어에 대한 관심과 아마도 건강과 사회적 케어에 대한 지식을 다소 갖고 있음을 나타낸다. 전문성의 개발을 지속하는 것은 실천가의 경력에 중요한 구성요소이며, 자기개발을 위해 책임을 지는 것은 핵심적인 사항이다. 이 책의 독자들은 이미 상담기술과 사회복지에 관심을 갖고 있을 것이며, 질문과 개입활동은 자신들의 기술을 들여다보는 방법을 제공한다.

학습은 정보를 습득하는 것 이상을 말한다. 이것은 새로운 통찰력과 기술을 개발하기 위해 활동적인 실천훈련, 실천현장에서 아이디어를 시도해 보는 것을 포함한다. 프란시스와 우드콕(Frances & Woodcock, 1982)은 자기개발을 위한 3단계 접근방법을 제안하였다. 즉 현재를 탐색하기(여러분이 알고 있는 것을 조사하고 평가하기), 미래를 구상하기(여러분이 달성하고자 하는 것을 사정하기), 간격을 메우기(여러분의 목표를 달성하기 위해 전략과 활동을 궁리하기)를 말한다. 이 책에서 나는 타인들의 기술을 이해하고 그것으로부터 배우는 것이 도움이 되며, 여러분의 일상적인 실천현장에서 반영할 것을 제안하고 있다. 자기개발을 위한 활동과 질문은 이 책에 실은 내용과 연관하여 체계화하는 방법을 제공하고 있다.

1. 개별적인 경우, 여러분이 각 장을 읽은 후, 각장의 내용과 여러분 자신의 실천경험을 토대로 활동을 완성하라. 학습 진행표를 유지하고 여러분의 상담 기술과 여러분의 업무현장에서 관계를 향상시

키는 일에 활동적으로 임하라.

2. '비판적 친구'가 될 동료를 찾아라. 여러분의 기술을 위해 함께 일하고, 그들에게 향상을 위한 피드백과 아이디어를 요청하라. 여러분은 또한 여러분의 실천현장에서 서비스이용자의 피드백과 평가를 구할 수 있다.
3. 집단으로 일할 경우, 여러분이 자신의 경험과 대조해 보고 아이디어를 교환할 수 있도록 다른 사람들과 활동을 사용하라.
4. 여러분이 감독/가르치는 사람들과 질문과 활동을 사용하라.
5. 팀을 개발시키기 위한 회기를 이끌어라.

여러분이 무엇을 하기로 선택하든 간에, 상담가가 사용하는 것 같은 대인관계 기술은 실천, 피드백 그리고 반영에 의해 언제든지 향상되고 개발될 수 있다. 환경이 변함에 따라 기술은 새로운 상황에 적응할 필요성이 있다. 서비스이용자는 누구나 사회복지사가 다음과 같은 특성을 갖기를 언제나 원한다는 사실을 명심하라.

개인, 가족, 돌보미, 집단 그리고 지역사회가 말한 것을 적극적으로 경청한다.

명확한 의사소통에 근거하여 정직한 관계를 형성한다.

개입의 시작, 지속 그리고 관계를 끝내는데 있어서 익숙해진다.

차 례

제 1 장

상담 기술과 사회복지: 관계

김복례(67세) 할머니는 몇 마일 떨어져 살고 있는 자신보다 연로한 친척인 김만덕(87세) 할아버지를 도와주기 위해 도움을 요청하기로 하였다. 김만덕 할아버지는 몸이 쇠약해서 자신을 스스로 돌보기가 힘들어서, 세탁, 옷 입기, 쇼핑 그리고 요리 등에 도움을 필요로 하고 있었다. 그의 주치의는 사회복지서비스를 통하여 가정도우미가 제공될 수 있다고 제안하였다. 김복례 할머니는 특히 그녀의 아픈 남편(71세)을 돌볼 때, 김만덕 할아버지에 대해 무척 걱정하였다. 이것은 그녀가 자신의 삼촌(김만덕)을 방문할 수 없다는 것을 의미하였다. 김만덕 할아버지는 가까운 근처에 친척이 아무도 없고, 김복례 할머니에게는 '아버지와 같은' 존재였다. 복례 할머니는 지역상담센터 담당자와 상의하였고, 센터 담당자는 그녀의 삼촌이 살고 있는 지역에서 노인을 위한 사회복지사의 전화번호를 찾아 알려주었다. 복례 할머니는 조금 걱정되면서 전화를 걸었다. 그리고 비록 그녀의 전화를 받은 사회복지사들이 공손하고 유능하였지만, 그들은 빠른 질문을 퍼부으면서 정보를 요청하였다. 복례 할머니는 담당자에게 의뢰되었고, 삼촌(김만덕)이 방문을 원하는지 확인전화를 삼촌에게 하게 될 것이고, 누군가가 가서 삼촌을 만날 것이라는 정보를 들었다. 전화가 끝나자 복례 할머니는 자신이 일을 제대로 처리했는지 걱정이 되기 시작하였다. 그녀는 정보를 삼촌에게 전달하였지만, 나중에는 불안감을 느꼈다. 그녀는 자신이 얼마나 걱정하고 있는지에 대해 느끼는 바를 말할 수 없었고, 항상 혼자 생활을 잘 해온 그녀의 삼촌이 간단한 일도 처리하지 못하게 되어 얼마나 어려운가를 설명할 수도 없었다. 복례 할머니는 삼촌이 낯선 돌보미의 방문에 대해 걱정하거나 삼촌이 자기 자신을 적절하게 돌보지 못하고 있는 것에 대한 것들을 삼촌이 도두 잊어버리는 것에 대해 그녀가 얼마나 걱정하고 있는지에 대해 함께 이야기를 나눌 수도 없었다. 그녀는 삼촌이 낯선 자의 방문에 어떻게 느끼고, 사회복지사의 모든 질문의 뒤에 어떻게 될지 걱정하였다. 복례 할머니는 자신이 한 일에 대해 근심하면서 밤을 새웠다.

한편, 다른 도시에 살고 있는 최애숙(67세) 할머니는 몇 마일 떨어진 곳에 살고 있는 자신보다 연로한 친척인 최현철(85세) 할아버지를 조금이라도 도와주기 위해 애를 쓰고 있었다. 최현철 할아버지는 몸이 허약해서 자신을 스스로 돌볼 수 없었다. 그는 세탁, 옷입기, 쇼핑 그리고 요리 등을 보조할 사람이 필요하였다. 최애숙 할머니는 특히 자신의 아픈 남편(71세)을 돌볼 때 삼촌(최현철)에 대해서 무척 걱정하였다. 그리고 가까운 근처에 아무런 친척이 없는 삼촌(최현철)을 방문할 수가 없었다. 최애숙 할머니는 지역상담센터 담당자와 상의하였고, 센터 담당자는 그녀의 삼촌이 살고 있는 지역에서 노인을 위한 사회복지사의 전화번호를 찾아 알려주었다. 최애숙 할머니는 다소 불안하면서도 전화를 걸었다. 전화를 받는 사회복지사들은 모두 공손하고, 유능했다. 하지만 약간의 기본적인 정보를 질문한 후에 그녀의 삼촌이 의뢰인(최애숙)에게 어떻게 반응할지에 대해 물었다. 최애숙 할머니는 그녀의 걱정을 함께 나눌 수 있어서 안도감을 느꼈다. 그녀는 삼촌(최현철)이 상황 변화에 따라 겪을지도 모르는 어려움을 이해해 주는 사회복지사로부터 도움을 받았다. 사회복지사가 이해했다는 느낌이 들면서, 그녀는 또한 삼촌이 자주 잊어버리고 자기 자신을 스스로 돌볼 수 없는 것에 대한 자신의 걱정을 공유할 수 있어서 도움이 되었다. 사회복지사는 이러한 걱정거리를 파악하고 최애숙 할머니가 제대로 일처리를 했다는 것을 확인할 수 있게 사회복지사가 작성한 기록의 내용들을 재차 읽어주면서 마무리를 지었다. 사회복지사는 또한 하루 중 어느 시간이 삼촌(최현철)을 방문하는데 가장 적합하고, 삼촌이 언제 서비스기관으로부터 서비스를 받기를 기대하는지, 그리고 그가 언제 전화를 쉽게 사용할 수 있는지에 대해 확인하였다. 사회복지사는 최애숙 할머니가 자신의 삼촌(최현철)에 대해 낯선 사람에게 말하는 것에 대한 불안감을 갖고 있으며, 이에 대한 걱정이 있음을 이해한다고 말하고, 직원이 삼촌을 만나서 삼촌이 돌보미의 방문에 동의하였는지에 대해 확인할 수 있다고 설명해 주었다. 최애숙 할머니는 복지서비스 기관의 이러한 배려와 상세하게 관심을 가져준 덕택에 안심이 되었다. 최애숙 할머니는 의뢰가 결정되었고, 전화를 해서 삼촌(최현철)이 방문을 원하였는지 확인을 하고, 누군가가 그를 만나러 가고, 그녀는 결과를 보고받게 될 것이라고 들었다. 그녀는 또한 사회복지사로부터 삼촌이 원하는 것을 확인하고 그의 의견이 존중될 것이란 말을 듣고 안심이 되었다. 전화가 끝난 후 최애숙 할머니는 모든 게 잘 될 거란 느낌이 들었다. 그녀는 일을 제대로 처리한 셈이다. 그녀는 삼촌에게 전화를 걸어 자초지종을 설명해주었다.

전문가와 그가 상대하는 사람들 간에 일상적인 상호관계에서 말하고 행한 것의 세부적인 내용은 진짜 중요한 문제이다.

카울스트(Coulshed, 1991)에 의하면, '만약 사례관리가 개별적인 클라이언트의 수준에서 조직적이고 협조적인 서비스를 위한 전략으로서 성공하려면, 도움을 주는 자와 도움을 받는 자 사이의 상호관계에서 대수롭지 않으면서도 소소한 것에 중점을 두어야 한다'고 지적하였다. 상담 기술은 이 경우에 중추적인 역할을 하게 된다.

한 개인이 타인과 상호작용하는 관계는 보건과 케어복지 분야에서 실천하는 모든 사회복지실천 방법의 핵심이 된다. 상담과 의사소통 기술은 업무가 진행되는 과정에서 좋은 관계를 형성하기 위해 항상 사용된다. 모든 사회복지실천 과정은 만나는 사람들의 맥락 속에서 발생하는 사람들의 고민거리와 삶의 위기를 처리하는 일련의 과정 즉, 초기면담, 사정, 계획, 개입, 평가 및 종결 등으로 이뤄진다. 일을 처리하는 과정의 질은 주로 사람들 사이의 대화에 달려 있다. 질 낮은 서비스는 종종 서비스이용자, 그들의 가족 그리고 워커 간에 갈등과 적대적인 관계 등이다. 질 좋은 서비스는 사회복지사와 서비스이용자가 함께 참여한 곳에서 협조적인 동반자적 관계를 형성하는 능력에 달려 있다. 이러한 관계형성기술은 실천현장에서, 특히 서비스를 필요로 하는 사람들이 자신이 처한 상황 때문에 불안하고, 화나고, 걱정스럽고, 짜증나는 실천현장에서 서비스의 질을 높이는 기반으로 작용하게 된다.

기술(Skill)은 '무언가를 잘하는' 능력으로 간단히 정의될 수 있다. 이 정의는 어떤 실제적인 업무에서 충분히 잘 적용될 수 있다. 그렇지만, 사회복지의 맥락에서 이른바 '잘 행해진 것'은 판단하기에 더 복잡하다. 의사소통이 '좋은'지의 여부는 그것이 상황 속에서 어떻게 받아들여지고 어떻게 다른 사람에게 전달되었는가에 달려 있다. 능숙한(skilful) 의사소통은 타인의 경험과 반응하고 참여하는 그들의 능력을 고양시킨다. 능숙한 것은 함께 일하는 감정을 불러일으킨다. 이러한 특성에 비추어 보면, 최애숙 할머니의 사회복지사는 김복례 할머니로부터 요청을 받은 사회복지사보다 더 능숙하였다.

앞의 간단한 사례에서 보듯이, 의사소통은 일상적인 인간의 상호관계이지만, 의사소통이 발생하는 상황은 말과 그 이면에 있는 의미를 변화시킨다. 앞의 두 사회복지사는 서비스를 제공하거나 철회할 수 있기 때문에 원조를 요청한 할머니보다 더 큰 힘을 갖고 있었다. 복지서비스를 위해 전화 요청하는 경험은 당연히 불안하고 걱정되는 두 할머니에게는 새로운 것이었다. 사회복지사는 할머니의 능력에 대해 걱정이 되었을 것이지만, 전화를 전문적으로 완벽하게 하고, 할머니의 입장에서 우선적으로 관심을 보여야 할 책임이 있었다. 사회복지사는 자신에게 관계형성을 위한 기술을 개발하고 향상시킬 책임이 있다. 이러한 노력은 사회복지사에게 자신이 책임질 수 있는 전문적 서비스를 제공해 줄 수 있게 한다.

갓난아기로부터 노인까지, 모두가 의사소통을 한다. 의사소통을 방해하는 특정한 장애가 있을 때, 그것을 극복하기 위한 창조적인 방법과 수단을 찾아낼 수 있다. 대부분의 의사소통 기술은 그것이 사회화 과정에서 학습되었다는 면에서 공통성을 갖고 있다. 개개인이 자신이 성장한 문화적 환경에서 부모와 타인으로부터 의사소통 양식을 배운다. 그렇지만, 전문적인 워커는 문화, 배경 그리고 능력에서 다양한 범위의 사람들과 만난다. 따라서 그는 전체적인 범위의 '타자들'과 상호관계를 향상시킬 방법을 학습하는데 열린 자세로 임할 필요가 있다.

1. 실천을 위한 배경

한 때, 사회복지사가 실천함에 있어서 상담과 개별사회사업(case work)을 사용하는 것이 당연한 적이 있었다(Perman, 1957; Biestek, 1961; Hollis 1964; Mayer & Timms, 1970; Roberts & Nee, 1971). 그렇지만 1980년대 이후로, 시장(markets), 의뢰인, 제공자, 자원과 생산물에 대한 보다 많은 관심(Taylor-Gooby & Lawson, 1993)은 그러한 상담기술이 더 이상 필요하지 않다는 결론으로 이끌고 있는 것 같았다. 지방정부에 고용된 사회복지사는 자신들은 상담가가 그들의 클라이언트에게 제공한 일종의 원조에 초점을 둘 것이라는 직업정신으로 임하는 것 같았다. 대신에, 사회복지사들은 사회서비스 부서에서 요구된 절차에 부응하기 위해 더욱 관료적이고 감독적인 일에 압도된 자신을 발견하였다.

해리스(Harris, 2002)는 마가렛 대처수상 밑에서 뉴 라이트와 그 이후에 존 메이저수상에게 복지국가의 개혁이 위임된 과정에 대해 대략적인 설명을 하고 있다. 그들은 경제적 필요성으로부터 자신들의 입장을 주장하면서, 사회서비스 조직에 비즈니스 사고를 도입하였다. 이 후에는 신노동당의 현대화 안건이 뒤를 이었다(Department of Health, 1998a, 2000a, 2001b). 이런 변화들은 통틀어 종종 '경영자중심주의'라고 불렸다. 웨인과 핸더슨(Waine & Henderson, 2003)은 이것을 '상업과 산업에서 빌려온 경영기술의 적용을 통하여 저비용으로 효과적인 서비스를 제공하는 것을 포함하여, 1980년대 이후 영국에 도입된, 모든 것에 우선하는 변화'라고 정의하였다.

이런 경향은 '관리주의(managerialist)'의 정책적 틀에 따라 설정된 상황 속에서, 자신의 일을 발견하게 되는 전문가들에게 긴장을 조성하고 있다. 해리스(Harris)는 이러한 비즈니스에 기초한 틀의 특성을 다음과 같이 제시하였다.

- **경쟁**: 공급자 사이에서의 경쟁은 더 많은 경제적, 효율적, 효과적인 서비스를 가져온다는 믿음.
- **계약**: 계약의 사용은 결정권을 갖고 있는 구매자를 통제하고, 계약이 이행되고 있는 것을 지켜볼 수 있게 보장한다. 공급자는 구매자의 결정을 이행해야 한다.
- **성과 지표**: 비즈니스 지향의 측정의 표준화된 도구와 사전에 설정된 산출물 측정은 사회복지 분야를 모니터링하는 과정에서 점차 증가되고 있다.
- **더 많은 업무량**: 분명히 말할 수는 없지만, 비즈니스 사고에 포함되고 경영적인 사회서비스의 자본주의 모델을 통하여 추구하는 이면에 깔린 메시지는 사회복지사가 일을 더 열심히 해야 한다는 사실이다.
- **증가된 세밀함**: 정보기술시스템은 사회복지 업무의 상세한 세분화와 업무의 완성을 확인하는 것을 가능케 한다. 이러한 통제의 대부분은 자유재량을 제한하는 컴퓨터화된 매뉴얼, 설명서와 안내서에 나타나고 있다. 그리고 서비스 자격을 위한 엄격히 정의된 기준; 표준화된 평가도구; 제한된 목록에서 종종 사전의 앞서 결정되는

개입; 접촉시간의 최소화와 이행에 대한 압력을 통하여 표준화되고 반복적인 시스템을 구축하고 있다.

- **결정권자의 취사선택과 배분**: 비즈니스적 사고는 사회복지사가 서비스 배분의 접근과 지급을 신중하게 통제하는 자원의 세세한 관리자로서 자신을 보도록 요구한다.

(2003: 36)

해리스(Harris)는 이러한 '비즈니스적 사고'에 대한 경향은 사회복지사의 사기를 저하시키고, 그들은 '서비스이용자 욕구의 다양성과 예측불가능성을 강조하는' 방법을 찾기 위해 일자리를 떠나고 있다고 주장했다(2003: 37).

정치적 환경이 이런 특정한 '경영주의자'형태를 띠는 반면에, 시민권, 인권에 대한 다른 인식과 서비스이용자의 목소리가 또한 매우 중요해지고 있다. 첫째, 모든 사람이 인생의 어느 지점에서 서비스를 필요하거나 이용한다는 사실이 받아들여질 수 있다. 둘째, 어떤 사람은 타인보다 서비스에 더 의존적이며, 이것은 종종 배제와 불이익의 강력한 영향력 때문이다(Connelly & Seden, 2003). 셋째, 우리는 모두 시민이고, 그렇기 때문에 정부가 우리에게 제공하는 서비스에 대해 목소리를 낼 자격이 부여되었다. 넷째, 서비스제공자에 의한 모든 행위는 인권법(Human Rights Act, 1998)의 관점에서 자세히 조사될 수 있다. '국민에게 경청하는 것'과 '국민을 존중하는 것'은 또한 정치적 수사의 일부분을 형성하는 개념이며, 이것은 실천 속으로 통합될 필요가 있다(참고자료인 Quality Strategy for Social Care에서는 개인이 서비스로부터 무엇을 원하는지에 대해 중점을 두는 것이 중요하다고 하였으며, 시민으로서, 개인이 기대하고 있는 것은 다음과 같다고 제시하였다).

- 전체 노동인력에 서비스를 전달함에 있어 모든 수준에서 높은 표준화된 기준.

- 서비스 전달의 반응, 속도 그리고 편리함.
- 적절성(문화와 생활양식을 존중하면서, 개인의 욕구에 맞춘 서비스).
- 개인의 능력에 맞고, 그들이 사회에서 완전히 참여할 수 있게 원조하는 서비스.
- 선택권을 알려주고 존중받을 수 있도록 이용자를 포함하는 서비스.
- 위기에 처한 이들에 대한 강한 보호막.

(Department of Health 2000a: 6)

서비스이용자와의 면담, 참여, 동반자적 관계, 시민권, 권리 그리고 이용자 조직의 권한은 '비즈니스'란 용어만큼 사회복지에서 중요한 언어들이다. 이처럼 서비스이용자를 위하여 그들의 목소리와 행동에 관심을 갖는 것은 관료적이며 경영주의적 실천에 대한 중대한 비판을 제기한다(Henderson & Atkinson 2003; Seden & Reynolds et al. 2003). 사회복지사는 일반적인 것에서 시작하여 세부적인 내용으로 문제를 해결토록 하는(top down) 명령과 세부적인 것에서 시작하여 일반적인 내용으로 문제를 해결토록 하는(bottom up) 서비스이용자의 욕구 사이에서 활동하고 있는 자신을 발견하게 된다.

법적인 명령은 사회복지실천의 범위를 제한하는데 중요하게 작용한다. 법은 타인에 의해 어떤 시민을 보살피고 통제하기 위한 사회의 접근에 영향을 미치는 가치와 철학을 관철시킨다. 법은 지방당국자들에게 권한과 의무를 제공한다. 그리고 이것들은 종종 사회복지사에게 위임된다. 아동법(1989), 국민건강보험과 지역사회보호법(1990), 형사정의법(1991), 정신건강법, 그리고 후속적인 법률과 개정안들은 역할과 기능에 대한 전문가의 사고방식을 지배하고 있다. 사회복지의 새내기들은 법령, 시행령과 그에 따른 규칙, 안내, 지시, 방침과 절차의 넓은 영역에서 자신들의 업무에 대한 영향력에 대한 이해가 필요하다는 사실을 발견할 것이다. 이것은 인권법(1998)에 실린 유럽법률을 포함하고, 경우에 따라서는 다른 국제법을 포함할 수도 있다. 전문가로 살아가는 동안에, 그들은 법률, 방침 그리고 절차에서 변화에 반응하게 될 것이다. 자발적으로, 개인적으로, 지방당국, 현장실습 또는 그룹 케어에 의해 고용된 실천가가 어떤 종류의 기관에 소속되어 있든 간에, 법은 그들이 활동하는 모든 면에서 역할과 책임에 대한 기본 틀을 제공할 것이다. 하지만 이것은 상담가의 경우에 사적 그리고 공적 역할에서 훨씬 덜한 편이다.

실천을 위한 조직의 체제 또한 변한다. 21세기에 들어서면서, 성인을 위한 사회복지서비스는 일차보건의료기관의 한 부분이며, 아동법률안(2004)은 아동복지를 위한 파트너십의 총체적 기구인 Children's Trusts의 창립을 지원하고 있다. 사회복지사의 업무는 다학문적 그리고 여러 기관들과 연계 속에서 점차 증가하고 있다. 사회복지사가 고용된 조직이 어떤 유형이든 간에, 사회복지사는 계속해서 개인들, 그들의 욕구와 열망, 그리고 공공정책의 특정한 사회적, 정치적 그리고 경제적 연관성의 틈바구니 속에서 일하고 있다. 사회복지사가 가정이나 주변에 있는 개인들과 일할 때, 그들은 사정, 개입 그리고 의뢰를 하며, 개별사회사업(case work)에 근거를 둔 상담 같은 것을 포함하여, 자원봉사나 사적인 영역에서, 수많은 특정한 서비스를 위임한다. 어떤 워커들은 여전히 치료적 관계를 만들고 자신이 직접 상담 서비스를 제공하기도 한다(Barnes, 1990). 사회복지실천과 돌봄(care)의 다양한 일상적인 활동에서, 어느 정도 수준의 개인적 능력을 발휘하지 않고 기능하는 것은 불가능하다. 사회복지사는 위기, 변화, 과도기 또는 손상을 입은 상태에서 지지를 필요로 하는 개인에게 연루되어, 자신이나 타인으로부터 보호; 불이익이나 불공평에 대처하기 위한 원조; 특정한 상황적 위기에 처한 사람에게, 또 다시 발달과정상의 생활사건의 결합 등으로 심한 어려움에 처한 사람들을 포함하여 원조하게 된다(Seden & Katz, 2003).

많은 사회복지사들은 종종 '사람을 돕고', '변화를 만들어 내는 것'에 대한 소망(wish)에 의하여 동기화(motivated)되어, 여전히 '돌봄(care)'

을 원하고 있다. 개인을 위해로부터 보호하고 개인의 복지를 도모하도록 위임한 것은 법률에 새겨져 있고, 그것을 근거로 사회복지사는 자신의 업무를 수행한다. 브레친(Brechin, 1998)은 돌봄(care)에 대해 이렇게 말한다.

> 돌봄(care)은 여러분 자신과 타인의 복지를 위해 윤리적 책임의 주인이 되는 것을 의미한다. 이것은 사람들이 중요하다는 사실을 받아들이는 것이다. 극단적으로, 돌봄은 생명 그 자체를 연명하거나 소멸시킬 수 있다. 심지어 가장 판에 박힌 일상생활 속에서도, 그것은 개인이 살아가는 방식과 앞으로 형성될 개인의 모습에 영향을 미칠 수 있다. 그러므로 돌봄은 진짜 중요하다. 그것은 인간의 기본적인 조건이다.
>
> (1998: 1)

의사소통과 관계를 형성하기 위한 상담 기술은 돌봄(care)에 있어서 핵심적이다. 아동, 청소년 그리고 성인을 상대하고, 수많은 다전문가 팀, 여러 기관과 동반자적 관계에서 동료들과 일하고, 꾸준한 전문성 개발을 위한 활동은 모두 대화와 관계에서 소소한 것에 관심을 둘 것을 요구하고 있다. 사회복지의 핵심적인 업무는 여전히 '인간'과 '대화'이다. 얼굴을 맞댄, 전화로, 이메일로, 편지로 그리고 기술된 보고서에서 의사소통이 중요한 기술로 자리잡고 있다. 이것은 20세기 후반의 사회과학에서 발전되어 오고 있고, 사회변화에 따라 재정의된 지식을 토대로, 존중을 전하고, 차별과 불이익에 대항하는 가치에 의해 지지되고 있다. 사회복지는 사회에 제공한 분명한 공헌과 복지현장 실천을 이끌 더 안정된 지식기반을 통하여 21세기로 진입하였다.

2. 상담과 사회복지의 관계

상담과 사회복지의 관계는 항상 복합적이고 상호작용적이다. 두 분야의 독특한 활동 때문에, 그것들은 어떤 이론적인 기원과 사고방식을 공유하고 있다. 1960~70년대의 자격을 갖춘 전문가들은 정신역동적인 이론적 토대에 기초한 개별사회사업(case work)원리를 배경으로 하였다. 그 이후로 사회복지교육은 사회학습(행동주의)이론, 생태학과 체계이론 그리고 여기서 파생된 실천 방법들을 채택하면서, 다른 방향으로 옮겼다(Seden, 2001). 1980년대의 급진적이고 마르크스주의적 접근과 1990년대의 비차별과 비강제적 실천의 개발을 통해, 그것은 한정된 자원의 분위기에도 불구하고, 옹호와 임파워먼트 전략을 사용하여 개인의 자생능력을 북돋우면서, 사회적 불평등, 불공정 그리고 사회적 배제에 대한 초기의 선입견을 수정하고 있다.

그렇지만, 1990년대 중반 무렵, 개별사회사업(case work)은 임파워먼트 이념과 기능주의보다 덜 우선시되는 것처럼 보였다. 치료적 관계에 대한 인식은 관료주의적 우선권에 자리를 내준 것처럼 보였다. 어떤 사회복지사들은 상담 기술은 더 이상 사회복지실천에서 적합하지 않고, 개인을 개선시키는데 초점을 두는 것은 병리학적인 영역이라고 주장하기도 하였다. 이러한 긴장상태는 실천보다 이념에 대해 더 심한 것 같았다. 그리고 전문성의 가치기반에 대한 새로운 확신은 또한 반영적인 사회복지실천에서 의사소통과 상담 기술의 중요성에 대한 새로운 인식을 심어주었다.

사회복지실천을 위한 국가직업표준(The National Occupational Standards for Social Work, 2003a)은 여섯 개의 핵심적인 역할을 구체화하였다. 여기에 '수(number)와 정보에 대한 과학기술을 적용하는 것과 동시에, 의사소통의 핵심적인 기술(언어와 글로 된 것)'은 자격훈련의 필수조건에 포함되어 있다. 기초적이고 더 심화된 상담 기술은 전문가들이 여섯 개의 핵심역할을 수행하고, 그들이 자격을 취득하기 위한 것에서부터 자격취득 후 그리고 심화학습을 받은 실천가로 옮겨갈 때 필요하게 될 것이다. 이 책에서 나는 사회복지사가 개인을 지지하고 보호하기 위해 행동할 때, 잘 검증된 기술들이 사정하고, 계획하고, 재검토하는데 어떻게 기여하는지 보여줄 것이다. 그러한 기술들은 기관 내부와 연계망 속에서 서비스이용자와 동료들과 함께 동반자적 관계를 형성하는데 필수적으로 요구되는 기술들이다.

사회복지실천을 위한 지식기반이 실천가와 이론가들에 의해 꾸준히 발전을 거듭해 오고 다듬어지고 있듯이, 상담의 영역도 또한 발전하고 있다(McLeod, 1998; BACP, 2004). 상담가들이 사용하는 상담 서비스와 방법은 더 다양해지고 있다. 정신역동적 상담은 주요한 이론적 접근으로 자리매김하고 있지만, 다른 방법들도 활발히 전개되고 있다(예를 들어, 인간중심주의, 인지행동주의, 통합주의). 상담 실천은 여성, 흑인, 레즈비언, 게이 그리고 양성애, 청소년, 노인 그리고 장애인에 적절하게 적용하기 위해 재평가되고 있다. 상담 훈련은, 사회복지 훈련과 마찬가지로, 사회의 가치와 태도가 변화함에 따라, 상담 훈련의 이념과 실천도 함께 재검토되고 있다. 실천현장 속에서 두 분야의 이론과 실천은 상호 보충적 관계를 유지하고 있다.

사회복지와 상담의 활동사이에 경계를 명확히 짓기가 여전히 곤란한 입장이다. 극단적으로, 사회복지기관에서 클라이언트와 함께 하는 직접적인 모든 업무는 상담으로 분류된다. 반면에, 다른 면에서 어떤 사회복지사들은 상담을 전반적으로 전문가에게 의뢰하거나 서비스 기관에 위탁을 하는 부분으로 간주한다. 이러한 극단적인 견해들은 두 개의 영역사이에 적절한 경계를 절충하는데 실패하고 있다. 실제로, 사회복지사가 상담 역할을 취하는 상황 속에서 상담 기술들은 사회복지의 다양한 업무에 적용될 수 있다. 지역정신건강센터에서 일하는 사회복지사들은 사정하고 서비스를 제공하는데 있어 상담 기술을 사용한다. 의사소통을 위한 지지적인 상담과 기술은 Sure Start(5세미만의 아동통합서비스 프로그램)와 CAMHS(아동과 성인을 위한 정신건강서비스 프로그램)를 제공하는 기관의 아동과 그들의 가족과 함께 일할 때, 그리고 일반적인 성인들과 함께 일할 때에도, 중심적인 역할을 한다.

경계의 혼동은 개별사회복지사가 특정한 개인과 관련하여 다양한 역할을 맡게 된다는 사실로 해결되지 않는다. 따라서 업무의 계약과정에서 상담의 요소는 맡게 될 업무의 전체적인 패키지와 연관하여 구별시키고, 분명하게 밝히며, 공개적으로 계약되어야 한다(Hill & Meadows, 1990). 예를 들어, 사회복지사는 청소년들에게 특정한 삶의 문제(교육, 부모와의 관계)에 대하여 간단한 상담을 제공하는 역할을 임시적으로 맡는데 동의하거나 또는 그들은 그 밖의 다른 사람으로부터 의뢰될 수 있다. 무엇보다 중요한 것은 청소년들은 누구에 의해, 무엇이 제공되는지를 알며, 관련사항에 대해 선택권을 갖고 있다는 사실이다.

상담과 사회복지의 역사적인 상호관계는 브리어리(Brearley, 1991)에 의해 분석되었다. 그는 상담과 사회복지의 활동이 기술, 지식 그리고 가치의 면에서 서로 뒤얽히고 영향을 미치는 과정과 또한 두 분야가 분명한 정체성과 훈련유형을 발전시켜 온 방법을 탐색하였다. 그녀는 아래와 같이 말하였다.

> 바클레이(Barclay) 보고서는 상담을 사회복지사의 주요한 두 개의 활동 중 하나로 보았으며, 다른 사회적 케어 플랜과 바클레이 보고서는 이런 활동의 상호연관성을 인정하였다. 사회복지사의 독특한 특성은 같은 면접 내에서 클라이언트와 함께 하는 전반적인 업무에 다양한 다른 접근방법들과 함께 적절하게 통합된 방법으로 상담을 제공하는 것이다. 따라서 사회복지에서 상담 영역은 다음과 같이 논리적으로 범주화할 수 있다.
>
> - 사회복지의 전체적 영역을 뒷받침하는 상담 기술
> - 다른 접근방법들과 혼합하여 수행하는, 업무의 중요한 구성요소로서 상담

• 사회복지 직무 내용 중의 주요하고 명백한 부분으로서 상담.

(1991: 30)

이 책은 상담 기술과 사회복지실천 간 관계, 즉 브리어리(Brearley)가 범주화한 앞의 두 가지에 대해 초점을 두고 있다. 나 자신의 경험(보호관찰관, 일반사회복지사, 아동과 가족사회복지사, 사회복지와 사회적 케어 강사, 상담가 그리고 상담 훈련가)은 그들의 업무에 상담 기술을 적용함에 있어서 사회복지사와 상담가 간에 실천과정별 접근법의 공통성과 차이점을 모두 정확하게 인식하게 해줄 것이다. 사회복지사는 일반적으로 사회복지실천에 적용하는 상담 기술과 주요한 전문가적 상담에 의해 제공되는 상담기술들에 대해 불분명할 수 있다. 상담가는 복합적이고 어려운 인간상호 간 행위를 용이하게 하는데 필요한 상담과 다른 대인관계 기술들의 사용에 대한 인정함이 없이, 사회복지에서 법률에 위임된 관료적인 업무중심의 부분에 대해 과도하게 비판적일 수 있다. 두 개의 전문적인 영역에 걸친 나의 경험에 비추어보면, 클라이언트와 관련된 업무의 내용에 대한 전문적인 권한과 윤리적인 결정방법에 있어서 차이는 물론이고, 실천기술, 공유된 가치와 지식에서 겹치는 것이 분명하다.

사회복지실천에서 상담 역할에 대한 명료성의 부족은 아마도 새롭게 사회복지전문직에 등장한 공생적 관계에 따른 결과인 것 같다. 사실 사회복지는 초기에 사회복지영역의 전문기술을 다른 전문적 활동과 구별하기 위한 정체성을 추구하였다. 이러한 예는 20세기 후반에 사회복지실천을 지배했던 미국의 개별사회사업(case work) 문헌에 분명하게 잘 나타나 있다. 1990년대에 이르러, 사회복지의 특수성은 특정한 방법론적인 관점보다, 법적인 권한 내에서, 가치에 기초하여 더욱 확실하게 확립되어질 수 있다는 주장이 가능하게 되었다.

3. 21세기에서 사회복지와 상담

사회복지전문직에서 자격취득 조건에 대한 것을 고려함이 없이 사회복지에서 상담의 위치를 논하는 것은 불가능하다. 사회복지사를 위한 국가직업표준(The National Occupational Standards for social workers)에서는 사회복지실천을 다음과 같이 정의하고 있다.

> 사회복지실천은 사회적 변화를 촉진하고, 인간관계에서 문제해결을 촉진하는 그리고 복지를 증진시키기 위해 개인의 임파워먼트와 자유를 도모하는 전문직이다. 인간행동과 사회체계의 이론을 활용하는 사회복지실천은 개인이 자신의 환경과 상호작용하는 곳에서 개입한다. 인권과 사회정의의 원칙은 사회복지실천의 근본이다.

사회복지의 전체적인 모델은 가치와 윤리에 의해 뒷받침된 여섯 개의 핵심적인 역할(스코틀랜드의 기준)에 의해 추진되는데, 그것들은 다음과 같다.

1) 욕구와 환경을 사정하기 위해 개인, 가족, 돌보미, 집단, 지역사회와 함께 일하고, 준비하기.
2) 개인, 가족, 돌보미, 집단, 지역사회, 다른 전문가들과 함께 사회복지실천을 계획하고, 수행하며, 검토와 평가하기.
3) 개인이 자신의 욕구, 견해 그리고 환경을 표현하는 것을 지지하기.
4) 개인, 가족, 돌보미, 집단, 지역사회의 위기를 관리하고, 자신과 동료의 위기를 관리하기.
5) 조직 내에서 자신의 사회복지실천을 위해, 슈퍼비전과 지지로, 관

리하고 책임지기.

6) 사회복지실천에서 전문적인 능력을 발휘하기.

이러한 항목들에 대한 상세한 안내 지침이 있다. 직업능력표준(occupational standards)에는 고용인을 위한 실천규칙과 고용주를 위한 실천규칙이 각기 동반된다. 여기에는 또한 '서비스를 이용하는 개인, 가족, 돌보미, 집단, 지역사회 그리고 그들을 돌보는 사람들'과 상담을 통하여 개발된 '예상 진술'이 있다. 예상 진술문은 주제에 따라 요약된다(의사소통기술과 정보 공유하기, 좋은 사회복지실천: 옹호, 다른 전문가와 일하기, 지식과 가치). 여기에는 또한 훈련제공자가 갖추어야 할 사회복지정책과 사회복지 학위를 위해 주제별로 벤치마킹한 진술문이 있다(Topss 2003 a, b, c). 이외에도 스코틀랜드에서 적용하는 동일한 여섯 개의 주요 실천분야(표준)를 실은 상세한 자료가 있다.

사회복지의 국제적인 정의는 생태학적인 관점을 제공하며, 사회복지사는 자신의 환경과 상호작용하는 개인들을 위한 일에 종사한다는 것을 제시하고 있다. 이것은 또한 사회복지사가 변화를 도모하고 복지를 증진하기 위하여 존재한다는 것을 알려 준다. 실천을 지도하는 원칙은 권리를 존중하고 사회적 정의를 함양하는 것이다. 이런 열망은 사회복지사가 함께 일하는 의사, 상담가 또는 다른 전문가들과 갈등을 일으킬 것 같지는 않다. 하지만 사회복지사는 개인의 표현된 욕구에 초점을 유지하면서, 경제적 그리고 사회적으로 불평등한 개인에 대한 영향력을 이해하고, 사회적 지지를 제공하는 분명한 역할을 갖고 있다. 사회복지사는 성인과 아동을 위해로부터 보호하기 위해 국가를 대신하여 개입할 권한과 의무가 있다. 사회복지사는 서비스를 제공하기 위한 연계망을 형성하고 다전문가 집단과 기관에서 일하는 데 핵심적인 역할을 한다.

'상담'이란 용어는 그 의미가 명확하지 않게 사용될 때, 상담은 사회복지 안에서 소외되고 오해된다. 이것은 바클레이(Barclay) 보고서가 상담을 확실한 정의 없이 사회복지의 기능으로 포함한 이후에, 일부 사회복지 문헌에서 볼 수 있다. 개별사회사업(case work)의 원칙에서 개인적인 지지와 경청이 무엇을 의미하는지 추정할 수 있다. 하지만 전문적인 상담 훈련을 받은 개인에게, 이것은 너무 단순한 수준이다. 사회복지와 마찬가지로 상담도 한 가지만 있는 것이 아니다. 이것은 서로 다른 이론적 배경에 따라, 몇 개의 주요한 사상과 실천을 포함한다. 문헌에서 보여주듯이, 상담 실천에 대한 접근법이 다양하다는 사실을 강조하는 것이 중요하다(Mearns & Thorne, 1988; Egan, 1990; Jacobs, 1995a, b; Davies & Neale, 1996; Lago & Thompson, 1996; Corey, 1997; Heron, 1997; McLeod, 1998).

상담에 대한 접근법들이 다양할 수 있기 때문에, 일반적 용어로 상담을 규정하는 것은 매우 어리석은 일이다. 개인에게 무엇이 제공되고, 특정한 서비스에 깔린 전제조건을 정확하게 아는 것이 중요하다. 따라서, 만약 사회복지사가 개인을 위해 상담 서비스를 위임받았다면, 그는 최소한 기본적인 수준에서, 서로 다른 치료학파의 특성이 무엇인지에 대해 알 필요가 있다(예를 들어, 정신역동이론, 인간중심주의와 인지행동 상담 사이의 차이). 만약 사회복지사가 이런 지식을 갖고 있지 않다면, 그는 클라이언트에게 제공된 치료방법에 대해 선택할 수 있게 하고, 어떤 접근법이 가장 도움이 될 수 있는지에 대해 도와줄만한 위치에 있지 않은 것이다. 어떤 환경 하에서는 사회복지사가 서비스이용자에게 적절하지 않을지도 모르는 복합적인 치료과정에 들어가기 전에 신중하게 생각해 보도록 조언할 수 있다.

이것은 정신건강의 문제가 있는 개인이나 학대 후 상담과 지지를 필요로 하는 아동을 위한 서비스를 맡았을 때 특히 중요할 수 있다. 상담가를 신뢰하는 것은 매우 어려울 수 있고, 상담을 받아본 클라이언트들이 경험담을 적어 놓은 것에서 보듯이, 모든 상담가가 도움이 되거나 올바른 것은 아니다(Donna; Nicklinson; Spring in Malone et al., 2004).

4. 사회복지에서 부족한 것을 훈련하기

상담이 사회복지사에 의해 행해진다는 것에 대해 여전히 인정하는 추세이지만, 실천을 위한 초보실천가의 준비에 대한 연구(Marsh & Triseliotis, 1996a)에서, 응답자가 기본적인 사회복지기술에 대해 더 많은 훈련을 받고 싶어한다는 사실을 지적하였다. 51퍼센트가 자신들의 훈련과정에서 너무 적은 시간이 사회복지실천 기술에 할당되었다고 말했다. 즉, 의사소통 기술을 포함한 실천과정별 실천기술과 활동 등에 관한 기본적인 사회복지실천기술의 습득 시간이 너무 적다는 반응이다. '상담 접근법과 대인관계 기술들은 폭넓게 가르쳐진 것처럼 보인다(1996b: 52).' 하지만 분명한 사실은, 학생들은 이것들이 현장에서 자신들이 맡은 실제적인 업무와 어떤 관련성이 있는지에 대해 불명확한 상태로 남아 있다. 연구는 또한 면담한 학생들이 기관의 업무에 따라 이론을 분리한다는 사실을 발견하였고, 이에 대한 연결고리가 교사들에 의해 잘 만들어지지 않았다고 보고하였다. '대다수 응답자들의 현실은 이론을 실천현장에 실제적으로 적용하는 것이 너무 빈약하게 구성되었고, 그 자격과정에서 가장 취약한 부분 중의 하나임이 증명되었다(1996b: 60).'

저자들은 가르쳐지고 있는 상담의 유형을 대개 로저스의 관점이나 이건(Egan)의 목표중심 정신역동유형에 의지하는 것으로 설명하고 있다.

상담 자체의 정의는, 그것이 정의되고 실천되는 관점에 따라, 매우 다양하다. 접근방법은 일직선상의 한쪽 끝에 있는 완전히 비지시적인 것으로부터 다른 쪽 끝에 있는 지시하고 심지어 요구하는 정도까지 이를 수 있다. 실제로, 어떤 유형의 사회복지실천 활동이나 상호작용

이 상담의 형성 없이 이루어질 수 있는지?를 보여주기는 어려운 일이 다....(생략)

(1996b: 54)

연구는 사회복지실천을 위한 상담 기술, 전문가 상담 접근법 그리고 심리사회적 개별사회사업 간 차이에 대한 명료성의 부족과 관련된 많은 증명을 제공하고 있다. 상담이 사용되고 있지만, 다른 이론적 모델과 공통적으로, 이것은 훈련생과 새롭게 자격을 얻은 실천가들에게 어떻게 이해하고, 어떤 목적을 위해서 그리고 언제 특정한 접근법이 적절한지에 대한 의문점을 남긴다. 경험이 있는 실천가들은 여전히 이러한 의문점을 해결하기 위해 애쓰고 있다. 비록 성공적이거나 실패한 실천이라 하더라도, 결과는 직무들에 대한 정의로부터 시작된다. 이 책은 상담 기술과 실천현장에서 명확하게 사용하는 기술들을 연결하는 방안을 모색하는데 있다.

대부분의 자격을 갖춘 사회복지사들이 종종 개인적인 비용을 들여서, 자신들의 업무와 기술을 향상시키기 위해, 더 많은 상담과 심리치료훈련을 받으려고 노력한다. 그들은 또한 더 많은 시간과 관심이 이러한 실천현장에 주어지기를 주장하기 위해서 전문적인 저널에 글을 기고한다. 그웬 버드(Gwen Bird, 1997)는 다음과 같이 자신의 주장을 밝히고 있다.

만약, 사회복지사가 친밀한 관계에 대한 개인의 지각 정도와 특성에 대해 깊게 관심을 갖고 있다면, 데이빗 하우와 다이애너 히닝스(David Howe & Diana Hinnings)가 말하듯이, 사회복지 훈련은 정신역동 상담가가 받는 훈련에서 뭔가 배울 점이 있을 것이다. 관계의 곤란으로 야기된 인간의 고통과 불행에 대한 진실한 이해와 공감은 두 개의 근본적인 요소를 포함한 전문적인 훈련으로부터 나올 수 있다. 첫째는 마이크 제이콥스와 앤소니 스토(Michael Jacobs와 Anthony Storr)와 같은 최근 저자들의 저서와 함께, 예를 들면, 도날드 위니캇(Donald Winnicott), 존 보울비(John Bowlby) 그리고 멜라니 클라인

> (Melanie Klein)의 저서 같은 초기의 심리적, 정서적 그리고 사회적 발달을 뒷받침하는 이론에 대한 깊은 연구이다. 둘째는 실천가가 강한 내적인 안정성, 그리고 하우와 히닝스(Howe & Hinnings)가 지적하였듯이, 실천가에게 '어려운 사례로 인해 감정의 고저에 의한 동조' 또는 '방어적인 반응'을 유발하지 않는 상태에서 일에 전념할 수 있게 하는 포괄적인 자기자각 훈련. 그리고 나 자신의 업무적 경험 속에서 이 두 개의 주요한 요소를 결합하는 훈련을 통하여, 개개의 클라이언트를 전체적인 면에서 이해한 결과, 자신감 있게 일을 처리할 수 있도록 한다.
>
> (1997: letter)

이 주제는 서비스이용자에 의해 되풀이되어 제기되고 있다. 이용자들은 사회복지사가 경청하지 않고 이해하지 않는 다는 것을 정기적으로 알려주고 있다. 제인 리브(Jane Reeve)는 케어시스템에 대한 젊은 엄마들의 견해에 대한 연구에서 그들은 의사소통을 명확히 하는 사회복지사를 중요시한다는 사실을 발견하였다. 그것에 실패하게 되면 장벽을 형성하게 된다.

> 이 연구에 참여했던 모든 젊은 엄마들로부터 지배적인 메시지는 그녀들은 자신들의 자율성을 중시한다는 것인데, 물론 그녀들의 아기가 위기에 처해 있을 때에는, 더욱 자율성을 취하기가 어렵다. 그렇지만, 불명료한 메시지, 사회복지에서 관심의 초점이 누구인가에 대한 애매함 그리고 이행되지 않은 약속, 모든 것들이 젊은 엄마들로부터 저항을 유발하였다. 경청하고, 관계를 맺어서 즐겁게 지내는 능력은 상호협력을 유도하는 최선의 방법임을 알게 되었다.
>
> (2003: 44)

포뱃과 날(Forbat & Nar)은 소수민족 출신의 돌보미들이 치매환자의 돌보미를 위한 서비스를 보는 입장에 대해 연구하였다. 그들은 '경청하고 이해하는 것'이 돌보미들에게 결정적으로 중요하다는 사실을 발견하였다. '시간을 내서 가족들이 어떻게 대처하고 있는지에 대한 복잡하고 긴 이야기를 묻고 듣는 직원이 가장 도움이 된 것으로 보였다'(2003: 39). 이러한 연구결과는 앞서 언급한 내용을 확인시켜 주고 있다. 그리고 서비스를 이용하는 개인들은 단지 몇몇의 사회복지사가 그런 위기와 기본적인 기술에서 숙달되어 있다는 것을 여전히 보여주는 것은 중대한 문제이다. 만약 서비스를 이용하는 개인들이 이런 식으로 시간을 할애하는 것을 중요시한다면, 이것은 현장 관리자가 사회복지사에게 경청을 위해 더 많은 시간을 쏟을 수 있게 권한을 부여함으로써 간단하게 제공될 수 있는 기지(機智)이다. 그러면 서비스이용자의 만족과 사회복지사의 직장에서 안녕감이 증가하게 될 것이다. 만약 사회복지사가 더 많이 경청하고, 그에 따라 결과적으로 원하지 않거나 적합하지 않은 서비스로 의뢰하지 않게 되면, 재정적으로 절약이 될 수 있다.

절대적으로 분명한 것은, 비록 모든 사회복지사가 더 전문적인 상담 자격을 필요로 하는 것은 아니지만, 사회복지사는 의사소통을 위해 최소한 기본적인 상담 기술과 연관된 더 나은 심화된 기술을 지닐 필요가 있다. 물론 정확하게 필요한 것은 사회복지사가 고용된 세팅에 달려 있다. 이 책에서는 이러한 기술들을 살펴보고, 그것들이, 만약 민감하고 적절하게 사용된다면, 그것으로 인해 유익한 사회복지실천이 될 수 있는지를 검증하고 있다.

※ 사회복지사의 기본적인 상담 기술

- 주의를 기울이기; 적극적 경청; 무비판적 수용
- 부연설명하기; 되돌려 반영하기; 요약하기와 확인하기
- 다른 종류의 질문을 사용하는 능력; 최소한의 자극주기; 질문을 변경하기
- 공감적 이해; 연계; 즉시성
- 도전하기; 직면하기; 방어하기
- 목표설정하기; 문제해결하기; 초점기술
- 자신과 상대방의 신체언어를 이해하기

- 판단과 도덕적 반응을 피하기
- 경계 각성(boundary awareness); 구조화 기술; 곤란한 일을 조리정연하게 말하는 능력
- 피드백을 제공하는 능력; 긴장완화, 적대감 유발을 피하고 관리하는 기술

이런 기술들은 상담과 인터뷰에 대한 여러 입문서에 잘 설명되고 있다(Egan, 1990; Jacobs, 1982; McLeod, 1998; Nelson-Jones, 1981). 이것들은 상담 절차에서 필수적이며, 또한 성인, 아동 그리고 그들의 가족들에게 유익한 조언, 인터뷰 그리고 평가를 제공하는 것 같은 사회복지 업무를 용이하게 한다. 이것들은 업무를 계획, 이행, 재검토에 사용되고, 다른 많은 핵심적인 사회복지실천이 사무실, 케어시설 그리고 개인의 가정에서 역할을 한다.

이 책의 초판을 계획할 때, 이런 기술들의 사용은 사회복지사의 표본조사를 통하여 입증되었다. 이것들은 실천가들이 선정한 것이었다. 왜냐하면 그들은 상담 과정이 포함된 대학을 졸업하였고, 또한 자격을 갖추고 업무를 맡고 있는 사회복지사들이기 때문이다. 이것은 그들에게 상담 기술이 일상적으로 사용되는 것을 보여주었다. 표본조사를 위해 선정된 개인들은, 적절한 수준 또는 그 이상으로, 3년 넘게, 경험적인 상담 학습훈련을 마쳤다. 그들은 정신건강 팀, 아동과 가족팀, 성인서비스현장 그리고 그룹케어를 포함하여, 다양한 세팅에서 활동하고 있었다. 설문지는 오직 사회복지실천과 함께 상담기술 실천에 대한 지식을 분명하게 나타내줄 수 있는 개인들에게 발송되었다. 응답자들은 자신들의 일상적인 사회복지실천에서 사용하는 기술목록에 체크하도록 요청받았다. 30개중 25개가 응답되었고, 그 결과는 〈표 1〉에 제시되었다. 모든 숫자들은 회수된 설문지에서 전체에 대한 퍼센트이다.

이 샘플은 비록 모든 기술이 상당한 정도로 사용되고 있지만, 경청의 기술이 가장 많이 사용되고, 도전하기/직면하기는 가장 적은 것을 보여주고 있다. 기술의 상대적인 사용, 예를 들어, 경청과 도전 또는 특정한

목적을 위한 기술의 사용 관계를 추정하는데 인터뷰가 뒤따르지 않고는 불가능하였다. 그렇지만 표본조사는 상담과 사회복지에서 자격을 갖춘 유능한 실천가들은 자신들의 일상적인 사회복지 역할과 과업을 지탱하고 수행하기 위해 상담 기술을 일관되게 사용한다는 사실을 확인해주고 있다.

〈표 1〉 일상적인 실천에서 사회복지사가 사용하는 상담 기술

	사용하는 기술 (%)			
기술(skill)	항상	종종	약간	없음
주의를 기울이기	71	29	0	0
경청	93	7	0	0
적극적 경청	57	43	0	0
공감을 사용하기	28	64	8	0
수용	57	28	15	0
진솔성	28	57	15	0
부연설명하기	30	35	35	0
되돌려 반응하기	30	34	36	0
요약하기	38	38	24	0
질문/탐색하기	20	60	20	0
짧은 즉각적 반응하기(~음, 에, 그래서 등)	21	54	25	0
도전하기	7	43	50	0
직면하기	0	56	44	0
연계하기	7	50	43	0
즉시성	7	53	40	0
방어하기	7	40	53	0
목표설정하기	28	36	36	0
문제해결하기	36	64	0	0

이 책은 실천을 위한 기술에 초점을 맞춤과 동시에, 대인관계 분야의 기술을 고려하는 것을 또한 중요시했다. 기술적인 유능함만으로는 충분하지가 않다. 실천가의 태도와 품성이 또한 좋은 결과를 달성하는데 중요하다. 트루악스와 칵후프(Truax & Carkhuff, 1967)는 최초로 이렇게 주장했다.: '연구는 개인을 더 나은 변화를 위한 인간의 만남에서 공감, 따뜻함, 진실성의 특성을 일관되게 발견하는 것으로 보인다.' 타인을 변화시키기 위한 선결조건으로 관계 속에서 이러한 자신(self)의 사용은

치료적 관계를 위한 조건들이 상세하게 탐색되어지는 상담을 위한 인간중심 접근법과 정신역동접근법에서 강력하게 다시 언급되고 있다(Jacobs, 1982; Mearns & Thorne, 1988).

치료자가 효과적이고 비효과적인 것 간에 차이가 생기는 것처럼 보이는 것은 실천가가 드러내는 개인에 대한 따뜻함과 존경의 정도이다. 칼 로저스(Carl Rogers, 1961)는 다음의 것을 인간중심주의 실천의 핵심적인 조건으로 공식화하였다.: 일치, 깊은 공감 그리고 무조건적 긍정적 수용. 이런 핵심적인 조건들은 항상 분석적/정신역동적 치료와 개별사회사업을 뒷받침하고 있다(Biestek, 1961). 어떤 상담 기술이 사용되던 간에, 기술과 이론적인 모델만큼이나, 서비스 수혜자에 의해 중요시 되는 것은 워커의 개인적인 관계와 촉진적인 성향이다. 이것은 트루악스와 칵후프(Truax & Carkhuff)의 연구 이후 알려지고 있고, 이러한 발견에 대해 반박할 만한 증거는 아직 나타나지 않고 있다. 사회복지전달에 대한 현재의 연구는 비슷한 효과를 나타내는 동시대의 증거를 발견하고 있다. 하디커와 바커(Hardiker & Barker, 1994)는 사회복지사는 아동법(Children Act, 1989)에 속하는 중요한 손상이 있는 경우 복잡한 업무를 용이하게 하기 위해 개별사회사업과 상담 기술에 의존한다는 사실을 발견하였다. 올게이트 등(Aldgate et al., 1997)은 앞에서 살펴보았듯이, 클라이언트가 제공되는 서비스를 평가하듯이, (사회복지사들에 의해 계획되어진) 돌보미의 교대를 위해 일시적으로 중단된 케어 서비스들에 대한 개별적 제공도 평가 한다는 사실을 발견하였다.

이러한 유형의 발견은 또한 다른 연구에서도 보이고 있다(Department of Health, 2001a; Forbat & Nar, 2003; Reeves, 2003). 많은 사회복지 실천 세팅에서 더 진전된 기술은 워커의 수행과 자신감을 상당히 고양시킬 수 있다(예를 들어, 사별한 가족, 학대받는 청소년, 우울증과 다른 정신적 어려움으로 고통 받는 사람, 약물사용자 또는 범법자들을 상대할 때). 이 책에서 실천가 업무에 대해 제시된 사례들은 모든 사회복지 실천에서 초급과 고급의 기술에 대한 다양한 사용을 보여준다.

5. 선택과 통제

사회복지사와 상담가는 모두 개인의 성장을 돕기 위해 일하며, 생활환경에서 변화에 적응을 돕거나 새로운 기회와 자원을 찾는 것을 돕는다. 핵심적인 차이는 개인들은 선택을 통하여 상담을 요청하러 오는 반면에, 사회복지서비스를 이용하는 개인들은 종종 자신들의 삶의 특정한 부분을 해결하기 위해 사회적 또는 법적인 위탁에 의해 강제되거나, 빈곤이나 다른 유형의 어떤 불이익에 의해 도움을 요청하도록 내몰리기도 한다. 그러므로 상담을 사회복지로부터 분명하게 차별화시키는 것은 상황에 달려 있다. 상담가는 서비스전달이나 클라이언트의 환경에 직접적으로 간여할 필요가 없다. 상담가는 분명한 방법으로 비밀을 보장할 수 있고, 간단하게 계약된 상담회기에 임할 수 있다.

영국 상담·심리치료협회(British Association for Counselling and Psychotherapy, 2004: www.bacp.co.uk)는 상담을 다음과 같이 정의하고 있다.

> 상담은 상담가가 은밀하고 비밀이 유지되는 장소에서 클라이언트가 갖고 있는 어려움, 그들이 경험할 수 있는 고통 또는 어쩌면 삶에 대한 그들의 불만족, 또는 방향과 목적의식의 상실을 탐색하기 위하여 클라이언트를 만날 때 발생한다. 상담을 위해 어느 누구도 실제로 '보내질 수' 없기 때문에 상담은 항상 클라이언트의 요청에 따른다.
>
> 주의 깊게 그리고 끈기 있게 경청하면서 상담가는 클라이언트의 입장으로부터 어려움을 인식할 수 있고, 가능하면 다른 관점에서, 그들이 사물을 더욱 분명하게 보도록 도와줄 수 있다. 상담은 혼란스러운 상황을 변경 또는 감소시키거나 혹은 선택이 가능한 방법이다. 이것은 특정한 행동을 취하기 위해 클라이언트에게 조언하거나 지시하는 것을 포함하지 않는다. 상담가는 어떤 방법으로 자신의 클라이언트를 판

단하거나 이용하지 않는다...(생략)

◈ 상담과정의 핵심적인 요소는 다음과 같다.

- 여러분이 자신의 삶에서 변화하고 싶을 때 서비스가 제공된다.
- 여러분의 개인적인 환경을 이해하기 위한 기회.
- 변화를 위한 선택을 확인하는데 도움을 줄 치료자와의 만남.
- 개인이 변화하는 동안에 그를 지지하기.
- 결과는 여러분이 미래에 대해 더욱 잘 대처할 수 있는 능력을 유지하는 것.

이런 안내서는 사회복지사가 서비스이용자와 만나는 어떤 부분에서 적용될 수 있고, 사회복지 업무에 공감이 가는 부분이 있다. 그렇지만, 사회복지사는 자신의 상담 기술을 매우 특정한 법적 그리고 절차적 틀 안에서 활용한다. 개인들은 사회복지사에게 '보내질 수' 있다.; 정보, 조언 그리고 지시가 주어진다. 사회복지사는 비록 대상자가 폭력적이거나 적대적이라도 그들을 상대하는 것을 거부하는데 있어서 전적으로 자유롭지 못하다. 사회복지사가 갖고 있는 책임과 상담이 발생하는 기본틀은 서로 다르다.

사회복지사는 서비스이용자와 함께 동의한 목표, 예를 들면, 공격적 행동을 잘 다루는 프로그램, 육아부모를 도와주기, 보호시설을 떠나는 젊은이들을 지지하기, 성인들과 케어플랜을 짜기 등을 위해 애쓰고 추진하는데 간여한다. 그렇지만, 아동법(1989) 아래서 긴급구호명령을 적용하거나 정신건강법 아래서 병원에 강제적인 입원조치 같은 활동은 사회복지사로 하여금 상담가가 하지 않는 방법으로 개인의 삶에 직접적이며 강제적으로 개입하도록 이끈다. 사회복지사는 개인에게 완벽한 비밀을 제공할 수 없다. 왜냐하면, 정보 보호법(1998)의 요구에 따라, 정보가 종종 기관들 사이에 공유되기 때문이다.

역설적으로, 개인을 사회적 서비스의 사용자가 되도록 유도하는 사회적 제약과 그 업무의 강제적인 속성은 사회복지사가 종종 지역사회에서 가장 불이익을 당하고 곤란을 겪고 있는 개인들(심도 깊은 상담 접근법으로 혜택을 볼 수 있는 개인들)의 일부와 일한다는 것을 의미한다. 마찬가지로, 사회복지사팀들은 재난 후 상담 또는 감정이 고조될 때 집중적인 투입을 요구하는 상황에 갑자기 연루된 자신들을 발견하곤 한다. 이것은 최고 수준의 대인관계 기술이 필요하다는 것을 의미한다. 많은 실천자격을 갖춘 사회복지사들은 더 많은 훈련을 요구한다. 분명히 한 번 습득된 기본적인 상담 기술은 재빨리 실천 속으로 투입된다.: 이에 대해 어느 사회복지사는 이렇게 말했다.

> 나는 내가 처음으로 인터뷰를 하였던 날을 기억한다. 첫 번째, 새로 이사 온 아파트에 가구가 필요하였던 그리고 수혜를 거부당한 매우 몸집이 큰 남자의 분노가 나를 향하고 있었다. 두 번째, 4명의 어린 아이들과 혼자 살고 있는 여성은 가정에 전기가 단전될 입장에 처했고 이로 인해 그녀는 눈물을 흘리고 혼란스럽고, 절망적이었다. 세 번째, 조금 전에 끔찍한 인종 학대 경험을 당하여 두려움에 떨고 충격을 받은 젊은 부부, 그리고 이들 부부는 흑인여성과 백인남성으로 함께 살고 있기 때문에 그들의 아파트는 파괴되고, 낙서로 뒤덮였다. 네 번째, 한 노인은 자신이 여기에 온 것에 대해 혼란스러워하는 눈치였는데, 그는 마침내 나에게 자신의 부엌에 있는 개미를 어떻게 없애야 할지 모르겠다고 말하였다.
>
> (저자와 대화 중에)

위의 사람들은 모두 실제적인 도움을 요구하였다. 그리고 또한 다양한 방법으로, 자신들이 느꼈던 방식과 관련하여 이해를 원하였다. 그들은 어디에서 자원을 얻어야 하고, 또는 그 다음엔 어떤 행동을 취해야 할지에 대한 실제적인 원조나 정보는 물론 함께 이야기할 시간을 원하였다. 그들은 면접을 용이하게 하는 상담 기술의 사용에 의해 도움을 받았지만, 아무도 상담 같은 것은 원하지 않았다.

핵심 요점

- 좋은 의사소통과 관계는 개인, 가족, 돌보미, 집단, 지역사회 그리고 동료와 효과적인 실천의 중심이 된다.
- 사회복지는 관리적 그리고 법률적인 틀에서 시작되며, 그 속에서 좋은 대인관계 기술은 필수적이다.
- 위기, 변화 그리고 생활사건에 대한 업무는 사회복지사에게 상담 역할을 포함한다.
- 실천가는 상담 기술의 유용성을 입증하고, 그것을 성장시킬 훈련기회를 갖고자 한다.
- 효과적인 실천에 대한 연구결과들은 개인들이 자신에게 경청하고 지지해 줄 사회복지사를 원한다는 메시지를 지속적으로 제공하고 있다.
- 실천적 상담 기술은 실천상황이 무엇이든지 간에 모든 사회복지에 연관되어 있다.

자기개발 또는 토론집단을 위한 질문과 활동

1. 이 장에 있는 상담과 상담 기술의 논의에 대해 되새겨보라.
   그것들이 여러분의 일에 어떤 연관성이 있는지 주목하라.

2. 여러분이 서비스가 필요하였던 때를 생각해 보거나 여러분이 지금 필요한 것을 상상해 보라. 여러분을 도와 줄 누군가로부터 여러분이 원하는 특성과 기술을 분류해 보라. 여러분이 그 사람처럼 되고 싶지 않은 것을 몇 개 적어 보라. 이제 적은 것을 다시 바라보라. 만약 여러분이 사회복지사라면 여러분은 그런 바람직한 특성과 기술을 갖고 있는가? 여러분은 자신의 기술을 얼마나 향상시킬 수 있는가?

3. 〈표 1〉을 살펴보고, 나열된 기술에 대해 여러분 자신의 기술을 대조해보라. 익숙하고/덜 익숙한 것들을 확인하라. 여러분은 어떻게, 언제 그리고 어디서 그것들을 유효하게 사용하는지에 대해 되새겨보라.

제 2 장

의사소통과 관계형성을 위한 상담 기술

의사소통 기술은 돌보는 전문직에서 항상 중요하게 여겨지고 있다. 그렇지만, 서비스를 이용하는 개인들에 대한 전문가와 실천가 사이에 빈약한 의사소통의 사례들은 신중하고, 명료한 그리고 민감한 의사소통의 중요성을 재차 부각시키고 있다. 빈약한 의사소통은 서비스이용자가 손해를 입거나 부적절한 보호를 받을 수 있는 문제를 유발시키고 있다. 따라서 사회복지사는 서비스이용자들, 자신의 동료들 그리고 다른 기관과 일할 때 더 나은 의사소통기술을 발전시킬 필요가 있다. 여러 영역에서 전문가들의 원활한 의사소통의 실패는 피할 수도 있었던 사망이나 상해에 대한 여러 연구에서 강조되고 있다.

예를 들어, 일반적으로 인정되는 확인 작업 없이 정보를 전달하는 것은 적절하지 않다. 때때로 중요한 정보는 그것을 필요로 하는 개인에게 간단하게 전달되지 않는다. 어쩌면 우리 주변에는 너무나 많은 것들이 진행되고 있기 때문에 의사소통을 '당연한 것'으로 여기기 쉽다. 그렇지만, 종종 의사소통으로 간주되는 것이 전혀 의사소통이 아니며, 전문적인 세팅에서 임무는 만약 의사소통의 효과성이 연구되지 않고 평가되지 않은 채로 남아 있다면 비싼 대가를 치를 수 있다. 사회복지에서 의사소통은 특정한 목표달성을 위한 행동계획을 가진 서비스이용자(그리고 종종 다른 사람들)와 함께 목표를 향해 가는 복합적인 과정이다. 이

장에서는 상담 기술이 어떻게 타인과, 심지어 그들이 선택하기보다 어쩔 수 없는 상황에 놓인 경우, 의사소통을 위한 기초가 되는지를 보여준다. 사회복지에서 개인들은 단순히 한 명은 서비스이용자이고 다른 한 명은 전문가 집단에 속했다는 이유로 관계를 맺어야 한다. 그들은 서로 원하지 않게 선택되었다는 사실이 초기에 장벽을 형성한다. 또한 연관된 개인들이 사용하는 언어나 의사소통 방법이 매우 다를 수 있다. 여기에 소개된 기술은 간단한 것처럼 보일 수 있지만, 그것들은 학습되고, 훈련에서 실천되고, 실제 상황에서 효과적으로 사용되기 위해 개발되고 재생할 필요가 있다. 실천 속에서 이러한 기술들을 반영시키기 위해 노력하는 어느 학생은 이렇게 썼다.

> 이론 그리고 배운 면접 기술에 실천적이고 실제적인 접근법을 결합하는 것은 가장 완벽하고 유능한 접근방법이다... 여러분이 더 많이 실천할수록, 여러분은 더 많이 자신감을 갖게 되고, 여러분의 이러한 자신감이 배양됨에 따라, 여러분은 효과적이고 능숙한 원조자가 된다.
>
> (Smith, 1994)

인간의 상호관계를 유지하는데 요구되는 많은 기술들이 개별사회사업(case work)의 실천으로부터 인용되었고(Richmond, 1922; Perlman 1957; Hollis, 1964), 뒤를 이어서 다른 연구자들에 의해 개발되고 있다(Coulshed, 1991). 개별사회사업(case work)은 의학, 상담, 교육 그리고 목회적 돌봄을 포함한 원조 전문직에 널리 퍼져 있는 정신분석학과 연관된 학문에 그 기원을 두고 있다. 파생된 경청, 배려 그리고 다른 상담 기술의 핵심은 의사소통과 인간관계 분야에서 유용하게 발견되고 있다. 사회복지실천에서 의사소통은 정보를 전달하는 것보다 훨씬 더 많은 것을 포함한다. 의사소통은 하나의 과정으로서, 생각, 느낌, 아이디어 그리고 기대가 개인들 간에 있어서 변화되어질 뿐 아니라, 함께 이해되어질 필요가 있다. 언어와 비언어적 의사소통은 다음과 같이 사용된다.

- 정보를 전달하고 공유하기
- 관계를 형성하기
- 아이디어와 인식을 교환하기
- 변화를 창조하기
- 태도와 가치 그리고 신념을 교환하기
- 서비스이용자와 실천가의 목표를 달성하기

1. 타인의 의사소통 방식을 이해하기

의사소통은 진공상태에서 발생하지 않는다. 사회복지사는 이해를 성공적으로 교환하기 위하여 개개인과 그들이 처한 다양한 상황에 민감할 필요가 있다. 개인은 자신의 사회적 환경과 상호작용을 하는 과정을 통해 세상을 보고 해석하는 방식을 형성해 나간다. 이 장에 삽입된 첫 번째 실천사례로서의 도전은 각자가 개개의 만남에 관여해야 할 감각을 학습하는 것이다. 개개인이 실천가의 전문적 권한과 기능에 변함없이 따르는 것과 같이, 실천가는 개개인의 가치와 신념을 존중해야 한다.

의미는 신중하게 확인되어야 하고, 모든 교환에 있어서, 돌봄은 권위와 권한, 언어, 능력과 무능력, 성격, 배경, 성별, 건강, 나이, 인종, 그리고 계급 같은 개인들 간에 많은 차이로부터 올 수 있는 의사소통의 장애를 알아차리고, 줄이는데 관심을 기울일 필요가 있다. 다른 장벽들 예를 들어, 환경, 제한적인 가용할 수 있는 시간에 대한 압력, 다른 사람의 연루, 물리적 환경, 중단 같은 것들이 의사소통을 방해할 수 있다. 진정한 의사소통은 오로지 장벽이 고려되고, 해결되거나 제거될 때 달성될 수 있다. 이것은 의사소통을 위한 반강제적이며 비차별적인 해결 방법을 발전시키는 한 부분이다.

라고와 톰슨(Lago & Thompson, 1996)은 상담에서 의사소통의 문화적인 장애에 대해 서술하면서, 가능하면 다음과 같은 부분을 고려하도록 제안하고 있다.

> 언어, 시간, 상황, 만남의 목적, 각자에 대한 견해와 태도, 만남의 장소, 관습/의례, 냄새, 연령, 만짐, 장애, 장식, 치장, 보석, 개인적 권한, 기대, 개인의 과거사에 대한 이해, 만남의 배경, 만나는 이유, 인사와 만남의 관례적인 행동, 성별, 수용/비수용적 행동의 인식, 윤리/도덕적 체계, 개인상호간 투사, 정치적 차이, 의사소통의 개인적 이론, 신체적 외모, 키, 몸무게, 비언어적 행동.
>
> (1996: 40)

두 사람 간의 모든 만남에 있어서, 그들의 편견, 문화적 익숙함, 문화적 의제 각각이 전달되는 것은 복합적인 차원으로 보일 수 있다. 라고와 톰슨(Lago & Thompson, 1996)은 상담가가 로저스(Rogers, 1961)에 의해 정의된 것에 따라 성공적인 치료를 위해, 수용적이거나 비심판적인 것 같은 핵심적인 치료 조건중의 하나를 완전히 제공하는데 어려움을 겪을 수 있다고 주장한다. 그리고 상담의 문화적 차원에 대한 관심은 상담가 안에 있는 편견이나 인종주의를 감추기 위해 사용되어서는 안 될 것이라고 강조한다.

이러한 다양성의 차원은 사회복지사가 자신의 실천에서 유연성이 요구됨을 의미한다. 추가적으로, 역할과 법을 통한 사회복지의 권한은 사무실과 가정 세팅의 다양함 속에서 발생하는 개인의 만남에 대한 비판적인 차원을 포함한다. 사회복지가가 자신의 역할을 수행하면서 차별을 피하는 것에 대한 인식은 가능한 한 의사소통의 장벽을 줄이는 것이 특히 중요하다. 그렇지만, 이것은 워커의 입장에서 감추어지거나 인정되지 않은 권한에 대해 신중해야 하는 것처럼, 역할과 기능에 대한 인식에 있어서도 균형을 잡아야 한다. 이러한 면들은 다음에 살펴볼 것이다.

먼저, 사회복지사는 연령이나 장애(학대받은 아동; 혼란스러운 노인; 정신질환인) 또는 환경을 통하여(권리박탈; 쫓겨남; 사별; 보호시설 전전) 취약한 사람들과 매일 일을 한다. 이것은 누군가를 부추기고, 조종하거나 설득해서 그들이 원하지 않을 수 있는 행동으로 이끌거나 권리가 부인된 개인들을 달래기 위해 의사소통 기술을 사용하지 않는 것의 중요성을 강조한다. 동시에 만약 사회복지사의 사회 또는 그 밖에 누군가의 안전에 대한 의무가, 예를 들어 아동인 경우, 어려운 일이라고 불려야 한다는 것을 의미한다면, 기술이 이것을 정직하게 전달하기 위해 필요하고, 그렇게 될 때 법적으로 인가된 활동의 실제와 결과가 이해된다. 언어를 통한 위임된 권한의 오용 가능성은 가장 중요한 윤리적인 고려사항이다. 예를 들어, 만약 서비스이용자의 자신의 욕구에 대한 의도가 이용 가능한 자원에 부응하지 못하면, 부응하지 못하는 것과 행해져야 할 것에 대한 정직한 평가는 개인을 이용 가능한 자원에 맞게 설득하려고 시도하는 것과 엄연히 다르다.

둘째, 때때로 개인들은 사회복지사에게 자발적으로 사회복지서비스를 요청하지만, 여기에는 자주 강제나 사회적인 통제의 요소가 있다. 이것은 상담가는 자신이 하는 일의 과정에 동기화가 된 개개인들만 선택해서 함께 일할 수 있지만, 사회복지사는 그렇게 할 수 없다는 것을 의미한다. 이것은 많은 만남에서 거부감, 적대감 그리고 저항의 장애를 유발한다. 의사소통하고 관계를 형성하는 것, 목표를 설정하고 이런 환경 속에서 개인들을 효과적으로 일하도록 이끌어주는 능력은 개발되고 세련된 기술이 절실히 요구되는데, 특히 불안과 분노를 다루는 기술은 매우 중요할 수 있다. 여기에는 사회복지사를 선택함에 있어서 서비스이용자의 무능력과 선택의 결여와 같은 관계의 본질에 대해서도 대화를 나눌 필요가 있다.

셋째, 사회복지사는 언어적 의사소통 능력이 감소되거나 완전히 발달되지 않은 개인들과 의사소통하는 기술을 발전시킬 필요가 있다. 이것은 치매환자, 성인학습장애인 그리고 청각상실 같은 장애를 가진 성인들을 포함한다. 사회복지사는 아동이나 청소년과 효과적으로 의사소통을 할 필요가 있다. 아동들과 치료적으로, 그리고 법정에서 비디오증거를 제출하기 위해 면접을 배우는 것은 특별한 기술이다. 사회복지사는 또한 수화 및 그림을 이용한 마카톤(Makaton)과 같은 촉진적 의사소통방법을 사용하는 기술이 필요하고, 최소한, 의사소통은 쌍방향이 있다는 것을 알 필요가 있다.

넷째, 서비스이용자 상담은 사회복지실천의 핵심이다. 말하는 것에 대해 주의 깊은 경청과 창조성의 발견 그리고 행동이 뒤따르도록 하는 임파워먼트 방법은 매우 중요하다. 서비스이용자에게 자신을 제대로 이해케 하는 능력을 강화시켜 주는 의사소통 수준이 되도록 하기 위해 기술을 발전시킬 책임은 사회복지사에게 있다. 이것은 개인들이 어떻게 의사소통을 하고, 만남을 준비하고, 통역사 같은 도움이 될 만한 어떤 자원을 끌어들이는 방법을 발견해내는 것을 의미한다(Chand, 2000; French & Swain, 2004).

따라서 의사소통은 주고, 받고, 의미를 확인하는 것을 포함한 상호작용 과정이다. 이것은 다양한 수준에서 발생하고, 실제로 일어나고 있는 것의 의미를 확인하기 위한 주의력이 요구된다. 면담자는 연령, 계급 또는 인종 같은 요인들에 의해 나타날 수 있는 잠재적인 장벽을 잘 조율하는 것이 무엇보다 중요하다. 의사소통은 결과가 그에 뒤따르는 과정이며, 참여자들이 관련을 맺기 위하여, 상호이해를 달성하기 위하여, 관심을 갖고 목적을 계약하기 위하여, 함께 일할 수 있는 더 나은 과정의 시작이다.

의사소통 기술은 모든 전문적인 활동의 근본이며, 의사나 간호사의 의사소통에서 실패는 국민건강보험에서 많은 불만들의 원인이 되고 있다(East, 1995; Moore, 1997; Smith & Norton, 1999). 그에 따라 의사와 간호사 훈련에서 의사소통 기술에 대해 더 많은 관심이 기울여지고 있다. 의료사회복지사들은 잘못된 의사소통과 그에 따른 책임의 소재를 해명하기 위해 빈번히 의사소통에서 자신의 상담 기술을 사용하고 있는 자신을 발견한다. 개인들이 자신의 상황을 바꾸기 위해 능력이 강화되거나 환경 속에서 더 많은 통제와 이해를 얻을 수 있도록, 사회복지사는 개인들의 적극적인 참여를 목표로 한다. 다음의 실천사례에서, 황일남은 어떻게 의사소통의 장애가 환자와 의사 사이에 갈등을 양산하고, 그것이 의료사회복지사가 상담 기술을 어떻게 사용하여 해결되었는지에 대해 보여준다.

실천사례 : 황일남

황일남은 병동에서 간호를 받고 있던 환자였다. 그는 인도출생의 흑인이었고, 그의 주요 언어는 구자라트어(인도 서부지역의 말)였다. 사회복지사는 영국태생의 백인 여성이었고, 그녀는 영어를 사용하였다. 의사는 영국태생이지만, 그의 가족은 동유럽에 뿌리를 두고 있는, 백인 남성이었다. 그의 주요 언어는 영어였다. 황일남은 발작 후에 병원에 입원중이었다. 그는 약물치료를 마쳤고, 의사에 의해 의학적으로 안정적이라는 진단을 받았다. 그는 심리치료와 작업치료를 포함한 더 많은 치료에 동의하는데 거부하였기 때문에 사회복지사에게 의뢰되었다. 그는 운동실에 가는 것을 거부하였다. 의사는 환자가 '나태'해지면서, '전형적인 환자행색'을 한다고 진술하였다. 사회복지사는 이와 관련하여 의사에 대해 알아본 결과(개방형 질문), 의사는 환자가 환자행색을 즐기고 있고, 사람들이 그에게 옷을 입혀주고, 먹여주는 것을 포함하여, 모든 것을 다해주는 것을 좋아하는 것으로 생각하고 있음을 발견하였다. 이것으로부터 결론은 황일남은 다른 사람들에게 의존하면서 보살핌을 받을 수 있는 요양시설이 가장 적합하다는 것이었다.

사회복지사의 첫 단계는 통역인이 황일남을 방문하여 이러한 내용이 정확한지 확인하는 것이었다. 황일남은 분명히 자신은 요양시설에 가는 것을 원하지 않는다고 말하였다. 그리고 그는 집에 돌아가고 싶어 했다. 그는 혼자 살고 있기 때문에 자신의 안전을 위해서는 본인 스스로 세탁하고, 옷 입고, 음식을 먹을 수 있는 능력이 필요하다는 것을 알고 있었다. 이 면담에서 그는 환자행색을 즐기는 것처럼 보이지 않았고, 가능하면 빨리 집으로 돌아가고 싶은 것처럼 보였다(여기서 사용된 기술: 적극적 경청, 관심, 신체언어에 주의하기, 통역서비스의 사용, 확인, 이를 통한 워커와 환자의 의사소통 가능성, 공감).

면담 결과, 황일남이 말한 것과 처음에 의뢰된 정보 사이에 차이가 있었다. 그 다음에 만났을 때, 워커는 자신이 황일남에게 있었던 일에 대해 당황하였다는 것을 함께 나누었다. 워커는 '만약 그가 더 낫기를 원하면서, 그가 치료에 동의하지 않았다면 어떻게 될까?'라고 질문하였다. (탐색적인 개방형 질문). 황일남은 자신은 처방된 약을 다 복용하였기 때문에, 자신은 동의한 것이라고 대답하였다. 그제서야 워커는 그가 약을 치료로 보았다는 것을 이해했다. 황일남은 그가 아프다는 의사의 말을 더 이상 믿지 않았고, 그가 아프다는 것을 증명하기 위해 운동실로 자신을 보내는 것으로 생각하였다. 황일남과 의사간의 의사소통 그리고 이해에 장벽이 있었다. 그렇기 때문에 그는 후속적인 치료에 참여할 수 없었다.

사회복지사는 의사와 환자 사이의 상호작용을 관찰하기로 결정하였고, 두 사람 사이에 사용하는 언어를 살펴보았다. 사회복지사는 의사의 접근방법과 그가 사용하는 언어가 도덕적이며, 판단적이며, 권위적이란 사실로 결론을 내렸다. 황일남은 게으른 것으로 분류되었다. 이런 견해는 황일남의 사고방식을 확인하지 않고, 가장 잘 안다는 권위주의적인 사고 속에서 일어난다. 사회복지사는 이런 유형의 의사소통은 통제적인 부모자아상태(자아심리학/교류분석모델)로부터 온다고 간주하였다. 이것이 아마도 황일남에게 저항을 불러일으킨 것 같다. 사회복지사가 황일남의 언어를 살펴본 결과, 그는 어린 시절의 의존성에 기인하는 그리고 질병과 무력감을 통하여 성인에게 나타나게 되는, '나는 ~ 않을 거야!', '그는 나에게 강요할 수 없어!'와 같은 단어를 사용하고 있었다. 그런 느낌을 동반할 수 있는 분노와 저항은, 원조자에게 부모적인 태도가 있는 곳에서, 의존성의 어려움을 재강화한다(어린아이 자아상태).

사회복지사는 어느 쪽도 서로에게 도움이 되지 않고 있으며, 그 대신에 극단적인 태도를 재강화한다는 사실을 알게 되었다. 의사가 통제적인 부모로서 역할을 하면 할수록, 더욱 더 황일남은 처방된 활동을 거부하게 된다. 이러한 분석은 사회복지사로 하여금 의사와 환자가 자신들의 잘못된 의사소통을 재강화하는 방식에 분명하게 초점을 둘 수 있게 한다. 사회복지사는 의사와 환자 그리고 자신을 포함하여 모임을 가졌고, 의사에게 운동치료의 유익에 대해 설명해 주도록 요청하였다. 의사는 운동치료가 근육을 강화하며, 걷기능력을 향상시키고, 퇴원후 환자(황일남)가 집에서 혼자 지내기 전에 원기를 회복하게 해줄 수 있다고 설명하였다. 그리고 사회복지사는 황일남에게 그가 운동실을 사용하기 위해서는 실제로 신체가 건강해야 하고, 의사가 자신이 그만큼 건강하기 때문에 운동을 하라는 것으로 생각하였기에 그리고 최선의 치료는 쉬는 것이라 생각했기 때문에 운동을 거절하게 되었다는 사실을 의사에게 설명하도록 요청하였다(**여기서 사회복지사는 두 사람의 실제적인 의도를 분명히 하고 요약하기 위한 모임을 잘 이끌기 위해, 권위적인 모델에 이의를 제기함으로서, 중재 과정에서 두 사람의 견해에 대해 공감이라는 상담 기술을 사용하였다.**). 이 모임에서 두 당사자는 성인으로서 서로에 대한 정보와 인식을 교환할 수 있었다. 황일남은 운동요법이 자신의 재활을 위해 제공된 것이란 사실을 듣고 이해할 수 있었다. 의사는 황일남의 운동실 사용에 대한 거부가 이유가 있었으며, 게으르거나 해명할 수 없는 거부감 때문이 아니란 사실을 이해하기 시작했다(**관점에 대한 도전, 환자의 입장에서 저항을 낮추게 하는 것**).

이러한 사례는 진정한 의사소통을 가능하게 하는 데 시간과 관심이 필요할 수 있다는 것을 보여준다. 이것은 또한 만약 진술을 되새겨보지 않고, 듣기만하고 사실로 추정된다면 문제의 소지가 발생할 개연성이 있다는 것을 보여준다. 사회복지사는, 통역인의 초기 개입에 의해, 쌍방향의 의사소통이 영어를 모국어로 사용하는 사회복지사 자신과 영어를 제2언어로 사용하는 황일남 사이에 일어날 수 있음을 확인하였다. 사회복지사는 병원과 자신의 목소리를 제대로 낼 수 없었던 황일남 사이에 힘의 불균형을 줄였다. 두 사람을 동등하게 중요시 하고, 사회복지사는 오해가 있는 곳에, **주의 깊은 경청**을 하고, 두 사람이 말하는 틀을 주의 깊게 조사하였다. 사회복지사는 문제를 해결하기 위한 모임을 수월하게 하기 위해 자신의 기술(**경청, 요약하기, 질문사용하기, 공감**)을 사용하였다. 그녀는 소통이 막힌 것을 뚫어주는 3자 대화를 촉진시키기 위해 자신의 **중재와 이해**를 사용하였고, 황일남이가 자신에게 부여된 서비스를 위엄 있는 어른의 자세로 받을 수 있도록 하였다. 사회복지사는 또한 요양시설에 불필요하고 부적합하게 입소하는 것을 피하게 하였다.

사회복지사의 자신 행동에 대한 분석은 그녀의 지식, 가치 그리고 기술을 잘 보여주었다. 그녀는 자신이 일하고 있는 곳의 문화적 정황을 살펴보고, 자신의 이론적인 모델이 얼마나 잘 적용될지 고려해 보았다. 환자는 활동적인 재활로 향상될 수 있다는 의사의 믿음과 쉬고 있으면 자연히 시간이 지나서 향상될 것이란 환자의 믿음에는 분명한 문화적인 차이가 있었다. 여기에는 역할과 신분에서 나타나는 권한의 차이가 있었다. 사회복지사의 입장은 두 사람에게 개입하는 동안 비심판적이고 객관성을 유지하면서 서비스를 제공하는 것이었다. 사회복지사는 또한 그들의 교류를 명확히 하기 위해, 황일남과 의사에 대한 자신의 역할의 한계에 대해 알려주었다. 사회복지사가 사용한 상담 기술이 정확한 쌍방향 의사소통이 가능케 하였다.

2. 면담하기

대부분의 사회복지 의사소통은 사무실이나, 전화로 또는 가정에 있는 개인과 면담을 통해 발생한다. 사회복지 면담은 여러 가지 방법으로 기술되고 있다. 대비스(Davis, 1985)는 이것을 '목적을 가진 대화'라고 부른 반면에, 허그맨(Hugman, 1977)은 사회복지사에게 '자연스런 행위'라고 주장한다. 온화함, 융통성 그리고 창조성 같은 개인적 속성은 시작할 때 좋은 밑바탕이 되는 것으로 간주되고 있다. 의사소통 그리고 관계에 대한 사회복지 문헌은 슈퍼바이저의 감독 하에 실천(실연 또는 활동)을 통해 발전된 기술과 함께, 온화함, 공감 그리고 긍정적 수용의 결합을 주장한다. 콤튼과 갤러웨이(Compton과 Galaway, 1989)는 사회복지 면담을 '네 가지 독특한 특성을 지닌 의사소통체계, 즉 (1) 이것은 정황이나 세팅을 배경으로 한다. (2) 이것은 의도적이고 방향성이 있다. (3) 이것은 제한적이며 구조적이다. (4) 이것은 전문화된 역할관계를 포함한다.'고 설명하면서, 이에 대한 기본적인 틀을 제공하였다.

이론적 구조 그리고 이 과정의 목적과 함께 학생들에게 도움을 줄 수 있는 유용한 책들이 많이 있다(Breakwell, 1990; Heron, 1997;

Nelson-Jones, 1981; Rollnick, 1996; Trevithick, 2000). 사회복지 프로그램은 그것들을 평가하기 위한 기본적인 기술과 실천현장에 대해 가르쳐줄 것으로 기대되고 있다. 비록 면담기술이 일생동안 실천하고 발전시킬 주제로 남아 있지만, 훈련생의 입장에서 어려운 점은 시작단계부터 학습한 것을 실천으로 옮기는 것이다. 연구결과들은 면담기술이 상세한 기술의 실천과 예행연습을 통하여 가르쳐지고 발전될 수 있으며(Dickson & Bamford, 1995), 현장으로 적용할 수 있다는 것을 보여주고 있다(Ryan, Fook & Hawkins, 1995). 여기서는 좋은 실천을 촉진시키는 의사소통 기술 유형의 발전을 추구하는 사회복지사를 위해 보다 상세한 기초적 상담 기술에 대해 살펴본다.

3. 상담 기술에 대해 더 알아보기

경청

사회복지실천에서 경청은 적극적인 과정이다. 이것은 서비스이용자를 화나게 하거나 짜증나게 할 수 있는, 일련의 '고개의 끄덕임'이나 '으음'의 과다사용이 아니다. 제이콥스(Jacobs, 1985)는 어떻게 잘 경청해야 도움이 될 것인가에 대한 상세한 가이드라인을 다음과 같이 제시하였다.

- 중간에 끼어들지 않으면서, 주의력을 분산시키지 않고 경청하기.
- 상세한 것들을 포함하여, 들은 것을 기억하기(더 많이 듣고, 덜 말할수록 여러분의 기억은 보다 좋아진다).
- 밑바닥에 깔린, 가려져 있는 내용까지 경청하기(공개적으로 말하지 않았지만, 충분히 느껴질 수 있는 것).

- 감정의 이해를 돕기 위하여 비언어적 단서를 관찰하기.
- 보다 나은 이해의 방법으로서, 진술된 상황 속에서 사회복지사가 어떻게 느끼는지를 자신에 대해 경청하기(공감).
- 대화과정에서 평상시보다 긴 중단과 침묵을 견디려고 노력하기. 침묵을 깨기 위해 많은 질문을 하는 것을 피하기.
- 사회복지사 자신과 상대방이 서로에 대해 편안함과 이완을 느끼도록 도와주기. 사회복지사가 평온함을 느끼지 않더라도 평온함을 유지하기.

이런 체크리스트는 행동을 안내하는 데 도움이 되며, 슈퍼바이저의 감독하에 실제현장에서 사용하면 실천가의 기술을 상당히 향상시킬 수 있다. 그렇지만, 대부분의 사람들은 그런 안내지침서를 읽었을 때, 이것은 이미 자신들이 하고 있다고 생각한다. 하지만 예행연습 상황에서, 예를 들어, 그들은 침묵을 참는 것이 자신들이 생각했던 것보다 쉽지 않거나, 부연설명을 하는 방법이 명확하지 않거나, 대화에서 틈을 메우기 위해 무언가를 말하는 경향이 있다는 것을 발견하고 당황한다. 적절하게 경청하는 능력과 상대방이 말하는 방식에 초점을 두면서 명확하게 듣는 것은 개인들과 일하는데 필수적인 기초적 기술이다.

콘웰(Cornwell, 1990)은 역량강화(empowerment) 사회복지실천의 맥락 속에서 경청에 대해 말하였다. 그녀는 '만약 경청이 선택적인 것이라면, 경청은 상대방이 상담 장소에서 발언권을 택하는 것을 허용하지 않는다... 만약 경청이 긍정적이고 무조건적 관심과 부정적 판단을 덜 하는데 열려 있다면, 경청은 시간적인 여유를 제공하고, 역량을 강화하여 자아를 지배하려는 내적 고통을 덜어준다.'고 주장했다. '적극적 경청'과 '집중'된 '주의'에 대한 중요성과 상대방이 한 말을 '진짜로 듣는 것'은 아무리 강조해도 지나치지 않는 의사소통이다. 또한 여러분이 듣고 이해한 것을 확실히 하는 유일한 방법은 상대방과 다시 확인해 보는 것이다. 여러분이 귀로 들었기 때문에 여러분이 당연히 이해했다고 추정하는 것은 충분하지 않다.

전문적인 상담에서 별로 도움이 되지 않는 일상적인 대화의 특성들의 일부를 알아보는 것도 전문적 상담에서의 경청을 이해하는데 도움이 될 것이다. 타운젠드(Townsend, 1987)는 이에 대한 내용을 흥미롭게 간추리고 있다.

- 공상(주의력 상실, 잡생각).
- 꼬리표 붙이기(객관적인 사실을 알아보기 전에 상대방을 범주화하기).
- 점수 매기기(여러분이 듣는 모든 것을 여러분 자신의 경험과 연관 짓기).
- 마음읽기(상대방이 생각하는 것을 지레 짐작하기).
- 예행연습(머리속에서 다음에 할 말을 연습하기).
- 체리 고르기(정보의 핵심적인 요소를 듣고 난 후, 관심 끄기).
- 끼어들기(조언을 주고 싶어 안달하기).
- 겨루기(상대방의 말에 맞서 여러분 자신의 의견을 밀고 댕기면서 나아가기).
- 감정을 비껴가기(농담이나 상투적인 말로 감정 표현에 대응하기).

만약 여러분이 최근에 자신의 일상적인 대화를 진지하게 되돌아본다면, 여러분은 이러한 행동을 모두 한 적이 있다는 것을 알게 될 것이다. 일상적인 대화에서 이것은 항상 일어나지만, 여러분의 전문직업과 관련해서, 여러분의 역할의 권한 때문에 더 많은 주의가 요구된다. 면담에서 명확하고 좋은 경청은 상황에 따라 달라질 수 있다. 이것은 상대방의 경험을 듣고 이해하기 위해 애쓰며; 이어질 말에 대한 열린 마음을 유지하며; 상대방이 말을 마칠 때까지 기다리며, 그것에 반응하기 전에 되새겨본다; 미리 무엇이 중요할지 선택하지 않고; 상대방의 안건에 초점을 유지하며; 고정관념으로 한정짓지 않으며; 조언이 요청되고, 전체적인 그림이 그려질 때까지 조언을 하지 않으며; 생각 없이 상대방에게 자극적이거나 도전적인 코멘트를 하지 않으며; 상대방이 감정을 표현하고 명료화할 수 있는 여지를 마련해 준다.

사회복지사는 아동에게 해가 될 수 있는 왜곡된 사정 또는 '체리 고르기'나 '꼬리표 붙이기'를 통한 면담을 근거로 성인을 위한 불명확하게 구조화된 돌봄 계획을 세우는 것은 피해야 할 것이다. 개인들은 종종 기관에 도착할 때까지, 어디선가에서 자신들이 겪었던 꼬리표 붙이기나 반감에 의해 분노나 좌절감을 느낀다. 그렇기 때문에 개인들이 경험했던 것들을 사회복지사를 통해 정확하게 들을 수 있다는 것은 무엇보다 중요하다. 개인의 이야기를 주의 깊게 들은 후에, 사회복지사가 서비스를 제공할 수 없거나, 의뢰가 필요할 때가 있다. 그렇지만, 자초지종을 정성스럽게 잘 진술한 개인이 자신의 문제를 별거 아닌 것처럼 묵살하거나 '마구 무시하는' 감정으로 진술하는 개인보다 더 수용적이다. 경청기술은 소관 기관과의 타협 없이, 사회복지사가 개인적 그리고 비관료적 반응을 제공하는 것을 원조할 수 있다. 까다로운 내용의 정보는 사회복지사에 의해 차분하고 구조화된 분위기에서 더 잘 들릴 수 있다.

반응하기

사회복지사는 또한 유능한 기술과 명확한 반응이 요구된다. 처음의 반응은 비언어적일 수 있지만, 이것은 상대방의 말을 듣고 이해한다는 것을 나타내는 짧은 단음절어의 표시보다 더 많은 것을 제공하기 위해 중요하다. 요약하기, 반영하기 그리고 부연설명하기 같은 의사소통 기술은 정보가 정확하게 이해되고 기록된 것을 확인하고, 제공된 서비스가 표현된 욕구에 부응하고 여러분이 상대방의 의미를 이해했다는 것을 보장하기 위해 정말로 매우 유용하다. 이것을 명확하게 학습하는 것은 시간과 실습이 필요하다. 제이콥스(Jacobs, 1985)가 제시한 다음의 기술은 면담을 명료화하거나 더 충실히 하도록 시작하는데 사용될 수 있다.

- 여러분이 인식한 느낌/생각(단지 우울이나 분노가 아닌)을 묘사하는데 가능하면 명확해야 한다.
- 비록 일시적으로, 여러분이 잘못되어질 수 있다고 하더라도, 반응을 명확히 하기 위해 여러분의 공감적 이해를 사용한다.
- 여러분이 정확한 정보를 필요하지 않는다면 질문을 최소한으로 유지하기; 만약 여러분이 개방질문의 사용영역을 적극적으로 넓히고 싶다면; 만약 여러분이 예행적인 질문의 사용을 조장하고 싶다면; '왜'로 시작하는 질문을 피하기.
- 최소한의 촉진언어를 사용하기(으음, 예, 또는 마지막 몇 단어를 반복하기).
- 촉진하는 방법; 여러분이 듣고 있음을 나타내기; 여러분이 명확하게 들은 것을 확인하는 방법을 위해 부연설명, 요약 또는 명확하게 반영하기.
- 판단하거나 많은 진술을 피하기.
- 진술된 경험, 사건, 반응 그리고 생각을 잘 연결하기.
- 주제 변경 또는 불필요하게 말을 가로막는 것을 피하기.
- 너무 빨리, 너무 자주 또는 너무 오래 말하는 것을 피하기.

이런 기본적인 상담 기술은 정보를 얻고, 개인으로 하여금 자신의 욕구와 관심을 의사소통하게 할 수 있고, 기관이 제공할 수 있는 것을 사정하고, 행동이나 문제를 해결하기 위한 길을 닦기 위해서 사회복지 면담에서 사용될 수 있다. 여러분의 전문적인 역할은 여러분의 반응이 평범한 대화에서 보다 더 많은 비중이 부여될 수 있다는 의미에 명심하라. 이러한 기술을 사용하는데 장점은 그것이 여러분이 상대방과 그의 강점에 초점을 유지할 수 있게 해줄 수 있다는 사실이다. 명확한 반영과 부연설명에 초점을 두는 것은 여러분이 '말(words)을 상대방의 입에 밀어 넣기'나 여러분 자신의 추측을 하는 것을 방지한다. 자신의 이야기를 말하도록 촉진시키는 능력은 학대 같은 민감한 부분을 다루는데 필수적이다.

질문하기

대부분의 사회복지는 사정을 하고 또는 서비스를 제공하고 또는 개입 활동을 취하기 위한 초기의 정보를 수집하는 것을 포함한다. 대부분의 개입은 개인의 인생에 사회복지사가 재빨리 반응할 것으로 기대되는 개인적 위기로부터 발생한다. 어떤 경우에 사회복지사가 클라이언트의 이야기를 들어주면서 너무 오래 걸리고 시간소비적일 때가 있다. 따라서 면담은 가급적 효율적으로, 필요한 정보를 끌어내도록 구체화할 필요가 있다. 이러한 상황에서, 일련의 질문을 요청하기 위해 필요한 솔직함은 용이하게 한다. 그렇지 않으면, 정보를 얻는데 너무 오래 걸린다. 유용한 조언은 상세한 질문과 정보수집이 요구된다. 누가 이 정보를 볼 것인가 또는 누구와 함께 이것을 공유할 것인가 같은 주어진 정보의 목적과 결과에 대한 설명은 매우 중요하다.

사회복지사는 면담과정에서 어쩔 수 없이 대부분의 상담가보다 더 많이 말하고 더 활동적이어야 한다. 상세한 정보를 기억하기 위해 사회복지사는 종종 개인의 현재를 기술하고 양식을 작성한다. 이런 절차에 대한 명백한 언급과 상세하게 동의하고 확인하는 과정에서 협조를 얻는 것은 중요하다. 클라이언트에게 함께 양식에 기재하도록 요청하는 것은 좋은 방법이다. 그러면 여러분은 기재되는 것을 볼 수 있고, 여러분이 진행하는 것에 대해 동의하거나 그렇지 않은 부분이 확인될 수 있다. 부연설명, 요약 그리고 즉시성의 사용 같은 의사소통의 기술은 이런 과정에서 사용될 수 있다. 이것은 면담을 용이하게 하고, 일련의 심문하거나 강제적인 질문을 피할 수 있다면, 더욱 대화적으로 느낄 수 있다. 신중하게 진술된 질문 또는 질문 대신 하는 것들은 정보를 얻기 위해 사용될 수 있다. 예를 들어, 면담인은 정보를 얻기 위하여 불쑥 내뱉는 질문보다 '나에게 어떤 것에 대해 말해줄 수 있나요' 또는 '제가 더 많이 알 수 있다면 도움이 될 것 같습니다'라고 말할 수 있다.

폐쇄형과 개방형 질문을 구별할 수 있는 능력은 필수적이다. 폐쇄형은 특정한 주제에 대한 질문에 필요하다. 예를 들어, '당신은 지금 일하고 있나요?'는 예 또는 아니오라는 응답을 유도한다. '당신은 지금 약물치료를 받고 있나요?'보다는 '당신은 저에게 지금 어떤 약물치료를 받고 있는지 말해줄 수 있나요?'라는 질문이 더 나은 반응을 유도할 수 있다. 이것은 덜 폐쇄된 질문이고 진술에서 덜 심문적이다. 이것은 또한 여러분은 두 번 질문을 할 필요가 없고, 상대방은 아니오 또는 응답이 예라면, 상세하게 말할 수 있다. 상대방은 또한 자신은 정보를 제공하고 싶지 않다거나 그것이 필요한 이유를 말할 수 있다.

개방형 질문을 사용하는 면담인은 만약 질문이 '왜'보다 '어떻게' '무엇' '언제'로 시작할 때 면담과정이 더 낫다는 것을 발견한다. '왜'로 시작하는 질문은 어린 학창시절을 떠오르게 하면서(왜 늦었니?, 왜 숙제를 안해 왔니?), 비난적이고 지나치게 권위적으로 들릴 수 있다. 이것은 아동이나 청소년들과 면담할 때 기억해야 할 것으로 특히 중요하다. 개인들은 종종 자신의 행동에 대한 직접적인 이유를 모를 때가 있다. 그들은 만약 '사건이 일어난 날에 대해 나에게 얘기해 주세요' 또는 '무엇 때문에?'같은 덜 직접적인 응답을 유발하는 질문이 그들의 동기를 탐색할 수 있도록 사용된다면 '왜'처럼 질문에 더 쉽게 답변할 수 있다. 이야기체의 설명을 제공하는 것은 대부분의 개인들에게 질문에 응답하는 것보다 더 쉬울 수 있다. 누군가의 이야기를 듣는 것은 종종 여러분에게 직접적인 질문을 하는 것보다 더 많은 것을 말할 수 있다.

이런 기술은 언어와 말 표현의 신중한 사용에 초점을 둔다. 이런 기술은 여전히 솔직한 면담을 촉진하지만, 반감과 불안을 감소시킬 수 있는 방법으로 질문을 표현한다. 판단, 말을 많이 하는 것 그리고 도덕적인 표현은 방어를 유발하기 때문에 피해야 한다. 만약 사회복지사가 공격적 행동이나 아동학대와 같은 양상을 지닌 개인들을 서투른 그리고 무계획적인 방법으로 직면하는 것을 피할 수 있다면 더 좋다. 이런 것들은 역효과를 낳을 수 있다. 그것은 사회복지사가 도전이나 직면에 실패함을 의미하지 않으며, 말을 신중하게 선택해야 한다는 것을 의미한다. '어려운 메시지'는 듣기가 어렵기 때문에 이것은 특히 중요하다. 여러분은 상대방에게 여러분이 말한 것에 대한 그들의 생각을 알려달라고 하고 기록되고 기술된 것에 대해 동의해 달라고 요청할 수 있다. 서비스이용자의 개인적 불인정이나 거부는 슈퍼비전되어야 할 어떤 부분이며, 공개적으로 표현되어서는 안된다. 개방형 면담의 사용은 법정에서 증거를 위한 상황 또는 사례회의가 요구되는 것 같은 모임에서 정보를 얻는데 매우 중요하다.

신체 언어

시선 마주침, 만짐, 복장 등에서 수용될 수 있는 것과 그렇지 않은 것에 관한 문화적 다양성 그리고 그것으로 인해 각각의 상황에서 면접자가 신중하게 명심해야 할 기본적인 영역이 있다. 예를 들어, 면접자와 피면접자 사이에 적당한 거리를 유지하는 것은 일반적으로 무엇보다도 보장되어야 한다. 면접실은 잘 정돈되어 있어야 한다. 면접실의 무형 그리고/또는 유형의 분위기를 고려하라. 두리번거리고, 하품하고 시계를 흘끔 보고 정신이 딴 데 팔리는 것은 분명히 부정적인 메시지를 보낸다. 얼굴 표정은 중요하기 때문에, 부적절한 순간에 눈살을 찌푸리거나 미소짓는 것은 잘못된 메시지를 전달한다. 낮은 톤의 목소리는 일반적으로 더 차분함을 느끼도록 해준다. 어린 아이에게 조용하고 매우 명료하게 말하는 것은 날카로운 목소리로 너무 많이, 너무 빨리 말하는 것보다 더 효과적이다. 상담 문헌에서 이러한 가이드라인은 사회복지 세팅으로 가져올 때 모두 유용하다. 자기주장, 신체적 태도에 대한 주의, 얼굴표정, 숨쉬기와 앉은 자세가 모두 분위기를 조장할 수 있고, 분노, 적의, 불안 또는 긴장을 감소시키는 요인들이다. 타인의 가정에서 면담을 하는 것은 라디오, TV, 애완동물 그리고 이웃 같은 집중을 방해하는 요인들을 잘 처리해야 한다는 것을 의미한다. 사회복지사는 분위기가 효과적인 면담을 하기에 적합한지 주의를 요할 필요가 있고, 주의를 산만하게 하는 것들에 대해 분명하면서도 정중한 태도로 말할 수 있는 마음의 준비를 갖추어야 한다. 면담을 하기 전에 누가 집에 있고, 그들이 그곳에 있어야 하는지를 묻는 것이 또한 유익하다. 만약 여러분이 자신이나 다른 사람에 대한 신체적 폭력의 위험성에 대한 개연성이 충분히 있다고 생각되면, 그밖에 누군가를 현장에 있도록 계획을 세우고, 집안구조와 비상구 그리고 여러분을 도와줄 수 있는 다른 직원들에 대해 생각하면서 분위기를 안전하게 유지하는 방법을 고려하는 것이 가장 좋다.

다음의 실천사례는 신입 사회복지사가 젊은 범죄자에 대해 자신의 기술을 어떻게 사용했는지에 대해 보여주고 있다. 최초의 관계는 앞으로의 협력적 상담을 위하여 관계의 토대를 쌓는 능숙한 의사소통을 사용해야만 했다. 사회복지사는 경청하고, 주의하고, 반응하고, 직면하고, 사회복지실천에서 빈번하게 요구되는 기술들을 결합하는 도전을 해야 했다.

실천사례 : 강철원

강철원은 법정에서 음주운전으로 사회봉사명령을 선고받은, 아내와 어린 아이가 있는 젊은이였다. 이것은 두 번째 범죄였다. 사회복지사가 해야 할 주요한 일은 이번 범죄가 그의 가족과 지역사회에 미칠 영향에 대해 그 범죄자와 함께 직면하고, 그가 처한 위기에 대해 살펴보는 것이었다. 최초 면담에서 주요 과제는 모임에 참석하고 프로그램에 참여하는 것과 관련하여 강철원이가 자신에게 요구되는 사안에 대해 이해하고 있는지를 확인하는 것이었다. 그에게는 사건에 대한 자신의 생각과 반응을 나타낼 기회가 주어졌다. 함께 활동해야 할 계획안이 마련되었다.

먼저, 진행과정의 분명한 이해를 보여주기 위하여, 정보가 신중하게 제공되었다(**확인, 부연설명, 요약**). 강철원은 자신의 상황에 대한 자신의 관점을 제공하도록 요청받았다(공감의 사용). 그는 자신의 강점을 확인하도록 격려 받고(**자아의 지지**), 그가 도움이 필요한 곳을 말하도록 하였다(**연계, 문제해결, 목표설정**). 그의 최초의 범죄행위가 논의되고 재구조화되었다(**도전**). 사회복지사는 강철원을 개별적으로 다루고(**진실성, 수용**), 그를 한 개인으로 중요시 한 반면, 음주운전을 과소평가하지 않았다(**주의 깊은 경청**). 범죄의 잠재적인 인과관계를 알아보기 위해 **개방형 질문**이 사용되었다. 면담을 시작할 때 사회복지사는 강철원에게 마음을 편하게 갖도록 하고, 주의 깊은 신체 메시지와 적극적 경청을 나타내려고 애썼다. 법정에서 이미 선고를 내렸기 때문에, 도덕적이고 판단적인 반응은 피할 수 있었다. 사회복지사는 말했다.

나는 그의 느낌과 행위를 다시 되새겨보았다. 나는 적절하게 동기화가 된 강철원이가 책임을 받아들이고, 그의 범죄가 피해자들에게 미친 영향을 인식하도록 재구조화할 필요성을 인식하였다.

결과는 강철원이가 음주운전의 위험성을 받아들이고, 그의 아내와 자녀 그리고 지역사회를 위해 자신의 음주습관을 통제할 필요성을 인정하게 되었다. 그는 개입하는 동안 재범을 하지 않았다. 그는 불안과 그에 따른 음주를 유발하였던 주택과 고용에 대한 실제적인 문제를 다루었다. 그는 음주운전 가해자 집단에 참석하였다. 사회복지사는 평상시 업무와 마찬가지로, 다양한 접근법들(개별사회사업, 집단사회사업의 과정 그리고 실제적인 원조)을 사용하였다. 이것들은 모두 의사소통 그리고 관계의 형성에 근거를 두었다.

단기적인 면에서 의도적이며 한정된 상호관계에 그리고 장기적인 면에서 결과가 무엇이든 간에, 신중하게 선택된 기법과 기술에 근거한 것은 사회복지사를 기관의 목적에 부응할 수 있게 해준다. 강철원은 자신과 자신의 행동에 대해 언어적 그리고 인지적 자각을 얻었다. 그런 의사소통 기술은 사회복지사가 초기의 접촉에서 그 이후 관계를 유지해 나가기 위해 매우 중요하다. 여러분 자신과 상대방에 대한 주의 깊은 경청, 관찰과 반응은 개입을 효과적으로 만들려는 목적을 교환할 수 있게 한다. 그런 기술의 사용은 기대와 도전할 만한 것을 명확히 하고, 클라이언트의 강점과 그들의 삶의 목표를 위한 일을 추구하는 과정에 존재하는 권위적인 역할을 유지하는데 특히 중요하다. 사회복지사는 특히 강철원의 동기를 사정하고, 문제해결을 위한 동반자적 관계 접근법을 사용하여 관계를 형성할 수 있었다.

4. 면담을 위한 기본 틀

사회복지사는 일반적으로 명확한 법적 또는 기관의 권한 범위 내에서 일하기 위해 고용되며, 업무는 대개 실제적 문제해결을 맡는 것을 포함한다. 개인들이 가져오는 문제는 흔히 그들 자신들에 의해서 정의된 것과 같이 다른 사람들에 의해서 정의된 것이다. 자신 또는 공공의 위기에 관한 이슈들이 큰 특징을 이룬다. 사회를 위해 사회복지사에게 부여된 책임성은 매우 중요하고, 이에 대한 사회의 관심은 일이 잘못되었을 때, 언론이나 공적인 조사를 통하여 종종 격렬한 반응을 나타낸다. 이런 책임성은 사회복지사로 하여금 자신의 면담을 기관과 서비스이용자의 확인된 목표를 달성하는 것을 돕는 기본 틀로 체계화하도록 이끈다. 기본 틀은 실제로 도움이 될 수 있으며, 만약 융통성 있게 사용된다면, '부자연스럽게' 느낄 필요가 없다. 인간행동에 대한 특정한 심리이론에 근거를 둔, 다음의 기본 틀은 면담을 촉진시키기 위해 널리 사용되고 있다. 여기서는 참고문헌을 사용하여, 실천가가 따라할 수 있는 내용들을 간단히 요약하여 소개한다.

해결중심이론

이 접근법은 드 셰이져(De Shazer, 1985, 1988)의 저서에서 인용되었다. 여기서 사회복지사는 개인에게 자신의 문제해결능력을 확인하게 하고, 변화를 유지할 수 있게 지지하는데 중점을 둔다. 문제 자체에 대해서는 강조를 덜 하며, 클라이언트에게 이미 성공한 적이 있었던 대처전략의 재강화를 강조한다. 이런 접근법은 또한 아동보호 업무에 적용되고 있다(Turnell & Edwards, 1999; Turnell & Essex, 근간).

동기화 면담

이 접근법은 롤닉(Rollnick, 1996)이 제안하였다. 이것은 클라이언트를 원조하는 사회복지사가 변화를 위한 자신의 능력을 인식하고 구축하는 것과 함께, 본질적으로 실천적 절충접근법이다. 개입을 위한 다섯 개의 원칙이 상세하게 제시되고 있다. 즉 공감을 표현하기; 모순을 드러내기; 논쟁을 피하기; 저항을 다루기; 자기효능감을 지지하기. 이런 작업은 개인을 법이나 타인들과 갈등을 유발하도록 이끄는 행동으로부터 개인이 변화하는 것을 돕는 작업에 주요한 초점을 두고 있는 기관에 특히 적절한 것으로 알려지고 있다(범죄행위, 약물과 알코올 남용).

인본주의적 기본 틀

헤런(Heron, 1997)은 일 대 일 면담을 도와주기 위한 여섯 개의 개입유형을 제시하고 있다. 이것들은 규범적, 정보적, 직면, 카타르시스, 촉매, 지지이다. 이런 상세한 반응들은 치료자와 클라이언트가 함께 욕구에 부응하기 위해 개입할 때 선택한 것과 연관되어 있다. 이 접근은 실천가에게 개개의 상황에서 가장 유용한 개입의 유형을 명확히 보여준다.

인지적 기본 틀

인지적 접근은 사회복지와 심리치료 개입에서 효과적이다. 이에 대한 사례는 로버트(Roberts, 1995), 라일(Ryle, 1995)과 코리(Corey, 1997)의 저서에서 찾아볼 수 있다. 최근의 연구들은 범죄자와 특정한 집단의 개인들에게 개입하는 과정에서 그런 방법들의 효과를 보여주고 있다(McGuire, 1995). 존스와 람찬다니(Jones & Ramchandani, 1999)는 이런 이론을 성적으로 학대당한 아동들과 그들의 보호자에게 개입하면서 적용하였다.

여기서 논의되는 기본적인 상담 기술은 개인들을 면담하고 개입하며, 그들의 강점과 대처능력을 형성하기 위한 다양한 접근법들을 모두 뒷받침하는데 사용될 수 있다. 다음의 실천사례는 사회복지사가 아동의 복지과 보호를 증진하기 위해 아동법(Children Act, 1989)의 틀 안에 있는 가족과 의사소통을 위해 상담 기술을 어떻게 사용하고, 개입하는지를 보여 주고 있다.

실천사례 : 이승기

이승기의 의붓아버지와 친모는 의붓아버지가 양육을 전적으로 책임지기로 하고, 친모와 함께 양자로 입양하기로 하였다. 사회복지사의 공식적인 역할은 입양이 아동의 입장에서 최선의 선택인가를 사정하는 것이었다. 신청과 소견날짜 사이에는 조사를 하고, 아동의 복지를 위해서 만족스럽고; 장래 입양자들에게 법적인 절차, 그들과 아동에게 그에 따른 효과; 대안적인 방법들에 대한 조언의 의무가 있다. 기술된 보고서는 가족; 그들의 환경; 입양으로 인해 발생 가능한 결과; 아동의 복지와 아동을 위해 더 나을 수 있는 어떤 선택적인 행위에 대해서 법원에 정보를 제공한다. 사회복지사의 입장에서 책임은 아동의 느낌과 바람을 확인하고 그들에게 영향을 미칠 변화에 대해 제대로 정보를 제공받도록 보장하는 것이다. 따라서 사회복지사는 또한 아동과 의사소통을 하는데 기술을 요한다.

이승기는 아주 어렸고(6세), 가족은 그에게 그의 태생에 대해 그리고 어머니와 '아버지'가 그를 입양하기 위하여 법원에 신청서를 낸 이유에 대해 말하는데 곤란을 겪고 있었다. 사회복지사는 아동에게 그의 출생과 정체성에 대해 확실히 하는 것이 이런 상황에서 최선의 방책이란 것을 연구와 실천을 통해 알았다. 사회복지사는 이런 정보를 어른들과 함께 공유하고, 그들의 아들이 신청된 입양을 포함하여 그의 생활환경을 제대로 알 수 있도록 가족에 대한 개입을 하였다.

처음에 사회복지사는 이런 과정 속에서 가족들에게 일어날 수 있는 것에 대해 생각하면서 공감을 사용하였다. 사회복지사는 이승기가 읽을 수 있는 그림과 간단한 단어로 된 이야기책을 만들었다. 이것은 계속 이어나갈 수 있도록 구성되었다. 그래서 이승기는 이야기책에 중요한 연대기적인 생활사건이 실린 것 외에 이후에 그가 부모와 함께 만들 수 있도록 하였다. 부모에게 개입하면서 사회복지사는 의사소통에서 시간적인 여유를 사용하였는데(**침묵의 사용**), 그것은 가족이 생각하고, 반영하고, 반응할 수 있다는 것을 의미하였다. 사회복지사는 그들의 가정적인 협력사항, 부모역할과 능력을 조사할 때 강제적인 것을 피하기 위해, **개방형 질문**을 사용하였다. 사회복지사는 가정에서 의사소통이 개방될 수 있도록 논의과정에 모든 구성원을 포함하였다. 사회복지사는 이승기와 놀고, 읽고, 그림을 그리며, 알수 없는 말을 사용하지 않고, 항상 간단하고, 명확한 언어를 쓰려고 노력하였다. 이렇게 해서, 사회복지사는 그들의 다른 관심사항에 대해 논의하고, **경청하고, 강조하고 상담**을 할 수 있었다.

이런 상황에 처한 가족들은 종종 예상하지 않았던 사회복지사의 개입에 놀라서, 저항한다. 어른들은 자녀에게 그가 결혼 전에 어머니에게서 태어난 것과 그의 친부에 대해 말하는 것에 대해 불안하였다. 그렇지만, 과정에 대해 솔직하게 접근하는 개인적 기술의 민감한 사용과 권한의 신중한 사용은 가족이 과정 속에서 함께 어울리게 되며, 그것을 통해 이익을 얻었다는 것을 의미하였다. 사회복지사의 상담 기술은 사회복지사가 실천의 근거로 한 임파워먼트의 진가를 활용할 수 있게 한 귀중한 도구였다. 이렇게 해서 사회복지사는 가족과 효과적으로 의사소통을 할 수 있었다. 각 단계에서, 사회복지사는 달성하기위해 필요한 것과 어떤 기술이 최고의 결과를 가져올 수 있는지를 생각하였다. 사회복지사는 이승기와 그의 가족은 가족이 원하는 것을 달성하고, 아동이 자신의 과거 역사를 알고자 하는 사정된 욕구에 부응하는 방법에 대해, 그녀와 함께 협력할 수 있도록 보장하기 위해 기술적인 방법에서 권한을 사용하였다.

5. 아동에게 직접 개입하기 위한 기술

의사소통 기술은 사회복지실천에서 핵심적이지만, 아동에게 개입하기 위해서는 특정한 방법이 요구된다. 위의 실천사례에서 사회복지사는 아동과 책을 읽고 놀이를 하고, 그의 생활에 대한 이야기책을 함께 만들었다. 아동법(The Children Act, 1989)은 모든 세팅의 실천가가 아동의 바람과 느낌을 개입의 모든 단계에서 찾아내고 고려해야 한다는 것을 요구하고 있다. 이외에도 유엔아동권리헌장과 아동권리운동은 아동에 대한 직접 개입의 중요성을 강조하고 있다. 아동과 관련된 업무에 종사하는 모든 실천가는 다음의 사항이 요구된다.

- 아동에게 경청하고, 그들의 생각, 느낌, 바람 그리고 의견을 이끌어 낸다.
- 동반자적 관계를 형성하기 위해 아동과 이야기하고 관여한다.
- 아동에게 이야기를 들려주고 그들의 삶에서 사건에 대한 정보를 제공한다.
- 아동에게 발생할 수 있는 것들, 예를 들면, 이사, 입학, 양육시설 변경 같은 과정에 있는 아동을 도와주는 일에 관여한다.
- 아동의 나이, 능력, 이해와 배경에 적합한 방법으로 의사소통을 한다.
- 아동의 삶에서 복합적이고 고통스러운 문제에 대한 의사소통은 민

감하게 한다.

- 보고서를 쓰거나 법정에 제시할 증거를 수집할 때는 아동이나 청소년과 면담을 한다.

이것은 전문가들이 빅토리아 크림비[1]를 보호하는데 실패함으로써 다시 강조되었다. 이 사건에서 사회복지사와 다른 전문가들은 의사소통을 포함해서, 자신들의 역할에서 기본적인 역할을 수행하는데 실패하였다. 반면에, 라밍(Laming, 2003) 백작은 아동면담을 위해 좋은 실천 가이드라인은 준수되어야 한다고 인식하면서 이렇게 말했다.

> 가이드라인은 아동과 간단한 대화의 교환을 막지 않으며, 대화의 내용은 적절하게 기록되어야 한다. 아동을 보고, 경청하고, 관찰하는 것은 어떤 워커에게, 그리고 아동 업무를 일상적으로 다루는 어떤 직원에게도 초기 사정에서 필수적인 요인이다. 그리고 이것은 아동보호의 사례를 다룰 때 매우 중요할 수 있다.
>
> (2003: 238)

여기에는 아동과 연관된 모든 워커들이 그들을 관찰할 기술이 필요하고, 그들과 이야기하는 것은 종종 그들의 상태를 파악하고 자신들의 상황에 대한 그들의 의견을 알아내는데 충분하다는 분명한 메시지가

---

1) 1999말, 빅토리아 크림비(Victoria Climbie)라는 9세 여아의 사망사건은 영국의 아동복지 체제를 개편하는 데 큰 역할을 하였다. 아프리카에서 태어나 어머니 동생에 의해 영국으로 입양이 된 이 아동은 양모에게 보조주택과 각종 연금 수당을 받아내는 데 철저하게 이용을 당하고 10개월 동안 학대를 당한 후 결국 죽게 된다. 이 사건이 영국사회에 충격을 준 이유는, 아이가 순간적인 사고에 의해 죽은 것이 아니라 장장 10개월에 걸친 학대에 의해 서서히 죽어 갔다는 점 때문이었다. 이 사건으로 인해, 국회에서 청문회 팀이 구성되어 아동 복지 시스템에 대한 총체적 점검이 이루어졌다. 경찰, 사회복지 및 사회보장제도, 의료, 학교, 전 분야에 걸쳐 빅토리아와 관련된 정부 기관의 행적, 직무 법령을 추적했으며, 그 결과, 12번이나 빅토리아를 구할 수 있는 기회가 있었음에도 불구하고 관련 공무원들끼리 서로 미루다가 죽고 말았다는 점을 발견했다. 영국정부는 아동복지시스템에 대한 개혁이 일어나지 않는다면 빅토리아 아동의 경우와 같은 사건은 얼마든지 다시 일어날 수 있다고 보고 아동복지 업무에 대한 대대적인 점검에 들어갔다(역자주).

있다. 마가렛 크롬톤(Margaret Crompton, 1990)은 '아동을 직접 상대하는 것은 평범한 기관에서 평범한 개인들에 의해 날마다 이루어지고 있다'고 말했다. 아동과 더 나은 의사소통을 학습하는 데 유용한 몇 가지 자료들이 있다(Aldgate & Simmons, 1988; Crompton, 1990; Jones, 2003, 2005; Lancaster & Broadbent, 2003; NSPCC, 1997; Wickham & West, 2002). 이외에도 특정한 손상이 있는, 장애아동들과 의사소통하는 다양한 방법들이 있다.

아동을 보호하는 워커들을 위한 도전은 아동에 대한 자신들의 책임을 직면하는 것이며, 그들을 사실 그대로 보고 그들로부터 들으며, 업무에 필요한 기술을 추구하는 것이다. 그것은 또한 아동의 발달능력에 대한 이해, 문화적 상황 그리고 다른 기관과 일할 기술을 갖추는 것을 의미한다. 상황에 따라 누가 아동을 잘 알고, 믿고, 이야기하기를 좋아하는지 알아내는 것이 더 좋을 때가 있다. 그렇지만, 긴급한 의뢰를 받은 자는 위기상황에 개입할 기술이 충분해야 한다. 이것은 법정절차를 준비하기 위해 임명된 전문가에 의해 수행된 더욱 공식적인 면담을 통해 수집된 증거를 불리하게 하지 않는다. 아동 자신 그리고 그 가족과 의사소통은 사회복지실천 그리고 아동과 가족복지 과정에서 핵심적이다(Aldgate & Seden, 2005).

이러한 좋은 실천의 원칙들은 또한 취약한 성인들에게 개입할 때도 적용할 수 있다. 성인과 일하는 전문가는 또한 좋은 기본적인 의사소통 기술이 요구되며, 또한 치매의 이해에 대한 킬릭(Killick, 2004)과 킷우드(Kitwood, 2004), 학습장애에 대한 신아선(Sinason, 1992), 홀린스와 신아선(Hollins & Sinason, 근간) 그리고 일상적인 의사소통의 기술을 창조적으로 뛰어넘는 것의 중요성에 대해 기술한 프렌츠와 스웨인(French & Swain, 2004) 같은 저자들이 언급한 내용에 대한 이해가 요구된다. 프렌츠와 스웨인(2004)은 장애인에게 경청하는 것은 반드시 협력적이어야 하며, 그래야 장애인이 권한을 가질 수 있다고 주장하였다. 그의 경험과 느낌에 솔직한 방법으로 반응하기 위하여, 기꺼이 장벽을 제거하고 융통성을 발휘해야 한다.

의사소통 기술에 관해서라면, 첫 번째 요점은 상대방에게 주의를 기울이면서, 신중하게 경청하는 것이다. 주의 깊은 경청은 적절한 이해와 개입으로 이끄는 것이다. 전문가는 기본적이며 더욱 세분화된 자신의 기술로 업무에 임하는 것이 요구된다. 서비스이용자와 일상적인 의사소통은 모두가 해야 할 업무이다.

핵심 요점

- 의사소통 기술은 이해와 개입을 위해 핵심적인 것이다.
- 의사소통은 문화적 그리고 사회적 맥락에서 발생한다.
- 의사소통의 장벽은 인식되고 최소화하는 것이 요구된다.
- 기본적인 의사소통과 연계된 기본 틀은 실천을 위한 좋은 근거를 제공한다.
- 아동과 성인을 위한 직접 실천은 좋은 준비와 환경에 따른 상세한 주의가 요구된다.

자기개발 또는 토론집단을 위한 질문과 활동

1. 의사소통 기술에 대한 메모를 시작한다. 여러분의 실천에서 의사소통이 잘 된 때와 덜 성공적이라고 생각한 때를 적는다. 여러분이 동료의 실천에서 관찰한 어떤 좋은 실천을 적는다. 무엇이 특정한 의사소통을 성공적으로 만드는지를 분석한다. 여러분이 미래의 실천상황에서 적용할 수 있는 학습 요점을 적는다.

2. 제이콥스(Jacobs)가 제시한 기본적인 의사소통 기술로 되돌아간다. 실천하고 발전시키기 위해 하나를 선택한다. 만약 여러분이 제1장의 마지막에 있는 〈표 1〉에서 여러분의 기술을 검사한다면, 여러분 자신이 덜 성공적이라 생각되는 곳을 선택하라. 여러분이 선택한 기술을 실

천하면서 만족하게 되면 또 다른 것을 선택해서 여러분의 기술을 증진시켜라.

3. 도움이 되지 않는 의사소통 행위의 특성을 제시한 타운센드(Townsend)의 목록으로 되돌아가라. 그중의 하나(또는 그 이상)에서 여러분의 의사소통이 방해되었던 때를 생각해 보라. 여러분의 실천을 향상시키기 위해 피해야 할 것들이 있는가?

제 3 장

사정 : 관련된 상담 기술

제1장과 2장은 상담과 사회복지 간의 관계를 다루었고, 사회복지실천 과정에 적절하게 적용될 때 정치적, 경제적 그리고 사회적 맥락이 무엇이든 간에, 상담을 원만하게 진행하도록 뒷받침할 수 있는 기본적인 의사소통과 관계형성 기술의 개요를 설명하였다. 다음의 여섯 개의 장은 각각 사회복지사를 위한 국가직업표준(The National Occupational Standards for Social Work, 2003a)과 스코틀랜드에서 사회복지 자격을 위한 여섯 개의 핵심역할(www.scotland.gov.uk)에 명시된 것에 따라 사회복지실천의 구성요소를 다룬다. 또한 각각의 장은 실천규칙과 사회복지 학위와 연관된 다른 안내 지침에서 관련부분을 벤치마킹해서 인용하고 있다.

각각의 주제는 사회복지의 지식과 이론에 근거하여 도출되었다. 이와 함께, 실천사례와 의사소통과 관계형성을 위해 관련된 상담 기술에 대한 토론은 어떻게 전문가의 일상적인 행동에 새겨지고 더 나은 실천을 촉진할 수 있는지 계속해서 보여준다. 이 장에서는 개인, 그들의 가족, 돌보미 집단, 지역사회의 사정과 도움이 필요한 개인과 환경의 사정(핵심 역할 1, 표준 1)을 준비하는 데 필요한 기술을 다룬다.

사정은 사회복지실천에서 가장 중요한 것이며 분리된 것이 아닌 하나의 과정으로 이해되어야 한다. 사정은 변화를 가져오게 하는 개입을 포함한다. 사정은 고정된 것이 아니며, 진척된 과정의 범위 내에서 재평가가 일어난다. 사정의 결과는 대개 서비스의 제공을 의미하며, 종종 기관에서 자원에 접근할 때 사용된다. 사정은 서비스이용자와의 동반자적 관계 속에서 시작된다. 그렇지만, 사회복지사가 개입범위를 정하기 위한 권한과 자원을 갖고 있고 서비스이용자는 그렇지 않을 때, 사정이 어떻게 현실적으로 가능한지에 대해 의문을 가질 수 있다.

사회복지사가 사무실에서 '사정'에 대해서 언급할 때 관료주의적 접근이 간혹 내비춰지기도 한다. '신체' 혹은 '건강상태'로 환자를 가리키는 의료적 습관을 개탄 하는 것과 동일하게 이것은 사회복지사에게 일어날 수 있는 모순처럼 보인다. 이 장에서 '사정'과 '사정과정'이란 용어는 개인의 욕구와 의견이 실천가와 함께 동반자적 관계 속에서 이끌어야 하며, 발생한 일의 중심에 클라이언트가 있다는 근본적인 견해를 갖고, 사회적 환경 속에서 개인들과 일하는 것을 묘사할 때 사용된다. 사회복지사는 '사정을 받아야 할 개인을 만나서' 그들의 모든 생각 중에서, 욕구를 최우선에 두어야 한다.

사회복지에서 사정은 개인의 욕구와 개인에 대한 관심으로부터 시작한다. "아동욕구와 그 가족 사정을 위한 기본틀"(Department of Health et al., 2000: 10)을 뒷받침하고 있는 원칙은 개인을 중심에 두고 출발한다. 사정은 다음과 같다.

- 아동중심이다(인간 중심).
- 아동발달에 근거를 둔다(인간성장과 발달).
- 접근법에서 생태학적이다.
- 기회의 균등을 보장한다.
- 가정에서 아동들과 함께 작업하는 것을 포함한다(보호자 그리고 연관된 사람들).
- 어려운 점들을 확인하는 것과 마찬가지로 강점들도 함께 근거해야 한다.

- 사정과 서비스 제공을 위한 접근에서 기관 연계적이다.
- 단일한 사건이 아닌 지속적인 과정이다.
- 다른 개입활동과 서비스 제공이 함께 병행되어 수행된다.
- 지식에 기반한 증거에 근거를 둔다.

사정은 계획과 의사결정의 토대가 된다. 그러므로 사정은 보건, 교육, 자원봉사부문의 제공, 주거, 수혜기관 그리고 공공에 활용 가능한 다른 서비스에서 전문적 활동의 토대가 된다. 사정은 그룹 케어 세팅에서 일상적인 사건에 대한 응답으로 간단히 전화를 통화하는 것이 될 수도 있고 복합적인 상황에서 정해진 기간을 넘겨서 포괄적으로 할 수도 있다. 과정과 결과 모두에서 사정은 주요한 개인과 연관된 사람들에 의해 함께 이해되어야 하며, 이것은 연관된 모든 사람들의 의사소통 기술에 대한 자극제이다. 사정결과에 의한 제공되는 서비스를 조정하기 위한 핵심적인 이슈는 서비스이용자와 관련된 모든 전문가들이 동일한 언어를 공유할 수 있어야 한다.

사정은 대개 기재양식에 의해 인도된다. 그것은 사회복지사가 사정할 때 과업, 즉 서비스에 대한 개인의 욕구; 누가 타인에게 해를 가하는지 여부; 누가 자신이나 타인으로부터 위해를 받을지의 여부에 따라 다양하다. 여러 이론과 모델이 실천에 영향을 미치고 있다. 이것들, 특히 욕구의 사정과 사회복지사가 위험에 처한 사회를 위해 수행하는 열망 사이에 긴장이 특별한데, 지금 그러한 것들에 대해 논의하고자 한다. 사정가로서 역할을 하는 동안 그것은 어떤 상담 기술을 사용할 것인지를 연관시키기 때문에 이러한 논의는 중요하다.

1. 사회복지 사정의 기원

개별사회사업은 의료분야에서 빌려와서 '사회진단'이란 개념을 고안했다(Richmond, 1922; Hollis, 1964). 이 모델은 개인에 중점을 두며, 1970년대 초기까지 일반적으로 사용되었다. 하지만, 개인은 자신의 사회적 환경에 의해 영향을 받는다는 인식이 점차 증가하기 시작하였다. 하인즈(Haines, 1975)는 사회복지의 사정을 '사회적 상황을 사정하고 무엇이든 가장 효과적인 방법으로 개입할 수 있는 능력'으로 기술하였다. 그는 사회복지 과정을 '사정, 개입활동 그리고 평가'라고 개념화하였다. 여기서 사정의 목적은 다음과 같다.

> 상황에 대해 가능한 많은 정보를 얻고, 클라이언트를 위한 사정의 의미와 개입활동을 위한 사정의 영향에 관한 의견을 형성하는 것이다.
> (1975:16)

1970년대 후반에 코녹과 하디커(Curnock & Hardiker)는 사정을 실천가가 자신의 개입을 계획하기 위해 정보를 측정하고 면밀히 조사하는 여과장치로 개념화하였다. 사정에서 단계는 다음과 같다.

- 정보를 획득하기.
- 사실과 느낌을 조사하기.
- 균형을 유지하고 체계적으로 진술하기.
- 목표설정시 전략.
- 개입하기.

이런 사정모델은 그 당시 분석된 실천현장에 대한 관찰로 보호관찰,

아동보호와 정신건강 세팅에서 실천가들의 경험적인 연구결과로부터 구성되었다. 정보수집은 단지 사정의 시작에 불과할 뿐이며, 정보로부터 유추된 의미와 그 다음에 개입을 위한 결정에 무게 중심을 두어야 한다는 것은 주목할 만하다. 다음의 것들은 사회복지사가 사용하는 것으로 알려지고 있다:

- 기본 틀.
- 의사소통.
- 위기, 욕구와 자원의 수급표.
- 목표설정시 전략.

코녹과 하디커(Curnock & Hardiker, 1979)는 분석을 포함하는 활동의 범위를 수반한 사정의 방법을 제시하고 있다.

사정은 실천가를 인도하는 이론적 틀에 의해 형성된다. 면담일정은 이러한 것들을 반영하여 업무에 적합하도록 계획된다. 콤튼과 갤러웨이(Compton & Galaway, 1989)는 또한 사정을 이해하는 데 기여하였다. 그들은 '사정의 궁극적인 목적은 적절한 계획을 세우는데 필요한 것을 제공하는 것'이라고 주장하였다(1989: 414). 사정의 특성은 다음과 같다.

- 목적과 과정.
- 사정하기.
- 문제 탐색하기.
- 상황에 대한 의미부여.
- 느낌과 사실.

이런 기본 틀은 실천가에게 유용한 실천적 도구가 되고 있다. 다른 것들은 핀커스와 미나한(Pincus & Minahan, 1973), 스페트와 비커리

(Specht & Vickery, 1977), 카울스트(Coulshed, 1991), 메이어(Meyer, 1993)에 의해 개발되었다. 이것들은 여전히 영향력을 미치고 있고, 계속해서 여러 업무에 적용되고 있다(Taylor & Devine, 1993; Sinclair et al., 1995). 이런 기본 틀은 본질적으로 실천가가 관련된 정보를 얻기 위해 일반인과 상호작용하는 방법을 기술하고, 특정한 결과를 달성하기 위한 방법을 구체화하고 있다. 이런 요소들은 사회복지사 학위에서 핵심적인 역할과 표준을 구성하고 있다.

사정을 착수하기 위한 기본 틀이 잘 확립된 반면, 목적과 이론적 기반은 다른 방향에서 발전하였다. 1970년 이후 사정에 대한 이념 속에서 주요한 변화는 진단 중심으로부터 전체론적 그리고 욕구 중심의 틀 속에 있는 클라이언트 관점 이해로 이동하였다(White & Epston, 1989; Meyer, 1993; Lloyd & Taylor, 1995). 이런 접근은 역기능적인 면을 찾기보다는 개인의 확인된 강점에 근거를 둔다. 이것들은 개인의 강점 관점에서부터 현재 있는 것에 대한 사정을 강조한다. 그리고 사회복지사는 개인이 이미 발전시켜 왔던, 문제해결의 성공적인 방법을 탐색한다(De Shazer, 1985). 어떤 모델에서는 서비스이용자의 이야기가 과정을 결정한다(Franklin & Jordan, 1995; Laird, 1995).

사정 모델은 문제해결을 통한 역기능의 진단으로부터 클라이언트를 자신의 상황에 대한 '숙련자'와 '행위자'로써 인식하는 더 새로운 명칭으로 다양한 범주를 포괄한다. 서로 다른 접근법의 존재는 진단적 접근(배제/병리적)과 사회적 접근(포함/강점) 간에 긴장을 형성한다. 실제적으로 다른 접근법의 사용은 사정과정 그 자체보다, 사정의 맥락에 더 연관될 수 있고, 그것의 법적으로 정의된 목적 때문에, 이런 관계들은 조정될 수 있다. 또한 사정은 '욕구'와 '위험'의 균형에 연관된 연속적인 환경 속에서 이루어진다.

어떤 상황에서 사회복지사는 사정을 요청 받고 '욕구'에 대응하지만, 그것은 발생중인 상황 때문에 누군가를 보호하기 위한 즉각적인 행동을 취해야 하고 사정하는 동안에 분명해질 수 있다. 역으로, 심각한 문제에 대해 사정을 수행하는 동안, 사회복지사는 위해의 가능성을 상당히 감소시킬 수 있는 욕구를 확인할 수 있다. 예를 들어, 어떤 여성의 자녀들은 만약 그녀가 지지적인 친구들과 살기 위해 폭력적인 파트너를 떠난다면 즉각적으로 안전할 수 있다. 역으로, 안전하게 보였던 상황이 공격적인 사람의 과거에 대해 알고 있는 누군가가 찾아옴으로 인해 위험에 처해질 수 있다. 어떤 사정은 전적으로 '욕구'에 대한 것이고, 어떤 것들은 '보호'에 더 민감하게 초점을 둔 반면에, 대부분의 상황은 다양한 개인들에게 영향을 미치는 '욕구'와 '위험'의 복합적인 혼합이다. 따라서 사정은 종종 복합적, 변화적이며 불확실한 과정이며 연관된 중심인물과 관계에서 만약 상황이 실제적으로 평가되려면 개방적이며, 솔직하고 상호적이어야 한다. 그런 관계는 결과를 결정하는 사정모델만큼 중요할 수 있다.

위해의 가능성과 함께 욕구를 균형 있게 하는 과업은 사회복지 사정의 가장 어려운 부분이다. 그러므로 만약 사회복지사가 자신이 접하는 환경의 변천하는 속성을 이해할 수 있고, 개인들과 함께 상황이 어떻게 지각되고 있는지에 대해 솔직하게 알아본다면, 그것은 도움이 될 수 있다. 사회복지실천은 두 개의 지배적인 접근법(위기사정과 욕구사정)에 매우 깊게 관련되어 있기 때문에, 상담 기술이 사정과정에 어떻게 기여하는지 살펴보기 전에 그것들에 대해 더 알아볼 필요가 있다.

2. 위기사정에 중점두기

아동서비스에는 강점보다 가족역기능의 스트레스에 역점을 두는 경향이 있는 위기사정 모델이 중시되어 왔다. 이것은 대개 아동 사망을 방지하는 것에 대한 대중적 불안이 사회복지사의 사고 속으로 스며든 것에 대한 반작용의 결과이다. 어떤 아동을 위해로부터 보호하는데 '실패'한 널리 알려진 사실에 신경을 쏟은 결과로 전문가들은 가정 내에서 아동의 안전을 측정하는 지표와 예측목록을 개발시켜 왔다.

어느 정도는 노인의 취약한 집단이나 장애인의 안전에 대한 성인서비스 그리고 정신질환을 지닌 일부 개인들의 '위기상황의 초래나 위험'에 대해 유사한 관심을 기울여 왔다. 이것은 '정신보건법안'에 대한 논의와 '지역사회보호' 정책에서 이어지고 있다. 보호관찰서비스는 항상 어떤 범죄자를 지역사회로 가석방하였을 때 시민에게 미칠 위험가능성을 사정하는데 관심을 기울여 왔다. 그에 따라서 위험성을 지닌 부모로부터 아동의 '위험요인'; 범죄자가 지역사회에 미칠 '위험요인'; 어떤 성인들이 자기 자신과 타인에 미칠 '위험요인'을 사정하기 위한 척도 개발에 많은 관심이 집중되었다(Prins, 1995; Kempshall & Pritchard, 1997; Cooper, 2003).

여태까지 위기사정 척도들은 과거에 위험한 행동에 기여했던 것들에 근거를 둔 예측요인들의 범위를 제공할 뿐이다. 그렇지만, 척도를 개발하고 그것들을 평가하는 능력이 세련되고 있음에도 불구하고, 거기에 포함된 변수와 그것들의 상호관계는 매우 복잡하다. 그러므로 그것들에 기초한 어떤 결정은 전문적 판단과 질적인 사정에서 높은 수준을 요구한다(Schon, 1983; Dowie & Elstein, 1988; Schaffer, 1990; Lindsey, 1994; Yelloly & Henkel, 1995; Jones et al., 2005).

3. 개선된 위기사정

아동복지에서 위기사정도구의 효과성에 대한 연구는 획일적인 자료의 문제 때문에 접근의 한계성을 보여준다(Wald & Woolverton, 1990; English & Pecora, 1994; Corby, 1996). 연구자들(Lyons, Wodarski & Doueck, 1996)은 열 개의 위기사정모델을 검토한 결과, 더 많은 평가가 이루어질 때까지 척도의 사용에 신중을 기할 필요가 있다고 보고하였다. 가우딘(Gaudin 등, 1996)은 위기사정모델은 단지 개별적인 사례들의 관리를 유도하는데 유용한 정도라고 결론을 내렸다.

도엑(Doueck et al., 1992)과 머피 버만(Murphy Berman, 1994)은 다차원적으로 다양하게 구성된 위기사정절차는 서로 비교하기가 복잡하며, 사정의 목적 그리고 결정될 것들의 본질 같은 변수들을 고려할 필요가 있다고 주장하였다. 댈글리시와 드로우(Dalgleish & Drew, 1989) 그리고 댈글리시(Dalgleish, 1997, 2003)는 위기분석을 받아들여질 만한 위기의 수준에 대한 판단으로부터, 그리고 그에 따른 결정으로부터 어떻게 구분할 것인가에 대해 논의하였다. 결정은 경험, 기대, 동기 그리고 사정에 영향을 미치는 사회복지사의 과거력을 고려해야 하며, '불확실한 그리고 위기상황에서 아동보호 사회복지사의 판단과 결정'의 국면 속에서 분명하게 이루어져야 한다.

이런 사정척도의 유용성을 평가하기 위한 작업은 계속되고 있다. 레즈체이드(Lescheid et al., 2003)는 아직도 이런 사정도구가 경험적으로 증명될 수 있는 분명한 증거는 없다고 말한다. 크레인과 데이비스(Krane & Davies, 2000)는 더 나아가서 위기사정체계는 '어머니와 함께 하는 아동복지실천에서 성별, 인종 그리고 계층의 억압적인 관계를 견고히' 할 잠재력을 지니고 있다고 주장한다. 존스(Jones et al., 2005)는 유용한 연구결과들에 근거하여, 사정, 분석 그리고 결정을 연계할 기본 틀을 제공하고 있다.

4. 욕구근거모델로 이동

영국에서 아동서비스에 대한 새로운 관심은 생태학적 그리고 발달학적 모델에 근거를 둔 사정체계로 옮겨갔다(Department of Health et al., 2000; Horwath, 2001; Ward & Rose, 2002; Aldgate et al., 2005). 그에 따라 최근의 연구경향은 아동과 가족의 욕구에 중점을 두고 있다(Department of Health, 2000c). "아동욕구와 그 가족 사정을 위한 기본 틀"은 개개의 아동을 그들의 개별적인 발달욕구, 그들을 돌보기 위한 부모 또는 주부양자의 능력 그리고 가족과 그들을 지지하는데 유용할 수 있는 환경의 삼각구도 속에서 중심을 두고 있다. 이런 접근은 가정에서 그리고 전문적인 판단이 이루어질 수 있는 더 넓은 지역사회에서 아동에게 일어나고 있는 것을 분석하고, 이해하고, 기록하는 체계적인 방법을 제공한다.

이런 사정도구를 사용하기 위해서, 사회복지사는 아동발달, 가족역동, 그리고 지역사회의 역할에 대한 이해가 필요하다. 좋은 의사소통 기술은 욕구확인과 개입계획을 위한 사정도구를 사용하면서 가족과 의사소통을 하는데 매우 중요하다. 체크리스트, 질문지와 척도는 모두 서비스이용자의 목표와 발생 가능한 행동을 사정하는데 유용한 도구들이다. 이것들은 공개적인 방법으로 사용할 수 있으며 최상의 결과를 가져오게 하는 동반자적 관계를 가능하게 한다(Joyce, 2003).

사정도구들은 사정을 받는 자의 스트레스 증가를 피하기 위해 그리고 그들과 사회복지사 사이에 적대적 관계를 피하기 위해 융통성 있게 사용될 필요가 있다. 그것들은 또한 문화적 편견과 잠재적인 도덕적 그리고 정치적 판단에 대해서 평가되어야 한다. 파튼(Parton, 1998)은 '불확실성과 애매함'이 '스며들고 있으며', 결정은 옹호될 필요가 있다고 주장하였다. 수집된 정보와 특정한 상황에서 유용한 지식 간에 요인들이 비교되어야 한다. 그렇지만, 사회복지사는 여전히 지식과 사정 사이에 개념적 연관성에 근거하여 판단할 필요가 있다(Howe et al., 2000). 결정은 서비스이용자와 동반자적 관계에 근거하여 이루어질 수 있다(협조, 기꺼이 자원의 사용, 보호행위의 수단).

사정자의 기술은 결정적인 요소가 된다. 힐리(Healey, 1998: 911)는 사회복지에서 사정을 근거로 결정을 할 때 맥락의 중요성을 언급하고, 문제는 '판단 자체에 놓여 있는 것이 아니라 그보다 판단이 이루어지고 적용되는 과정에서 유연성의 부족'이라고 말했다. 사용된 사정도구가 무엇이든지 사회복지사, 서비스이용자 그리고 다른 전문가들에게 중요한 의미를 갖는다. 이런 복합적인 상황에서 능숙하게 일을 처리하고 실천가는 그의 업무를 지지하기 위하여 제2장에 대략 소개된 기본적인 상담 기술이 요구된다.

다음의 실천사례는 사회복지사가 아동의 사회서비스와 건강서비스를 계획하기 위하여 그녀의 식욕부진에 영향을 미치는 요인을 사정하는 것을 보여준다. '욕구'에 부응하고 '해를 최소화'하는 관계의 균형을 맞추어야 한다. 사회복지사는 애착이론(Howe, 2003)과 청년기의 발달단계에 대한 이해를 통해 인영에게, 만약 가능하다면, 그녀의 욕구를 가족과 함께 지낼 때 가장 잘 부응할 수 있다는 판단을 할 수 있었다. 그렇지만, 인영이 집에 있을 때마다 자신의 건강과 발달에 심각한 위험을 초래할 정도로 몸무게가 감소됨을 알 수 있다. 아마도 가족 관계에서 역동성이 이런 현상에 기여하는 것으로 생각된다. 가족과 함께 해결방안을 찾기 위한 사정이 시도되었다. 그러나 인영을 위해로부터 보호하고 가족을 그냥 유지하는 것 사이에는 긴장이 작용한다.

실천사례 : 인영

인영(13세)은 신경성 식욕부진이 있었다. 이런 증상은 11살 때 처음으로 나타났다. 인영을 담당한 임상의사는 인영이가 방임의 위험에 놓여있다고 생각하여, 그녀를 사회복지사에게 의뢰하였다. 인영이가 병원에서 퇴원한 이후로, 그녀의 부모들은 그녀의 몸무게를 유지하는데 도움을 줄 수 없는 것처럼 보였다. 가정환경에서 어떤 요인들이 인영의 건강과 발달을 방해하는지 확인하기 위해 사회복지 사정이 요청되었다.

사회복지사의 사정은 부모와 함께 시작하여 그들의 양육능력, 딸의 상황에 대한 그들의 대처, 그리고 일반적인 가족관계를 살펴보았다. 인영이 처한 환경의 특징은, 이미 확인되었듯이, 그녀의 네 살 된 여동생에 대한 잠재적인 질투심 때문이었다. 사회복지 사정이 진행되는 동안, 인영은 전문가에 의해 개별적인 치료 지지를 받게 되었다.

사정의 초기단계에는 가족역사를 수집하는 것이었다. 사회복지사의 입장에서는 적절한 정보를 얻는데 시간이 걸리고 인내와 끈기가 요구되었다. 부모들은 사정을 과거의 사건을 이해하고 변화를 위한 계획을 세우는 기회로 여기기보다 자녀의 증상이 자신들로 인한 것이라는 비난을 받을 것 같아 예민하게 느끼고 있었다. 따라서 실천가가 인영 부모들의 심정을 이해하고 다룰 필요가 있었다.

부모들을 사정과정에 지속적으로 참여시키기 위해 사회복지사는 **적극적 경청, 부연설명, 요약 그리고 폐쇄와 개방형 질문의 사용**으로 시작하기로 결정하고 탐색해나갔다. 실천가는 부모의 의심에도 불구하고 열린 마음과 수용을 견지하는 것이 중요하다고 느꼈다. 이 단계에서, 사용할 기술 결정은 주어진 정보와 대상에 의해 영향을 받는다. 만약 복지사가 너무 자주 끼어들거나 너무 빨리 초점을 두었다면, 사회복지사는 부모의 말을 도외시 하고 중요한 정보를 놓쳤을 것이다. 반복과 고착되는 것을 피하기 위해 **요약과 부연설명**을 사용하면서, 동시에 부모에 대한 어떤 초점이 유지되었다. 이것은 전체 과정에서 잠재적으로 선택해야 할 것들에 대한 자각과 함께 기술과 판단을 요구한다.

일단 이것이 행해지면, 다음 단계는 가족기능에 영향을 미치는 어떤 관계와 행동을 더 많이 이해할 수 있는 장을 위해 **무비판적 수용**을 사용하게 된다. 이러한 자세는 중요한데 왜냐하면 만약 부모가 비판을 받고 있다고 느꼈다면, 그들은 방어적이 되고 변화를 위한 선택을 고려하는데 덜 개방적이 되었을 것이다. 과정이 진행됨에 따라 실천가는 부모들이 인영의 문제에 연관된 기관에게 책임을 전가하고 비난하기 위하여 가족 외부에 초점을 두고 있는 것과 관련하여 부모에게 **이의를 제기**하였다. 사회복지사는 두 자녀 사이에 경쟁심 같은 문제를 다루기 위해 더 나은 방법을 탐색하는 것을 도와주기 위하여, 부모들의 과거 경험과 행동의 일부와 현재 자신들의 딸을 양육하는 방법 사이에 **연관성**을 찾기 시작하였다.

이 단계에서 실천가의 사정을 위한 치료적 접근은 '무산되었다.' 왜냐하면 윗선에 있는 관리자, 연관된 임상의사의 주장에 따라, 인영에 대한 가족케어를 더 적절하게 하는 방법으로 법적인 절차를 고려하기 시작했다. 실천가는 지금 단계에서 가족을 법정으로 데려가는 것은 옳지 않게 보인다고 말하면서 이에 대해 반대하였다. 사회복지사의 직속상관들은 이러한 견해를 지지하였지만, 임상의사와 지방당국에게는 믿음이 가지 않았다. 결과적으로 임상적 케어는 지역적으로 더 배정되었고, 덜 강압적인 접근방법이 채택되었다. 인영이 마침내 건강하게 집에 돌아와서 학교에 정상적으로 다닐 때까지 임상적 케어는 유지되었다.

사정의 목적은 연관된 문제를 명확히 하는 것이며 그 결과는 새로운 임상의사들, 인영, 가족 그리고 사회복지서비스와 계획을 세우는 근거가 되었다. **공감적 이해와 진술성** 같은 상담 기술은 실천가가 산재한 문제들을 처리하기 위해 가족과 협력을 유지할 수 있게 하였다. 그렇지만, **이의 제기와 직면**은 부모에게 가족의 역동성을 보도록 요청하는데 매우 중요한 기술이다. 사회복지사는 차후에 치료자들과 일할 때 만약 부모들이 자신들의 딸을 이롭게 할 변화와 이해를 원한다면, 부모들 자신의 문제에 대해 정직하게 임할 필요가 있다고 강조하였다. 사회복지사는 부모들이 협조를 얻고 가정에서 인영의 위치에 대해 이해시키기 위해 애를 썼다.

법적인 틀 안에서 이루어진, 이러한 사정은 개인적인 기술과 잘 조화될 필요가 있다. 오로지 사정절차에만 의존하였다면 사회복지사는 인영의 최적의 발달을 증진시키기 위해 덜 강제적인 개입과 아동법(1989)을 준수하면서 그녀를 위해로부터 안전하게 이끌기 위해 가족과 협력관계를 유지할 수 없었을 것이다. 이 사례에서 사회복지사는 이간(Egan)이 개요를 설명하고 프랜체스카(Francesca)가 인용한 면담 기본 틀을 사용하고 있다.

1단계

원조자는 클라이언트가 자신의 말하는 틀로부터 '문제'를 탐색할 수 있게 해주는 온화한 관계를 발전시킨다. 워커와 클라이언트는 특정한 관심사로 초점을 옮긴다. 이 단계에서 연관된 기술은 다음과 같다.

1) 주의를 기울이기:

2) 경청:
3) 적극적 경청:
의사소통, 공감적 이해.
무비판적 수용.
진솔성.
부연설명.
느낌을 반영하기.
초점, 클라이언트가 명확하도록 원조하기.

2단계

이 단계에서는 새로운 이해의 증진에 관심을 갖는다. 클라이언트는 새로운 관점에서 자기 자신과 자신의 상황을 보도록 도움을 받는다. 워커와 클라이언트는 클라이언트가 더 효과적으로 대처하는데 무엇이 도움을 줄 수 있는가에 초점을 둔다. 사용된 기술은 다음과 같다.

여기에는 1단계의 모든 기술을 더한다.

1) 더 깊은 공감적 이해와 예감으로 의사소통하기, '언어의 이면에 있는 감정을 듣기'.
2) 클라이언트가 자기 자신의 불일치를 인식하도록 도와주기.
3) 정보를 제공하기.
4) 원조자의 느낌/그리고 또는 경험을 공유하기.
5) '너-나 말하기'-둘 사이에 발생한 것(즉시성).
6) 목표설정하기.

3단계

이 단계에서 클라이언트는 행동하고, 비용과 산출을 살펴보고, 활동을 계획하고, 그것을 수행하고 그것을 평가하기 위해 가능한 방법들을 알아보는데 도움을 받는다. 이것은 목표설정단계이고, 다음의 것들을 사용한다.

여기에는 1,2단계의 모든 기술을 더한다.

1) 창조적 사고와 브레인스토밍.
2) 문제해결과 의사결정.
3) 활동계획을 위한 학습이론의 사용.
4) 평가.

(1986: 20)

이런 공식화된 상담의 기술을 진보적인 활동의 틀에 포함시키는 것은 사회복지 실천을 위해서 유용하다. 실천가가 대부분의 사회복지 면담에서 능력을 갖추기 위해, 실천연습을 통해 과업이나 개입의 수준에 따라 상세하게 배운다면 충분한 기술이 제공될 수 있다. 이것은 또한 사정도구와 통합하여 사용될 수 있다. 대부분의 사회복지사는 이런 기술이 충족된 더 복합적인 사정과정에서 지지적인 상담에 임하고 있는 자신을 발견한다.

더욱 전문화된 상담을 제공하는 사회복지사는 더욱 전문적인 지식과 기술 습득 그리고 슈퍼바이저 감독하에 실천이 요구된다. 기술 목록이 거창하게 보일수도 있지만, 이런 기술을 반영적이며 전체적으로 사용하는 능력을 개발하고 습득할 수 있는 유일한 방법은 개별적인 자기결정을 할 수 있는 실천의 기회를 가지며, 타인들에 대한 영향력을 관찰하고, 그것을 향상시킬 수 있는 방안에 대해 생각하는 것이다. 이런 소소한 기술을 실천하는 것이 효과적이라고 입증되고(Dickon & Bamford, 1995)있으며, 상담가를 위한 핵심적인 훈련이다. 마쉬와 트라이셀리어티스(Marsh & Triseliotis, 1996)는 이런 유형의 실천기술은 사회복지 교육에서 일관되게 제공되지 않고 있다고 주장하였다.

사례에서 실천가는 개별사회사업 접근과 인영과 그녀의 가족을 사정해야하는 자신의 역할을 수행하기 위해 면담 틀을 사용하였다. 인영의 욕구 그리고 여동생과 부모와 연관된 문제를 탐색하는 과정에서 인간의 성장과 발달에 대한 지식이 큰 도움이 되었다. 사회복지사는 또한 부모의 방어기제를 고려하였다. 도전적 자극을 주기 위해 즉시성의 기술을 사용하였고, 가족에 대한 그녀의 불안과 고양된 감정을 다루었다. 이 세 가지 부분은 다음에 더 살펴보겠다.

5. 방어기제 이해하기

정신역동 이론에서 행동을 이해하는데 유용한 것은 '방어기제'이다. 이것은 사회복지사가 비생산적이며 난처한 직면을 피할 수 있도록 도와주기 때문이다. 정신역동 상담가는 개인이 짜증나고, 분노하거나 또는 두려울 때 그는 방어적으로 되고, 변화나 다른 새로운 사고에 '저항'하게 된다는 전제를 한다. 이런 행동을 고려하면서, 상담가는 행동의 이면은 이해될 수 있고, 만약 그의 이해와 수용적 태도를 클라이언트에게 보여준다면, 클라이언트는 그의 방어기제를 낮출 수 있다고 생각한다.

방어기제와 저항은 불쾌, 불안 그리고 위협을 피하는 '자연적인' 방법이다. 이런 이론을 사회복지실천으로 도입하면, 실천가는 자신이 만나는 클라이언트의 적대감과 거부감의 어떤 측면들을 이해하기가 쉽다. 또한 일의 특성이 무엇이든 간에, 어떤 상담 기술을 사용할 때, 그들은 저항을 낮추고 더 협조적인 관계를 형성할 가능성이 있다. 제이콥스(Jacobs, 1988: 81-9)는 실천가가 접할 수 있는 방어기제의 종류를 대략 언급하고 있다. 하지만 사회복지사가 복합적인 상황에서 가장 자주 보고 경험하는 '저항'에는 다음의 것들이 있다.

- 부인: 자신의 입장에서 어떤 곤란하거나 고통스러운 현실을 받아들이지 않는 것.
- 투사: 자기 자신의 느낌을 그 밖에 누군가에게 두는 것, 아마도 책임을 전가하는 것.
- 합리화: 어떤 것을 그럴듯하게 설명하는 것.

제이콥스(Jacobs, 1998)는 문제는 작동된 방어기제의 이해가 정확하지 않다는 것이 아니라, 그보다 여러분이 부딪치는 저항은 오로지 상담기술의 사용에 의해서만 낮추어질 수 있다는 사실을 이해하는 것이라고 주장하였다. 간혹 수용이 방어를 낮출 수 있게 하는데 충분할 수 있으며, 때때로 부드러운 직면방법이 다음과 같은 경우에 사용될 수 있다.

1) 현존하는 저항/방어를 찾을 때:
2) 주의를 끌려고 할 때:
3) 다음에 대해서 설명을 할 때:
   (1) 상대방의 불안을 인지할 때.
   (2) 만약 저항하도록 하는 느낌이나 생각을 확인할 수 있을 때.
   (3) 상대방에게 해석을 확인하게 하거나 거절하게 할 때.

그렇지 않을 경우에는, 불안이 인지되고, 상대방이 저항토록 하는 느낌이나 생각이 무엇인지에 대해 말하도록 요청한다.

6. 즉시성을 사용하기

이것은 워커와 클라이언트 간에 발생하는 과정에서 직접적으로 설명하는 기술이다. 워커는 개입 과정에서 자신이 관찰하거나 느낀 것을 직접 설명한다. 이것은 심화된 기술로, 실천과 반영을 통하여 가장 잘 학습된다. 이것은 철저하게 기본적 경청과 응답기술 그리고 기꺼이 개방하려는 진솔성, 차분한 방법으로 정직하게 언어를 구조화하는 것에 근거한다. 이것은 실천가가 자신의 느낌을 주의 깊게 관찰하고 자기노출의 수준을 준비하는 것을 포함한다.

인영의 사례에서, 그리고 후술할 지연의 사례 중에, 사회복지사는 현재 일어나고 있는 상황을 분명하게 설명하고, 부모가 갖고 있는 불안과 어려움을 확인하고 있다. 사회복지사는 자신의 역할과 그것에 속한 자신의 관심사를 말할 수 있다. 다음 사례(지연)에서 신뢰가 이슈였고, 일을 진척시키기 위하여 워커는 직접적으로 이렇게 말하고 있다. '나는 당신이 사회복지사가 자녀를 가정에서 빼앗아가 버릴까 두려워하고 있기 때문에, 나를 신뢰하기가 어렵다는 것을 잘 알고 있다. 나는 그런 일이 발생하지 않을 것이라고 장담할 수 없다. 하지만, 나는 우리가 함께 머리를 맞대서 당신의 자녀가 가정으로 되돌아올 수 있도록 도울 수 있는 방법을 더 찾고 싶다.' 이것은 상황을 있는 그대로 확인시켜주었으며, 임시방편적인 약속을 하지 않고, 부모에게 자신들이 결과에 영향을 미칠 수 있다는 사실을 알려줌으로써, 그들이 사정에 협조할 수 있는 솔직한 이유를 제공하였다.

7. 강한 느낌을 관리하기

이런 상황에서 강한 느낌이 겉으로 드러나거나 내면에 잠재해 있을 수 있다. 사회복지사가 일상적으로 종사하는 업무환경은 상실, 고통, 두려움, 분노, 죄의식 그리고 다른 감정들이 뒤섞여 있다. 사회복지사의 역할(자신이 어떻게 느끼던 간에)은 상대방의 욕구에 초점을 두는 것이다. 차분한 상태를 유지하는 것이 매우 중요하고, 그렇게 할 수 있는 능력은 업무가 자신에게 유발할 수 있는 것에 대한 느낌과 지식을 아는 것이다. 감정적으로 책임져야할 일에 대해서 준비할 수 있는 부분은 어떤 다른 요인과 여러분에게 촉발되는 것이 어떤 것인지를 확인하고 탐색하는 것이다. 이것은 누군가가 걱정, 분노, 또는 통제력을 상실한 것에 대한 느낌을 토로할 때 경청할 수 있는 길을 닦아줄 수 있다. 종종 그런 느낌이 표출되고 받아들여야 할 때 이것은 연관된 이슈를 잘 처리하도록 이끈다. 사회복지사는 이것을 잘 할 필요가 있기 때문에 지지, 슈퍼비전 그리고 자문이 요구되지만, 이것들은 종종 그 필요성만큼 잘 이용되지 않고 있다.

아동과 성인에 대한 사정역할은 오로지 법적으로 자격이 있고, 역량강화적 태도, 정보를 수집함에 있어서의 대인관계 기술, 정보에 대한 선별능력과 그것을 서비스이용자와 다른 전문가들과 계획하는데 동의하는 전문가만 맡을 수 있다. 판단은 양육에 대한 개인적인 부분 그리고 외부의 개입이 있거나, 혹은 없이 서로를 유지하거나 제공해주기 위한 가족 구성원들의 능력 속에서 이루어져야 한다. 심리학적 상담 접근법으로부터 인용된, 언어능력과 함께 인간발달에 근거를 둔 인간에 대한 이해는 다음 실천사례에서 보여주듯이, 핵심적인 바탕이 된다.

다음의 사회복지사는 지연이가 그녀의 부모와 안전하지 않고, 그녀의 발달이 저해되고 있고, 그녀가 위해를 받거나 학대당할 가능성이 있다는 사실을 접한 기관에서 그녀의 문제에 대한 사정을 맡고 있다. 그녀를 위해로부터 안전한 방법에 대해 사정하는 동안, 사회복지사는 자신의 역할에 대한 권한을 사용함과 동시에 임파워먼트 접근법을 유지하고 있다. 보건국은 사정의 초기에는 사회복지사와 부모 사이에 서로 문제에 대한 이해를 공유할 수 있는 대화를 권장하였다. 부모는 과정과 잠재적인 결과에 대해 알고 있을 필요가 있다. 그들은 자신들이 제공한 정보로 무슨 일이 발생하고, 어떤 근거로 판단과 결정이 이루어질지 알 필요가 있다. 이것은 **의사소통에서 명료성과 공감과 권한 모두를 사용하여 정보를 전달할 수 있는 능력**은 물론 사회복지사의 지식과 자신감을 요구한다. 지연의 사회복지사는 관련된 어른들의 저항과 방어기제를 다루기 위해 다소의 언어적 그리고 대인관계 기술을 사용해야 했다.

실천사례 : 지연

지연(3세)에게 닥칠 위험은 판단하기가 곤란하였다. 지방당국은 만약 지연이가 계속 부모의 보살핌 속에 맡겨진다면 지연에게 어떤 위해가 일어날지 확신할 수 없었다. 그녀는 잠재적으로 심각한 상해를 입었지만, 경찰의 조사가 이루어지지 않았다. 지연의 안전과 복지를 보장하기 위하여 즉각적인 조치가 필요하였다. 여기에는 이외에도 불가피하게 지연의 쌍둥이 여동생(1살)에 대한 관심도 요구되었다.

사회복지사는 역량강화를 위한 가장 효과적인 접근법은 솔직해지라는 것이라고 판단하였다. 사정과정에서 즉시성의 기술을 사용하면서, 사회복지사는 부모에게 지금까지 자신들의 사생활에 대해 말해야 하며 이것은 강요적이고 곤란하게 느껴질 것이라고 솔직하게 말하였다. 이런 접근법은 부부에게 그들이 현재 아동보호기관(보건요원이 방문하여 자녀양육에 대한 상세한 모니터링)에 연관된 것에 대한 두려움과 불안(개방형 질문, 감정정화의 느낌)의 느낌을 공유하도록 이끌었다. 워커의 입장에서 이러한 **즉시성**은 아동법에서 권장하는 동반자적 관계의 접근에 더 유사한 관계로 이끈다. 워커의 느낌에 대한 공감은 비록 상세한 모니터링이 계속 되더라도(그리고 워커는 결과에 대해 아무런 약속도 할 수 없었다), 느낌에 대한 솔직함과 차후에 사정이 잘 진행될 수 있는 길을 텄다.

얼마간의 논의 끝에, 기관에 있는 관리자들은 상해가 얼마나 발생하였는지 판단할 수 있는 증거가 부족하다는 결정을 내렸다. 그래서 사회복지사가 이슈와 관심사를 확인함은 물론, 가정에서 욕구, 강점 그리고 긍정적인 요인을 사정하도록 개입할 수 있었다. 그에 따라 장차 활동할 계획안이 마련되었다. 부모의 양육능력과 기타 능력을 알아보기 위해 두 명의 사회복지사가 각각 부와 모를 상대로 면담을 진행하였다. 또한 자녀들의 발달에 대해서는 가정센터에서 사정하였다.

부와 면담을 하는 사회복지사는 과정을 촉진시키기 위해 공감적 경청이 중요하다고 생각하였다. 예를 들어, 부가 청년기 시절에 경험했던 어떤 곤란한 것들을 함께 나눌 때, 실천가는 그런 일들은 충분히 이해가 된다고 **반영**하면서 그 자신의 양육방식을 언급하기도 하였다. 치료적 이해를 통해, 워커는 성별에 따른 역동성과 가족 내 권한에 대한 문제를 해결하려는 욕구를 명확하게 의식하게 하였다. 워커 각자가 부모에게 면밀한 조사가 나중에 줄어들 수 있도록 자신들의 능력을 보여주게 하며 자녀의 신체적 돌봄에 대한 면밀한 모니터링에 수긍할 수 있도록 유도하였다.

주요 담당 워커는 가능하다면, 지연을 가정에 두는 동안, 그녀를 위해로부터 보호할 책임과 함께, 부모의 개인적 과거사와 현재의 사회경제적 위치 같은, 위험요인의 사정을 계속 대조해 나갔다. 사회복지사들은 그들의 관심사를 타협하거나 공모함이 없이, 솔직한 관계를 유지하기 위해 노력하였다. 이것은 다음과 같은 어려움을 고려하는 것을 포함하였다.

- 모의 양육과정과 그녀 자신의 우울과 불안에 대한 경력.
- 부의 알코올 남용.
- 재정적 곤란에 의한 스트레스.
- 부부간에 놓인 어떤 언쟁과 폭력.
- 전문기관에 의해 감독을 받는 현실.
- 엄마의 시간을 빼앗은 어린 두 자녀.
- 지역사회에서 가족의 고립.
- 세 자녀의 발달단계, 부모는 그것을 도전적 자극으로 여긴다.

실제적인 대책으로는 필요한 비품 지급과 어린 두 동생의 주간 보육시설 입소, 부모에 대한 개인적인 지지와 함께 제공되었다. 가정에서 양육하는 것과 관련하여 확인된 위험요인의 영향이 고려되었다. 마침내 지연이를 가정에 두고 지속적으로 지지와 모니터링을 하기로 결정이 내려졌다. 사정자의 역할로 워커는 지지적인 방법으로 개입하고 또한 만약 필요하다면 지연이를 데려오는 행동을 취할 수 있게 상당한 권한을 부여하였다.

이 가족에 개입하는 동안 직면한 딜레마는 워커가 부모와의 동반자적 관계를 촉진하는 접근법 안에서 권한의 사용을 합리화하기 위한 시도에 어려움을 보여주고 있다.

모든 사회복지사는 아동과 성인은 가능한 한 잠재적인 위해로부터 안전하고 보호되도록 대책을 강구해야 한다. 그렇지만, 역할이나 권한을 타협하지 않고 과정을 촉진시키기 위해 상담 기술을 사용하는 것이

가능하다. 이런 사회복지사들은 아동의 안전을 사정하고 부모의 양육능력을 도와주었던 동반자적 관계 접근법을 구축하기 위하여 자신들의 능력을 사용하였다. 이것은 사회복지사에게 위해로부터 안전을 위해 즉각적인 조치가 필요할 것으로 예상되는 어떤 요인들에 대해 민감성을 유지할 수 있게 제공하는, 생태학적 그리고 강점접근에 근거한 사정도구를 사용하면 더 쉽게 될 수 있다.

8. 성인을 위한 서비스에서 사정

국민건강보험과 지역사회보호법(1990)은 취약한 성인에 대한 서비스를 강조하는 변화를 가져왔다. 실천 지침은 처음으로 협조, 정보수집 그리고 정보 분석에서 사회복지실천의 과정과 일치하는 모델을 내 놓았다. 지침은 개인을 서비스에 맞추는 것이 아닌, 욕구에 근거한 사정을 강조한다는 것을 분명히 밝혔다. 정부의 지침은 지방당국이 분리된 서비스 욕구사정보다, '선택 가능한 서비스와 연관된 개인의 욕구를 전반적으로 사정'하는 의무를 가진다고 말했다(Department of Health, 1991b). 실천가의 지침에 명시된 사정원칙은 다음과 같다. 즉 '사정의 범위를 협상하기; 세팅을 선택하기; 기대되는 것을 명확히 하기; 참여를 조장하기; 신뢰관계를 형성하기; 욕구를 사정하기; 적격성 여부를 결정하기; 우선적인 것을 설정하기; 목표에 동의하기; 사정을 기록하기'(Department Health, 1991b). 이것을 이행하는 것은 실천가에게 약간의 긴장과 모순을 유발한다.

욕구에 대한 논쟁. 무엇이 욕구인가에 대한 논의는 꾸준히 제기되어 왔다. 예를 들어, 욕구는 불이익 또는 최소 수준의 공급에 대한 권리인가?(Doyal & Gough, 1991). 대신에, 욕구는 브래드쇼우(Bradshaw, 1972)의 분류학(정상적 욕구; 욕구를 느끼다; 표현된 욕구; 비교 욕구)에서 모든 영역을 포괄하는 것으로 이해되고 있다. 이 문헌은 무엇이 욕구이고 누가 그것을 결정하는가? 체계의 욕구는 어느 정도인가? 와 같은 질문에 중점을 두고 있다. 또한 충족되지 않은 욕구는 결코 잘 확인되지 않고 있으며, 대중의 욕구와 개별적인 욕구 간에 연계가 제대로 증명되지 못한 것으로 주장되고 있다(Percy-Smith, 1996).

사정에 대한 차등 접근법은 다양한 제삼자들에 의해 이용되고 있다. 관리자는 사정을 제한된 자원의 더 효과적인 사용을 하는 중요한 실천 영역으로 간주한다. 실천가는 사정을 표현된 욕구에 응답하는 방법으로 볼 수 있다. 서비스이용자와 돌보미들은 사정의 기능에 대해 명확하지 않을 수 있으며 그에 대한 자신만의 기대감을 가질 수 있다. 사정이 존재하는 자원의 공급에 따라 이루어지지 않고, 욕구와 자원에 부응해야 한다는 개념과 관련하여 약간의 혼란이 있다. 사정이 단지 배급을 위한 도구로 전락되는 것에 대한 우려가 나타나고 있다(Powell & Goddard, 1996). 그렇지만, 파커와 브래드리(Parker & Bradley, 2003)가 강조했듯이, 법적인 의무는 '요청에 대한 것만 사정하는 것'이 아니라, 욕구가 표출된 곳'을 사정하는 것이다.

중앙 또는 지역적으로 한정된 모델? 특정한 정책적 영역과 연관하여 욕구를 세분화하고, 공급의 최적 또는 최소 기준을 설정한 중앙정부의 모델이 없는 상황에서, 지역 간에 형평성은 달성하기 어렵다(Percy-Smith, 1996). 비록 어떤 지방당국자들은 '자신들의 특정한 환경과 경험적인 관점에서 문제를 해결하기 위해 당국을 대신할 만한 것이 없었고', '지방적인 접근을 발전시킬 필요성에 대한 인식이 매우 중요하였다'고 생각하였지만(Beardshaw, 1991), 중앙정부의 감독과 지방자치단체 간에 균형을 찾아야 했다.

9. 단일한 사정

사회적 케어와 건강 케어 사이에 경계는 서로 다른 분야의 효과적인 연계와 함께 논쟁의 여지가 남아 있다(Browne 1996). 다른 전문분야의 연관성에 대한 강조가 반드시 통합된 서비스로 이끌지는 못하였다. 따라서 사정업무를 담당한 사회복지사는 법적인 틀, 절차적 지침, 적격성 기준, 지역 자원 그리고 원조를 위한 사회복지 접근 간에 관계를 고려해야만 했다. 이것을 처리하기 위해, 국민건강보험 계획과 노인을 위한 국가서비스 틀(National Service Framework for older people)은 단일사정절차(Single Assessment Process)를 2004년까지 이행할 수 있게 이 도구의 개발을 제안하였다. 이것의 목표는 다른 전문가들의 사정과 중복되지 않고, 노인이 자신의 욕구수준에 맞는 사정을 받도록 대책을 강구하는 것이다. 이러한 노인에 대한 새로운 사정문화에 대해 파커와 브래드리(Parker & Bradley, 2003)는 다음과 같이 요약하였다.

1) 지역 기관은 폭넓게 자문하고 전문가들 사이에서 노력의 중복을 최소화하고 단일한 사정개요를 제공하여 문서작업을 최소화하는 것 같은 잠재적인 이익에 중점을 둠으로써 단일사정절차(SAP)의 목적과 결과에 동의하여야 한다(정보의 수집과 공유는 노인에게 고지된 동의에 근거를 둔다).
2) 기관들 사이에 공유된 가치에 동의한다.
3) 기관은 전문용어에 동의하고 공통된 언어를 사용한다.
4) 케어과정을 분명히 계획한다.
5) 기관은 사정을 필요로 하는 개인의 유형과 인원을 파악한다.
6) 기관은 사정의 단계에 동의한다.
7) 의학적인 진단과 사정 간 연계에 동의한다.

8) 사정의 영역과 내재된 사정 영역에 동의한다.
9) 공통된 사정접근, 도구 그리고 척도에 동의한다.
10) 작업에 협조할 것에 동의한다.
11) 단일 사정 요약에 동의한다.
12) 연계된 직원개발전략을 이행하기.

이것은 노인을 위한 건강과 사회적 케어 사정을 간략화하고 향상시키기 위해 의도되었다. 그렇지만, 어떤 영역은 의사소통 그리고 함께 일하는 것을 배우는 데 겨우 진입하는 정도일 것이고, 반면에 다른 것들은 단일한 사정으로 더 쉽게 옮겨갈 수 있을 것이다. 이것이 완전히 이행되려면 시간과 자원이 필요할 것이다. 그렇지만, 대부분의 사람들은 문화적 변화는 실천에 긍정적인 영향을 미치고, 더 인간중심적 과정으로 이끌 것 이라고 믿는다(Hunter, 2003: 30,31).

10. 성인을 위한 서비스에서 상담 기술과 사정

사정도구가 무엇이든 간에, 사회복지사는 서비스이용자에게 주의 깊게 경청하기 위한 상담 기술과 가장 적절한 서비스를 주장하기 위한 언어 기술을 사용할 수 있다. 서비스 제공은 비용과 시간 양면에서 소비적이라고 주장될 수 있다. 그렇지만, 만약 개인들이 자신들은 서비스를 거부할 가능성이 없다는 사실을 전해 듣는 다면, 그들은 거절할 수 없거나 수락해야 한다고 압력을 느끼기 때문에 동의할 것이다. 만약 성급한 계획이 면담을 신중하게 하는데 실패한 결과가 된다면 불만, 재협상 그리고 낭비에 걸린 시간은 주의 깊게 경청하는데 걸린 여분의 시간보다 더 소모적이 될 수 있다.

성인서비스에서 사회복지사는 정부정책이 지방당국을 위해 마련한 욕구와 자원의 균형을 유지하기 위하여 자신의 대인관계 기술을 효과적으로 사용할 수 있다고 말한다. 사회복지사는 또한 생애과정에서 위기에 처한 가족을 만난다. 이것은 상담 기술이 일을 용이하게 처리하는 데 종종 필요하다는 것을 의미한다. 그렇지만 실천을 위한 지침이 아무리 좋더라도, 인간의 상황은 지침이 제시할 수 있는 것보다 종종 더 복잡하다. 이것은 실천가가 유연하고 전체적인 접근을 취해야 한다는 것을 의미한다. 다음의 내용은 성인과 그 보호자들과 오랫동안 일해 온 실천가의 사례를 발췌한 것이다.

실천사례 : 석현

우리는 담당한 업무로부터 개인과 그들의 의미 있는 관계를 분리할 수는 없다. 그들은 상호 연관되어 있다. 얽힌 관계는 사정에서 유용한 결과를 너무나 자주 방해한다. 건강한 관계는 그렇지 않은 것보다 훨씬 더 과정을 용이하게 한다. 나는 모든 업무에서 상담 기술을 사용하는 나 자신을 발견하였다. 어떤 인간관계 기술과 다양한 상담 기술의 사용은 사정의 진행을 촉진시키는 데 필요하다.

우선 사실관계를 수집하기 위하여 내가 보호자와 사정을 시작할 때, 간혹 보호자의 스트레스, 상실, 좌절 그리고 분노의 경험이 그들을 압도할 때가 있었다. 이런 때 나는 감정을 쏟아내는 상담 기술을 사용하면서, 정보를 수집하는 것을 잠깐 내려놓고 기다려 주었다. 나는 종종 이런 방법으로 어떤 신뢰가 형성되고 사정업무가 진전되는 것을 경험하였다(**감정의 정화, 수용, 적극적 경청, 최소한의 자극, 명료화, 장애제거, 방어기제의 이해, 그리고 손실에 대한 반응**).

나는 보호자들과 개별적인 면담을 하였다. 면담은 때때로 보호자로서 그들의 역할을 탐색하는 특정한 목적과 함께 이루어졌다. 상담회기를 여러 번 거친 후에, 그들에게 변화가 나타났다. 예를 들어, 이런 모임이 끝날 무렵에, 어떤 여성은 마치 자신이 서비스이용자로 경기에 임해왔던 것처럼 느끼고, 더 이상 '게임'에 반응하는 것을 중단하기로 결심하였다. 그리고 그녀는 24시간 보살핌을 받는 자신에서 탈피하고, 그녀 스스로 자기 자신을 더 돌보기 위해, 때때로 '아니오'라고 말하는 것을 배웠다.

이 사례는 노인 그리고 장애인이나 환자에 대한 사정업무를 맡은 사회복지사에게 경청의 기술 그리고 개인의 상실, 죽음, 임종, 치매, 부모와 자녀로부터 분리 등에 따른 슬픔과 그 밖에 다른 심리적 반응에 세심한 주의가 필요함을 상기시켜 주고 있다. 또한 개인이 타인에게 의존하거나 보호자가 될 때 그에 수반되는 근심도 이해할 수 있어야 한다.

핸드슨과 포뱃(Handerson & Forbat, 2003)은 관계성이 비공식적인 돌봄에 중요한 이유를 설명하면서 또 다른 관점을 제공하였다. 그들은 돌봄의 관계에서 대인관계적 역동성을 이해하는 것이 중요하다고 주장한다. 보살핌을 받는 자는 돌보는 자와의 관계에서 '능동적'이며, 핸드슨과 포뱃은 '돌보는 자와 보살핌을 받는 자의 양측에서 저항'을 발견하였다고 말한다. 돌봄의 관계에서 감정적 측면과 배우자나 딸과 같은 개인의 또 다른 역할의 존재는 전문가가 간혹 인식하는데 실패할 수 있는 부분들이다.

11. 상담 기술과 강요

실천가들은 강제적인 요인을 강하게 띠고 있는 환경(법정, 교도소, 정신병동)에서 사정업무를 담당하면서 사회복지 접근법의 연관성에 대해 의문시 하고 있다. 그들은 '이것도 사회복지인가?' 또는 '과연 면담과정에서도 사회복지 접근법을 적용할 수 있을까?'라고 자문한다. 이것은 중점 대상자의 전환 외에 별다른 차이는 없다고 말할 수 있다. 사실 보호와 통제는 모든 사회복지에서 필수적인 것이며, 특정한 시설에 대해 예외규정을 두지 않는다. 또한 아동보호전문가와 인가된 정신보건요원이 이런 문제에 매달려 있다. 그렇지만, 교정복지 분야에 고용된 사회복지사에게 징벌이라는 명백한 요인은 사회복지의 분위기와 비교해 볼 때 마음을 편치 못하게 한다. 물론 권한은 숨기는 것보다 분명하게 드러내는 것이 더 효과적일 수 있다. 어쩌면 이런 것을 분명히 함으로써 사회복지사는 자신의 권한과 능력을 완전히 개방시킬 수도 있다.

법정에 제출하기 위한 사정활동은 개인의 반사회적 행동에 기여하는 요인과 동기, 위험요인의 유형과 수준, 변화의 동기와 능력, 특정한 접근과 개입을 위한 적합성 등을 고려해야 한다. 그런 후에 사정을 위한 면담은 집중적으로 할 필요가 있고, 개인의 믿음과 태도에 대한 도전과 조사가 요구된다. 또한 사정에는 높은 수준의 동기부여적 면담이 포함된다(Rollnick, 1996).

그렇지만 이것을 위해 기술을 바꿀 필요는 없다. **경청, 반영, 개방형과 집중적인 질문, 직면, 요약, 대안탐색**은 실천을 위해 여전히 적합한 기법들이다. 또한 이것은 인간적/전체적 접근법으로부터 반드시 변경을 주장하지 않는다. 예를 들어, 그들의 범죄행위에서 중요한 요인을 알아내고, 그것들을 최선으로 해결하는 것을 도와주기 위해서는 그들의 환경에 대한 폭 넓은 관점이 요구된다. **'무엇이 작용하는가'** 같은 패러다임을 통해 볼 때 사회복지사는 범죄가 여러 요인들로 구성되었다는 것을 이해할 수 있다. 이것은 범죄학적 그리고 사회복지적 욕구의 만남을 연관하여 보아야 한다. 이것은 오히려 부족한 자원을 특정한 개입에 활용하려는 방법이며, 그런 연후에 동반자적 관계로 일하면서, 지역사회 자원을 통하여 욕구의 다른 면에 부응하려는 것이다(McGuire, 1995).

희생자 관점과 위기관리는 범죄인의 사회적 책임성을 강화하는 추세와 맞물린다. 범죄인이 책임을 질 수 있도록 하기 위해 사회복지사는 단순한 정보이상을 제공할 필요가 있다. 하지만 그보다도 **반영적 절차**와 **도전**을 위한 여지를 마련해 주어야 한다. 그것들은 범죄인에게 변화에 대한 인식과 동기를 촉진시킬 수 있게 한다. **직면**과 **도전**은 이 분야에서 핵심적인 기술이다.

상담 기술이 범법자에 대한 서비스에서 사용될 수 있을까? 이것은 어려운 분야로 보일 수 있지만, 형사사법 세팅에서는 기법이나 기술을 사용할 때 윤리적인 면을 강조한다. 면담이 이루어지는 곳에서는 법적인 요구사항과 책임성의 구조에 대해 솔직하면서도 명확한 것이 중요하다. 범죄자들에 대한 역량강화는 불가능한 것이 아니다. 선택과 대안에서 한계와 책임에 대해 분명히 해두는 것이 중요하다. 범죄인들의 미래 범죄행위를 줄이기 위해 그들과 함께 일하면서 사람들의 범죄행위에 대한 설명을 필요로 할 때는 그들이 불이익과 차별을 당하지 않을까 함을 고려해볼 필요가 있다(Williams, 1996).

실천가는 자신의 클라이언트를 도와주고 기관의 요구에 부응하기 위해 자신의 기술을 사용하려고 노력한다. 다음의 사례에서 실천가는 교정현장에서 상담 기술의 사용을 보여주고 있다. 먼저 클라이언트에 대한 사정이 이루어지고 난 다음에 개입을 위한 프로그램이 계획되고 착수된다.

실천사례 : 인석

인석은 차량절도 혐의로 선고를 받게 되었다. 법정보고서를 위한 초기 면담에서는 정확하고 분명한 정보를 얻기 위하여 **경청기술**과 **초점화된 질문**이 사용되었다. 워커는 인석 자신의 행동에 대한 자각의 정도와 변화에 대한 동기여부를 사정하였다. 사회복지사는 범죄에 대한 인석의 견해를 알아보기 위해 **개방형 및 폐쇄형 질문** 그리고 상황을 새롭게 볼 수 있도록 **도전**(challenging)을 사용하였다. 그리고 절차적 지침에 따라서 사정을 한 결과 사회복지사는 지역사회형을 권장할 수 있었다. 인석이와 동료들의 반복된 범죄로 인해 사회를 위험에 빠뜨리는 것을 감소시킬 목적으로, 공범인 천호와 함께 인석을 위한 개입프로그램이 계획되었다. 인지적 접근이 범죄자들에게 동기적, 태도적 그리고 행동적 변화를 유도할 것으로 보였기 때문에 사회복지사는 이 접근을 선택하였다. 프로그램의 첫째 회기에서는 변화의 가능성이 있는 범죄행위의 특정한 면에 접근하기 위해 고안된 일련의 **점진적 질문**이 계획되었다. 이것은 다음 질문이 이루어지기 전에 각각의 질문에 대해 다시 **반영**하고 **명료화하는 반응**과 함께 **초점화**하는 방법으로 구성되었다. 요약은 대상자들에게 자신의 태도, 행동 그리고 차량절도가 타인에게 미친 영향을 탐색하기 위하여 사용되었다. 사회복지사는 면담 중에 대상자들이 **침묵**을 많이 할 것으로 예상하여 계획을 세웠다. 상담현장에서 과거의 경험은 사회복지사에게 침묵이 어떻게 클라이언트가 자신의 생각을 모으고/또는 새로운 아이디어와 정보를 숙고할 수 있게 하는 지를 보여주었다. 사회복지사는 침묵의 순간을 허용하는 것이 범죄인에게 그의 행위, 동기 그리고 그것이 타인에게 미친 영향에 대해 질문하기 위한 유용한 방법 중 하나라는 사실을 믿고 있었다. 이렇게 해서 집중적이며 간략한 개입프로그램으로 클라이언트가 장래에는 다른 삶의 방식을 계획하고 선택할 수 있도록 새로운 관점으로 **도전**할 수 있게 초점적이고 인지적인 접근을 지지하는 상담 기술을 사용하였다.

12. 사정을 위한 준비

사회복지는 종종 긴급한 상황과 곤란한 문제들에 대해, 의사소통을 하기위해 적극적 접근을 요구하는 전문직이다. 모임이나 면담이 이루어지기 전에 어디서나 가능하게 신중한 준비가 요구된다. 첫째, 준비는 최고의 실천이다. 둘째, 시간적 여유가 있을 때, 좋은 사전준비는 실천가가 재빨리 반응해야 할 때를 위한 기술을 구축한다. 사회복지사가 더욱 준비될수록 취해야 할 행동은 더 분명해진다. 자격취득을 위한 훈련을 받는 동안, 실천가는 자신의 가치, 지식, 기술 그리고 어떻게 자신이 개인, 가족, 돌보미, 집단, 지역사회와 관련 속에서 일할 것인가를 생각하게 된다. 여기에는 실천가의 자기인식, 편견 그리고 '원조자'가 되려는 동기를 탐색하는 과정이 포함된다.

실천가가 개별적인 '타인' 그리고 그들이 처한 환경과 만나게 될 때 그에 따른 개개의 특정한 준비작업이 필요하다. 실천가는 만남의 이유, 법적인 상황, 그들이 필요로 하는 정보와 이유, 동원 가능한 자원의 범위, 자신의 업무를 수행하는 방법, 상대방의 견해를 확인하고, 그 후에 결정을 내리는 방법에 대해 분명하게 알아야 한다.

준비에는 또한 의사소통이 효과적으로 발생할 수 있는 장소에 대해 사전에 확인하는 것을 포함한다. 만약 서비스 이용자가 성인이라면, 그들은 사무실에 찾아올 수 있을까? 아니면 그들에게 접근하는 것이 가능한가? 서비스이용자는 원조가 필요함을 의미하는 특정한 손상을 입었는가? 그들이 주로 사용하는 언어는 무엇인가, 아니면 그들은 통역이 필요한가? 언어장벽은 대상자에게 불이익을 유발할 수 있다. 챈드(Chand, 2000)는 민감하고 비밀스런 문제에 대해서 주의하면서 능숙한 통역이 필요한 흑인가정에 대해 언급하였다. 통역인은 사회복지기관이 다루는 복합적인 개념들을 언어적으로 표현할 수 있는 능력을 지녀야 한다. 챈드(Chand)는 지방정부가 통역인에 대해 전문적인 교육을 제공해주어야 하고, 사회복지사는 통역인의 참여가 면담의 역동성에 어떤 영향을 미칠 것인지에 대해 판단할 수 있도록 훈련될 필요가 있다고 주장하였다. 비록 면담 동안에 통역인은 밖에서 기다리거나, 활용되지 않더라도, 가족의 영어사용 능력에 대해 의심이 가는, 모든 흑인가정과 면담에서 사정에 참여하여야 한다(2007). 마찬가지로, 연로한 흑인들이 언어적 의사소통과 관련하여 세심한 관심의 결여로 인해 불이익을 받을 수 있으므로 적절한 통역인을 배정할 수 있어야 한다.

핵심요점

- 모든 사회복지실천에서 사정과 계획은 복잡하고 민감한 업무 속에서 자신의 대인관계 기술을 사용할 수 있는 실천가를 필요로 한다.
- 사정도구 자체는 정보를 수집하기 위한 도구에 불과하다. 그것만으로 균형을 유지하고 위험요인의 경중을 판단하고, 계획을 구상할 수는 없다.
- 지식과 기술에 근거한 전문적인 판단은 잘 개발된 사정도구에 못지 않게 요구된다.
- 사정업무는 반영적인 실천가를 요구하며, 그의 개인적인 기술에는 이용자들의 동기와 변화에 대한 능력을 사정하는 능력이 포함된다.

- 방어기제, 장벽과 저항에 대한 이해, 그리고 이용자에게 그런 태도를 버리고 관련된 일에 진지하게 임하게 할 수 있는 능력은 매우 도움이 된다.
- 진전된 상담 기술은 사정을 더욱 인간중심적으로 하는데 중요하다.
- 상담 기술은 강제적인 요소가 강한 상황에서 사정업무를 뒷받침한다.

자기개발 또는 토론집단을 위한 질문과 활동

1. 여러분이 사정을 받았던 때를 생각해 보시오(예를 들어, 시험, 운전면허 또는 건강이나 케어세팅에서 사정 등). 그것은 어땠는가? 여러분은 어떻게 느꼈는가? 그것을 더 낫게 하려면 어떤 도움이 필요하였습니까? 여러분은 사정가에게서 어떤 기술과 자질을 발견하였습니까?

2. 이 장에서 실천사례 중 하나를 골라서 여러분이 서비스이용자 중의 한 명이라고 생각해 보시오. 여러분은 사정가가 어떤 기술과 자질을 갖기를 원합니까?

3. 직장에서 여러분과 타인 간에 의사소통이 막혔던 때를 생각해 보시오. 무엇이 이러한 장벽에 영향을 미쳤습니까(예를 들어, 격한 감정, 방어기제)? 의사소통을 위해서 무엇을 할 수 있었습니까?

제 4 장

계획, 활동 그리고 서비스 제공: 관련된 상담 기술

제3장에서는 사정과 그에 연관된 의사소통 기술에 대해 논의하였다. 이 장에서는 사회복지사가 욕구에 부응하기 위해 활동과 개입을 계획하면서 서비스이용자를 만날 때, 상담 기술이 지속적으로 사용되는 방법에 대해 살펴보고 있다. 사정과 마찬가지로, 활동과 계획이 서비스이용자 및 그와 관련된 다른 사람들과 대화에서 재검토 된다. 또한 실천가, 서비스이용자 그리고 제휴기관의 사람들에 의해 공식적으로 재검토되고 기록된다(Everitt & Hardiker, 1996). 모든 활동의 목표는 서비스이용자의 복지가 타인의 안전과 복지에 양립할 수 있는 한 이용자의 '복지를 증진'시켜야 한다. 재검토의 목적은 어떻게 활동이 복지에 기여하는지 확인하고 만약 필요하다면 활동을 수정하는 것이다. 일반적으로 개입이 완료되었을 때, 전체적인 과정에 대한 평가가 뒤따른다.

모든 사회복지활동은 시간과 장소에 한계가 있다. 어떤 실천가들은 개입을 매우 단기적으로 하는 반면에, 다른 이들은 장기적인 상황에 관여하게 된다. 어떤 이들은 집단에 속한 사람들을 일상적으로 돌볼 수도 있다. 그 외에 어떤 이는 위기상황에서 일하는가 하면, 어떤 이는 클라이언트의 만성적이고 지속적인 욕구에 응하면서 일하기도 한다. 사회복지실천을 위한 학문적 표준(Accademic Standards for Social Work)은 사회복지사가 서비스이용자와 함께 일하는 것이 필요하다는 관점을 제시하고(Topps, 2003: 3.1.1), 개념적인 영역을 대략적으로 서술하고 있는데, 그 안에서 사회복지사는 '개인, 가족, 집단, 지역사회 그리고 다른 전문가들과 함께 하는 사회복지실천을 재검토하고 평가할 계획을 세우게 된다'(Key Role 2, Standard 2 Scotland).

사회복지사는 환경의 맥락 속에서 사람들을 이해하고, 그들과 어떤 계획된 활동을 논의할 것으로 기대된다. 종종 사회복지사의 법적인 권한이 사용되거나, 부정적인 결과로 인식되어 보류되는 곳에서, 어떤 사람들이 지니고 있는 사회복지실천의 '공상적 박애주의자', '저해하는' 이미지는 공공연한 개입에 대한 심한 두려움과 걱정에 근거를 두고 있다. 사회복지사의 활동은 면밀히 검토되고 평가될 수 있어야 하며, 다음과 같은 학문적 표준에 따라 윤리적인 원칙에 의해 뒷받침되어야 한다.

- 개인 내적 및 개인상호간 요인, 그리고 개인의 삶에 있어서 폭 넓은, 사회적, 법적, 경제적, 정치적 그리고 문화적 맥락 간에 강력한 연관성을 이해하고 그것들과 함께 일한다.
- 불공정, 사회적 불평등 그리고 억압적인 사회적 관계의 영향을 이해한다.
- 개인적, 제도적 그리고 구조적인 차별에 건설적으로 도전한다.
- 불확실성과 불완전한 정보의 상황에서 안전과 효율성을 최대화하는 방법으로 실천한다.
- 개인이 자신의 일에 대한 통제력을 얻고, 이것이 자신 또는 타인의 안전, 복지 그리고 권리와 양립하는 한, 회복하거나 유지하는 것을 돕는다.

(2003: 2.4)

사회복지사는 여러 종류의 서비스를 제공하거나 위임을 받는다. 이와 같은 사회복지의 개입을 통한 제공적인 측면은 인류애적인 기원 그리고 정부기능, 법률 그리고 정책에서 복지서비스의 제공 사이에 밀접한 관련성으로부터 유래하고 있다. 사회복지사 집단이 서비스의 제공을 위해 수행할 수 있는 활동목록을 기술해 보면 다음과 같은 것들이 포함될 수 있다.

- **방법**: 사정, 사례관리, 옹호, 상담, 조언하기, 집단으로 일하기.
- **과업**: 법정보고서, 유익한 조언, 쉼터업무, 연계업무, 법적인 활동, 법원 명령의 감독, 의뢰.
- **서비스의 제공**: 서비스의 배정(요양시설, 주간보호, 위탁양육, 일시보호소 등), 아동보호서비스, 주간보육시설, 양육에 대한 조언, 교육.

이 목록이 전부는 아니지만, 이런 내용은 사회복지의 개입범위가 얼마나 넓은지를 보여준다. 어떤 세팅에서는 위임받은 서비스에 중점을 둔다. 워커는 이런 강력한 권한을 행사하는데 능숙해야 하며, 자신이 해야 할 일은 가장 적합한 사람에게 부족한 자원을 유용하게 받을 수 있도록 보장하는 것임을 알아야 한다. 그는 또한 문제해결 전략과 함께 직접적으로 상담과 대인관계 기술을 사용하면서 개입한다. 요약하면, 사회복지의 활동에는 다음과 같은 것들이 포함된다.

- 변화를 달성하기 위한 개입계획을 세우는데 사회복지이론과 방법을 적용하기.
- 개입에서 실천가의 개인적인 기술을 사용하기.
- 서비스 기관에 의뢰하기.
- 서비스 공급기관으로부터 서비스를 구매하기.
- 현금이나 다른 종류로 서비스 공급을 결정하기.
- 다른 기관으로부터 서비스를 받기 위해 옹호하기.

이런 요인들은 종종 여럿이 결합되고, 상담 기술은 변화를 달성하기 위해 이론과 방법을 통합하는데 사용될 수 있다. 실천가의 상담 기술은 서비스가 제공되는 방법에 중요한 영향을 미칠 수 있다. 그리고 실천가의 활동은 서비스 이용자가 경험하고 평가하는 과정에서 중요한 차이를 가져올 수 있다. 따라서 실천가가 활동하는 상황을 설정하면서, 이 장에서는 실천가가 사회복지의 과업을 수행하는 과정에 이론, 방법 그리고 자기 자신의 능력과 연관된 상담 기술을 사용하는 것에 대해 살펴본다.

1. (여러분) 자신과 함께 시작하기

모든 사람은 자신이 성장한 가족과 지역사회에서 학습한 의사소통과 대인관계 기술을 지니고 있다. 의사소통과 관계형성 기술은 모든 사람들에게 내재된 능력이지만, 각 개인이 의사소통을 하는 방법은 경험, 학습, 선택 그리고 문화적 환경에 의해 형성된다. 사람들은 어린시절을 거치면서 발달하게 되고, 성인이 되어서도 삶속에서 줄곧 학습을 하게 된다. 이에 따라 의사소통과 관계형성 훈련은 발전될 수 있고, 더욱 세련될 수 있다.

루터와 해이(Rutter & Hay, 1996)는 어떻게 아동이 자신의 의사소통유형, 타인과 관계를 맺는 방법, 초기아동기 그리고 그 이후의 계속되는 보호자로부터 문화와 사회적 행동을 학습하는지를 보여주었다. 학습은 아동이 자신의 가족과 더 넓은 사회적 그리고 문화적 경험의 경계 내에서 어떤 것이 효과적이고, 받아들여질 만한 것인지를 발견하게 될 때 자연히 일어난다. 사회복지사는 자신의 독특한 의사소통과 관계형성 방법으로 사회생활에 임하게 된다. 그렇지만, 전문적인 실천가로서, 그는 새로운 방법으로 자신의 업무와 자신의 대인관계에 대한 책임을 지게 된다. 그는 실천현장에서 타인들과 의사소통을 명확하게 하는데 요구되는 이론과 방법을 익히고 사용한다. 사회복지사는 또한 자신의 활동에 대한 근거와 자신이 책임지고 있는 사람들을 위해 수행하고 있는 활동과 방법에 대해 설명을 할 수 있어야 한다.

2. 활동을 위한 사회복지이론

모든 사회복지활동은 이론에 의해 뒷받침되어야 한다.

> 이론 없이 실천하는 것은 해도(海圖)없는 바다를 항해하는 것이다: 실천이 없는 이론은 항해를 전혀 하지 않는 것이다(Hardiker & Barker, 1991: 87, Susser 재인용).

이론적 접근은 다차원적인 지식기반으로부터 유래되고 있다. 하디커와 바커(Hardiker & Barker, 1991)는 사회복지에 대해 다음과 같이 강조한다.

> 폭 넓은 학문적 지식(즉, 법, 심리학 그리고 철학)이 요구된다. 더 나아가, 사회복지사는 잘 알고 내린 선택을 하고, 시대의 흐름에 따라가고, 한물간 이론을 버리기 위해, 폭 넓은 학문적 지식에 충분히 친숙할 것이 요구된다.

사회복지실천에서 개입을 위한 근거가 되고 있는 심리이론 중 일부는, 상담 기술의 적용이 다양한 이론과 방법을 사용하는 개입을 어떻게 뒷받침할 수 있는지 보여주면서, 다른 파생된 방법들과 함께 다음에 살펴볼 것이다.

3. 이론에 대한 절충적 접근

자신의 과업을 완수하기 위해, 사회복지사는 사회학(사회문제들에 대한 사회적 구조를 이해하기 위한 것), 심리학(개인과 집단의 기능을 이해하는 것) 그리고 사회정책(개인에게 영향을 미치는 구조적인 요인을 이해하기 위한 것)을 포함하여 다른 학문분야로부터 이론들을 끌어오고 있다. 사회복지의 절충적인 역사의 강점은 다양한 법적 그리고 관료적 틀 속에서 작용하기 위한 요구조건에 다양하게 반응할 수 있도록 형성되었다는 것이다. 여러 상황에 대응하기 위한 절충적 접근방법의 장점은 다음과 같다.

- 서비스이용자의 이익을 위한 이론들의 통합, 그리고 그에 따른 개인적 욕구의 충족.
- 단일의 이론적 접근 방법에 의한 편협한 독단주의를 피하기.
- 사회정책과 사회적 조건의 변화를 위해 유연하게 적응할 수 있는 능력.
- 중첩되는 이론에 근거한 다른 전문가들과 함께 일할 수 있는 능력.

아직 새로운 거창한 이론이 사회복지실천을 지지하기 위해 나타나지 않고 있지만, 이미 알려진 이론들은 새로운 실천상황 속에서 사용될 때 실천을 통하여 발전되고 있다. 주요 교재(Howe, 1987; Compton & Galaway, 1989; Coushed, 1991; Lishman, 1991; Payne, 1992; Trevithick 2000)에서 공통적으로 인정받고 있는 접근방법들은 사회적 태도, 가치 그리고 신념의 변화에 따라 새롭게 조명되고 있다. 그것들은 실천으로 인도하는 법과 정책의 변화와 관련하여, 특히 유용성의 측면에서 검토되고 있다(Adams et al., 2002). 사회복지사들은 새로운 법적인 기준에 맞게 새로운 방법들을 적용하는데 유연성이 있는 것으로 입증되고 있다(Hardiker & Barker, 1994, 1996; Marsh & Triseliotis, 1996; Seden, 2001).

4. 세 가지 주요 접근

이론에 대한 절충적 접근을 위한 상황을 설정할 때, 좀 더 주의를 기울여야 할 주요한 심리이론들이 있다.

정신역동이론

정신역동이론은 미국으로부터 영국에 건너와서 사회복지 속으로 흡수된 후, 1950년대, 60년대 그리고 70년대를 거치면서 이론이 정립되었다(Brearley, 1991). 개인의 성격이 어떻게 형성되고 발달되는가에 대한 이론적 견해는 프로이드의 정신분석학으로부터 유래하였다. 사회복지사는, 자신과 주요한 타인 간 관계 같은 것을 이해하기 위한 방법으로; 과거와 현재를 연결하기 위하여; 내적 그리고 외적인 경험을 위하여 정신역동적 통찰을 사용한다. 이것은 간혹 심리사회적 접근방법과 잘못 혼동되기도 한다. 심리사회적 모델은 이론적 개념을 정신역동이론과 자아심리학으로부터 가져왔지만, 개인, 사회 그리고 실천을 더 전체적인 틀로 결합하였다(개별사회사업). 편협한 정신역동 접근방법이 어떤 상담 세팅에서 사용될 때, 이는 단지 아동의 관점에서 외적인 세상을 바라본다. 물론 그렇게 편협한 정신역동 접근방법이 사회복지사에 의해 사용되는 것은 거의 드물지만, 그럼에도 그것은 사회복지사에게 개인을 이해하는 방법을 제공하는데 많은 영향을 미치고 있다. 더 나아가, 사회복지실천에 널리 보급된, 변화의 매개로서 관계성의 사용에 대한 중요한 발상은 근본적으로 정신역동적인 것이다.

정신역동적 관념들은 인간발달에 대한 연구들에서 그것들이 미친 영향으로 인해 사회복지와 특히 관련되어 있다(Faibairn, 1952; Erikson, 1965; Winnicott, 1986; Bowlby, 1988; Rutter et al., 1994; Jacobs, 1998; Aldgate et al., 2005). 사회복지에서 정신역동적 사상은 여러 교재에서 다루고 있다(Yelloly, 1980; Pearson et al., 1988; Brearley, 1991; Trevithick, 2000; Lishman, 1991). 매우 근본적인 수준에서, 이것은 아동, 가족, 노인 그리고 정신건강과 관련한 과거와 현재의 연구 및 실천을 지지하고 있다. 정신역동적 관점은 또한 전문적인 슈퍼비전 문헌에서도 적용되고 있다(Kadushin, 1995; Hawkins & Shohet, 2000).

정신역동이론에는 특별한 면(무의식)이 있다. 이것은 많은 실천가들이 타인들을 다루는 과정에서 관련성이 있다고 인식하는 부분이다(Bird, 1997). 개인을 이해하기 위한 정신역동접근은 무의식적인 사고, 지각 그리고 감정의 중요성을 강조한다. 과거로부터 중요한 감정이 현재의 관계나 상황 속에 나타날 때, 이것은 적대감, 저항 그리고 방어로써 부정적으로, 또는 기대와 애착처럼 긍정적으로 만날 수 있다. 이것에 대한 전문적인 용어는 '전이'이다. 만약 이런 관계가 실천가로부터 서비스이용자에게 전가된다면, 그것은 '역전이'라고 불린다. 이처럼 개인의 초기 경험이 현재의 관계 속에 반복적으로 이어지는 무의식적 심리상태에 대한 이해는 정신역동 상담에서 치료적 작업을 하는데 유용한 것으로 알려지고 있다. 이것은 '오래된 관계가 현재의 삶속으로 들어오는 것을 보는 방법'이며, '과거에 잘못된 것에 대한 통찰과 재작업을 하는 데 중요한 단서'가 될 수 있다(Jacobs, 1988: 94-111, 1999).

사회복지사가 자신과 함께 일하는 개인들에 대해 심리치료적 관계로 들어가지 않으려고 하는 반면, 코벨(Kovel, 1976)은 전이가 권력에서 영향이 있는 어떤 관계에서도 일어날 수 있다고 주장하였다. 이것은 의존하게 되거나 권한과 연관된 상황이 오랫동안 묻혀있던 감정들을 일깨울 수 있기 때문이다. 전이에 대한 이해는 관계를 맺고 있는 사람들이 서로에 대해 무의식적으로 권력을 보류하고, 주거나 요구하는 방식을 분석하는 방법을 제공한다. 케인즈(Cairns, 1994)와 로저스(Rogers, 1992)는 상담과 일상적인 관계에서 전이에 대한 매우 근접할 만한 설명을 제공하였다. 사회복지사는 다음과 같은 내용들을 이해하는 것이 매우 중요하다.

- 전이는 치료적 관계는 물론 일상적인 생활 속에서 일어날 수 있는 무의식적인 심리적 과정이다(즉, 자신의 학창시절 경험 때문에, 학부모 모임에 대해 지나치게 불안한 느낌).
- 전이는 관계가 불평등한 권력을 포함할 때 종종 발생한다.
- 전이는 누군가가 어떤 사람들을 마치 그들이 과거로부터 중요한 인물인 것처럼 다루고, 마치 그들이 그 사람인 것처럼 그들에 대해 행동할 때 발생한다.
- 전이는 관계의 본질에서 기대되어지는 것보다 더 강력한 느낌을 만들어낸다.
- 역전이는 사회복지사로부터 서비스이용자들에게 전이되는 것을 말하며, 실천가가 그들과 맺는 관계를 왜곡시킬 수 있다.
- 실천가가 타인에 대한 느낌을 내재화하는 곳에 전이가 형성된다(누군가와 함께 한 후에 두려운, 우울한, 불안한 느낌 같은 것들).

전이관계 속에서 함께 일하는 능력은 정신역동 상담의 진수이며, 그와 연관된 과정을 탐색하기 위해서는 훈련과 정규적인 슈퍼비전이 요구된다. 물론 사회복지사들은 타인의 행동에 대해 결코 어설픈 해석을 하지 않는다. 또는 입증되지 않은 느낌에 근거한 판단을 하기 위하여 결코 사회복지사로서 자신의 권한을 사용하지 않는다. 사회복지사와 다른 전문가들은 이 이론이 복합적이고 때때로 곤란한 일에 대한 이해를 제공해 준다는 것을 알 수 있다. 그렇지만, 전이가 나타날 수 있다는 것에 대한 이해는 그들을 다음과 같이 하도록 이끌 수 있다.

- 관계에서 전이 요소들을 알아내고, 그것이 대인관계를 왜곡하는 정도를 인식하고, 사회복지실천 과업에 직접적이고, 접근가능하고, 가장 연관된 것에 초점을 유지하는 동안에 전이를 다룬다.
- 개인이 타인과 관계를 맺는 방법에 대해 학습하거나, 학대받을 우려가 있는 누군가의 두려움이나 우울을 이해한다. 그런 이해는 보호 또는 점검하기 위한 활동에 대해 알려줄 수 있고, 관리자나 슈퍼바이저와 함께 논의될 필요가 있다. 예를 들어, 사회복지사가 아동의 가정을 방문했다가 부모들에 의한 두려움으로 나오거나(설령 적대감을 드러내지 않더라도), 노인 가정을 방문해서 걱정과 근심을 갖고 되돌아 왔을 때(비록 케어상태가 겉으로는 정상적인 것처럼 보이더라도), 사회복지사는 자신의 느낌과 서비스이용자의 취약성 그리고 표현되지 않은 느낌 간에 관계를 가능한 한 되새겨 보고, 앞으로 발생할 수 있는 것을 점검하는데 그것을 신중하게 사용할 필요가 있다.
- 치료적 작업관계(특히 장기적인 작업에서)를 방해하고 있는 적대감이나 저항은 현재에 영향을 미치는 오래된 경험에 기인할 수 있다는 사실을 이해한다. 그리고 나서 항상 그것을 상대방의 견해와 관점을 끌어오는 방식으로 설명하면서, 현재 일어나고 있는 것에 주의를 기울이기 위해 잠정적으로 즉시성(immediacy) 기술을 사용한다.
- 치료적으로 더 능숙한 개입이 필요한지에 대해 고려한다.

최소한, 여러분은 개인들의 과거경험 또는 다른 원조자나 사회복지사의 고정관념에 근거한 기대와 태도를 물려받을 수 있는 상황의 새로운 전문가이다.

학습이론

행동주의적 사회복지실천, 행동치료 그리고 행동수정은 학습이론에서 유래한다. 학습이론은 개인이 경험의 결과 어떻게 행동이 바뀌었고, 어떻게 행동이 학습되고, 유지되거나 학습되지 않는지에 대한 지식체계를 구성하고 있다(Hudson, 1991: 123). 이것은 과학적 실험에 근거를 두고 있고, 새로운 발견을 근거로 수정된다. 이것은 원래 동물에 대한 고전주의적 실험연구, 예를 들면, 파블로프와 스키너(Pavlov & Skinner)의 연구, 왓슨과 레이너(Watson & Rayner)의 아동연구 같은 것에 기원을 두고 있다. 행동주의적 사회복지실천은 변화를 위한 목표를 세우는 기초선(base line)을 설정하기 위한 사정과 함께 시작된다. 개인의 행동이 분석되고 사회학습 방법이 개입의 수단으로 사용된다. 결과에 대한 평가는 처음에 설정한 기초선과 비교한다.

이에 대해서는 몇몇 교재에서 충분히 논의되었다(Sheldon, 1982, 1995; Hudson & MacDonald, 1986; Howe, 1987; Coulshed, 1991; Parker & Randall, 1997; Payne, 1997). 허드슨과 맥도날드(Hudson & MacDonald, 1986)는 학습이론의 적용 가능한 범위를 제시하였다. 즉, 분노통제와 학대아동관리; 양육보호자의 아동행동에 대한 관리를 원조하기; 주간보호센터에 있는 성인들의 사회기술훈련. 행동주의적 개입은 강박적 행동과 그 외 다른 개인적 기능의 문제를 다루는 정신치료센터에서 이루어진다. 1970년대와 80년대의 사회학습이론, 특히 아가일(Argyle, 1969; 1988; 1991)은 어떻게 사회적 기술이 발달하고, 새로운 행동에 대한 학습을 통하여 수정될 수 있는지에 대한 이론적 틀을 확립하였다.

브레친과 세덴(Brechin & Seden, 2004)은 학습기술에 대한 행동주의적 접근은 건강과 사회적 케어 실천가들에게 유익하다고 주장하였다. 학습에 대한 본질적인 성향을 형성하기 위해, 성인들은 자신과 타인들의 기술에 관심을 기울이기 위하여 개방성을 유지할 수 있고, 관찰된 것으로부터 학습하면서, 일을 처리하는 새로운 방식을 탐색하는데 준비될 수 있다. 새롭게 나타나는 기술들은 모든 종류의 세팅, 문화 그리고 사회계층에 있는 사람들 사이에서 잘 작용하는 것으로 보이는 것에 대해 주목하고 반영하는 학습에 의존하게 될 것이다. 다음의 사례는 개입의 짧은 순간조차도, 요양보호사의 기술이 어떻게 서비스이용자의 복지증진을 위해, 수행되고 있는지를 보여준다.

실천사례 : 박민희와 '순간성'

지금은 치매환자를 보호하는 요양시설의 라운지에서 차 한 잔을 마시는 시간이다. 이 시설에는 약 12명 정도가 함께 생활하고 있는데, 라운지에는 현재 6명이 있다. 박민희는 안락의자에서 졸고 있다가 그녀의 동료가 차 한 잔을 하자고 건네는 말에 잠을 깬다.

'차 한 잔 드시겠어요, 민희 씨?'

'그런데, 내 차는 어디 있지? 왜 나는 아무 차도 없지?' 민희가 요구한다. 민희는 금방 화를 내면서, 모든 것이 마치 자신에게서 등을 돌린 것처럼 세상을 바라보는 것 같았다. 그녀의 순간적인 응답은 분노와 불평으로 가득하고, 매우 특이하다. 나는 주변(반대편에 방문을 위해 찾아온 나의 아버지)을 보면서, 그 직원에 대해서, 그리고 그녀(민희)의 참을성 없는 태도를 비난하고 싶어 하는 나 자신에 대해서 조금은 짜증이 나는 것을 느낀다. '여기 당신의 차가 있잖아요, 민희 씨!.' 본능적으로, 나는 '왜 당신은 우리가 당신을 잊어버렸다고 생각해요? 당신은 자고 있었어요!'라고 말하고 싶었다.

다른 한편, 박민희와 가장 근접해 있던 남성 자원봉사자, 권구영은, 깨어 있는 박민희를 향해 밝은 미소를 띠면서, '안녕하세요 민희 씨!,' 그가 부드럽게 말한다. '벌써 일어나셨어요?' 그는 그녀에게 미소를 지으면서, 그녀의 안락의자 옆에 웅크린다. '안녕하세요',라고 그녀가 응답한다. '잠은 잘 잤어요? 기분은 어때요?' 둘 다 따뜻하게 미소짓는 모습으로, 편안하게 눈을 마주치면서 말했다.

'안녕하세요?'－그녀가 미소를 지으며 그를 향해 몸을 내민다－'그녀가 그의 뺨에 키스를 한다-한번 그리고 다시 한번. '오 당신은 좋은 사람이야' 그리고 그녀는 유쾌하게 웃는다.
'차 한잔 하시겠어요, 민희 씨?'
'오우, 좋지요.'

(출처: Ann Brechin, The Open University, Communication and Relationships in Health and Social Care).

이처럼 평범하거나 특별한 '순간성'을 관찰하는 것은 사회복지실천 활동의 영역(이 경우는 그룹 케어)에서 능숙한 의사소통을 이해하는데 도움을 준다. 개입과정에서 수행되는 기술들은 능숙하고, 도움이 되고, 촉진적이거나, 또는 역으로, 부정적이고, 개인의 역량을 와해하거나, 이들의 혼합으로 이루어질 수 있다. 실천현장은 초보 사회복지사에게 그런 기술들을 관찰하고 실천할 수 있는 많은 기회를 제공해준다. 대부분의 그런 행동들과 '순간성'은 일반적인 것으로 관찰할 수 있고, 서비스 이용자의 반응은 무엇이 효과적인지를 보여줄 것이다. 좋은 과정들은 실천에서 훈련을 통해, 관찰되고 학습될 수 있다고 행동주의자들은 주장한다. 위의 사례와 같은 기회들을 만날 때, 주의 깊게 살펴보고, 좋은 실천요인들은 미래의 활동 속으로 통합될 수 있어야 한다.

생태-체계이론

생태학적 관점은 사회과학에서 잘 정립되었다(Siporin, 1975; Maluccio, 1981; Garbarino, 1982). 이것은 행동학, 생태학적 심리학 그리고 민족학으로부터 이론을 끌어오면서, 가장 포괄적으로 통합된 이론적 틀로 나타났다. 생태학적 이론의 틀은 다음의 주요 개념에 근거하고 있다.

- 인간-환경의 관계는 지속된다.
- 인간, 행동 그리고 환경은 상호의존적이다.

- 체계이론은 특정한 상황에서 인간의 생태를 분석하는 데 유용하다.
- 사정과 평가는 인간-환경체계의 직접적인 관찰을 통해서 한다.
- 행동은 인간과 환경 간에 상호작용의 결과이다.
- 행동과학은 이런 상호작용을 이해하고 분석해야 한다.

(Allen-Meares & Lane, 1987)

생태학적 접근은 환경 속에 있는 인간에 대해 전체적인 관점을 갖고 있으며, 다른 접근방법을 포용할 수 있는 능력을 지니고 있다(Seden, 2005). 따라서 활동은 개인과 환경에 동일한 강조를 둔다. 체계접근은 실천가에게 영향에 대한 각각의 부분이 개인의 환경과 관련하여 이해될 필요가 있음을 상기시켜준다. 활동은 개인의 삶의 한 부분에 개입하는 것이 다른 부분에도 영향을 미칠 수 있다는 이해를 바탕으로 계획된다. 생태학적 틀을 사용하면서 변화의 가능성을 고려한다면 더욱 완전한 결과를 산출할 가능성이 있다.

이러한 세 가지 접근방법은 서비스의 제공 그리고 옹호와 결합되어, 사회복지사에 의해 자주 사용된다. 그럼에도, 세 가지 접근방법은 모두 대인관계 기술의 사용을 통하여 그것들을 작용하게 하는 실천가의 능력에 많이 의존한다. 더 나아가, 만약 임파워먼트의 이념이 실천의 배경이 되면, 실천가는 자신의 이론적 지식을 함께 작업하고 있는 사람들에게 전달할 수 있어야 하며, 계획을 세우기 위해 목적에 대한 동의를 얻을 수 있어야 한다.

다음의 사례는 다른 원조들과 결합된 상담 기술의 진가를 보여준다. 그것에는 조언하기, 정보제공하기, 활동을 지시하기, 교육 그리고 체계의 변화 등이 있다. 정신역동, 행동주의적 그리고 생태학적 지식이 작업에 대한 정보를 제공한다. 비록 상담 기술이 모든 전략의 바탕에 활용되고 있지만, 공식적인 상담도 이러한 가족과 접촉하는데 중요한 부분이 되고 있음이 입증되었다.

실천사례 : 김성철

김성철(21세)은 집에서 부모와 함께 살았다. 그는 장애라고 특별히 진단을 받지 않았지만, 열여섯 살까지 중간정도의 학습장애를 위한 특수학교에 다녔다. 그 이후에 심각한 학습장애를 위한 특수학교로 옮겼다. 그가 말을 배우기 전부터 장애가 있었는지는 분명치 않았다. 나중에, 그의 행동은 통제하기가 어려웠고, 그의 어머니는 대처하기가 힘들다는 것을 알게 되었다. 어머니는 그에게 강하게 집착하였고, 이것은 그가 장애가 없을 것이라는 바람과 결합된 것처럼 보였다. 그는 열여섯 살까지 더 적합한 교육과정을 밟으려는 특별한 욕구로부터 차단되어 있었고, 그에게 실천적인 면이나 상담에서, 원조가 거의 이루어지지 않았다.

그의 가족은 자신들에게 부여된 복지혜택을 받지 않고 있었다. 성철의 어머니, 박경애는 자신은 그런 혜택을 받을 권리가 없다고 느꼈다. 물론 이것은 부분적으로 그녀가 수년간 도움을 받지 않고 대응해왔기 때문이었다. 마침내 아들의 특별한 욕구와 그녀가 원조를 받아야 할 권리가 입증되었다. 서비스에 대한 정보, 행동관리 그리고 부모집단은 그녀의 고립을 중단시키는 데 결정적이었고, 가족의 욕구에 우선순위를 설정하는 데 도움을 주었다. 예를 들어, 긴급한 문제는 김성철을 위한 적당한 주간활동의 부족이었다. 여러 대안들이 탐색되었고, 학교에 대해서는 더 많은 정보들을 알아냈다. 성철의 어머니는 계속해서 매우 불안하였다. 하지만 이것은 시간이 지나면서 그녀가 성철에게 원조하는 사람들을 신뢰하게 되자 줄어들기 시작하였다. 여기서는 인지적 접근방법이 유용하였다. 이것은 그녀가 가졌던 느낌과 경험을 다루고 정당화시켜주었다. 예를 들어, 실천가는 과거에 교사들이 김성철을 다루었던 방법은 도움이 되지 않았지만, 성철의 어머니에게 앞으로는 그것이 다를 것이라고 생각할 수 있도록 한 것을 인정해 주었다.

지역의 부모와 보호자 집단의 결성은 성철의 어머니에게, 그녀의 느낌과 관심을 함께 공유할 수 있게 해주면서, 다른 사람들도 비슷한 상황에서 대응하고 있다는 것을 보여주었다. 이 집단은 지역에 있는 많은 사람들이 그룹세팅에서 다루어질 수 있는 유사한 압박감을 겪고 있다는 것을 알려주었기 때문에, 체계변화의 관점에서 바라볼 수 있었다. 구성원들 자신은 시민단체보다 사회적 지지체계로 집단을 활용하기로 선택하였다. 사실 이런 선택은 매우 중요하였다. 더 공식적인 상담은 김성철의 가정에 매우 뒤늦게 도입되었다. 어머니는 성철이가 지금은 더 안정적이고, 어머니 자신의 압박감이 많이 줄어들고, 가족들이 적절한 지지체계에 놓여있다는 것을 확인할 수 있었다. 그렇지만, 어머니는 신경성 천식으로 진단을 받았고, 때때로 불안과 우울을 느꼈다. 박경애(성철母)의 어머니는 그녀(박경애)와 불편하고 긴장된 관계를 유지하다가 세상을 떠났다. 개별적인 상담이 그녀의 불안의 뿌리를 제거하는데 도움이 될 것 같았다. 정신역동적 접근방법이 그녀(박경애)에게 자신의 어린시절, 결혼 그리고 성철이 출생한 이후의 삶을 되돌아볼 수 있게 해주었다. 그녀는 그 과정을 마치 비밀스럽고 두려운 상자를 열어서, 그녀가 원하는 것은 무엇이든지 간직하거나 버리는 과정을 통하여, 그것을 정리할 수 있는 것처럼 설명하였다. 그 중에서 특별한 문제라면 수년전에 그녀가 잠깐 겪었던 혼외정사에 대한 죄의식이었다. 혼외정사는 자신이 사랑하는 아들을 양육하려는 외로운 투쟁의 맥락 속에서 발생하였다. 그녀는 자신의 삶에 대해 대처하기가 너무 힘들었다. 더 깊은 인지적 접근방법이 박경애가 죄의식에서 벗어날 수 있도록 도와주었다. 단지 3회기 후에, 박경애의 천식은 훨씬 호전되었고, 그녀는 자신의 삶의 모든 면에서 균형을 더 유지할 수 있게 되었다.

사회복지사와 박경애가 서로 친밀하고 신뢰관계가 형성되었기 때문에 단기간에 많은 일들이 해결되었다. 학습장애의 분야에서 사회복지사의 경험은 그녀에게 공식적인 상담이 유용한 역할을 하였지만, 충분한 실천적 지지체계와 함께 동반되었을 때만이, 가능하다는 것을 보여주었다. **전심전력하기, 주의깊게 경청하기, 판단하지 않기, 온화함과 수용** 같은 상담 기술의 사용은, 초기사정부터 가정을 떠나고 그 이후에 걸쳐서, 학습장애를 겪고 있는 아들이나 딸을 둔 부모들과 함께 일하는 모든 단계에서 가장 중요한 부분이다. 소외감을 줄이기 위한 정기적인 지지는 실제적인 원조, 아동의 상태에 대한 전문지식, 비슷한 환경에 처한 다른 사람들과 만남, 보건과 교육 그리고 장래를 위한 계획, 다른 기관과 협조 같은 것들과 결합될 필요가 있다. 물론 모든 가정이 항상 도움을 필요로 하는 것은 아니지만, 잘 알려진, 유능한 전문적 원조자가 가까이 있으면서, 필요할 때 접근하기 쉬우면 도움이 된다. 부모는 혼자 위기에 대처하는 것보다 정기적인 지지와 위기예방으로부터 혜택을 얻을 수 있다.

사회복지사는 정신역동적 이해와 실제적 원조와 함께 제공되는 단기 상담 지지의 결합에 대한 유용성에 대해 이렇게 언급하였다.

> 어느 한 가지만 특별히 홀로 유용한 것은 없다. 하지만 초기단계부터 부모에게 제공된 접근의 두 가지 유형은 가족들이 학습장애아동의 잠재능력을 달성하기 위해 더 건강하고, 적극적으로 발달하는 것을 도와줄 수 있게 한다.

사회복지사는 다른 부모들과 함께 결합하는 접근방법을 사용하였는데, 여기서 분리와 관련된 문제들이 부모와 자녀에게 영향을 미쳤다.

실천사례 : 장수미

장수미는, 한부모 가정으로, 심각한 학습장애와 행동장애를 갖고 있는 여덟 살 난 아들, 백수복과 함께 살고 있는데, 그녀는 아들이 태어난 이후로 한시도 편안하게 잠을 자 본적이 없었다. 아들 수복의 수면시간을 정상적으로 유지하기 위한 행동주의 프로그램이 마련되었다. 결과가 어느 정도 성공적으로 나타나면서, 수복은 침대에 가서, 그곳에 머물다가 잠드는 습관을 갖게 되었다. 하지만 이것은 오로지 어머니가 그와 함께 있을 때만 가능하였다. 장수미는 아들의 방 밖으로 발걸음을 떨어뜨리지 못하는 것처럼 보였다. 그녀의 아들에 대한 감정에 대해 함께 대화를 나누는 과정을 통하여, 그녀는 아들을 덜 연약하고, 덜 의존적이며, 그녀로부터 독립할 수 있고, 더욱 성장할 수 있는 자식으로 바라 볼 수 있게 되었다. 이러한 관점의 변화 후에, 백수복은 혼자 잠자러 가는데 잘 대처할 수 있었다. 얼마 후에, 장수미는 처음으로 부모의 집에서 나와 이사를 하였다(그녀는 30대였다). 비록 이것은 상담에서 직접적으로 다루어지지 않았지만, 이것은 그녀가 부모로부터 분리하는 문제에 대한 어떤 결심을 보여주고 있다.

이러한 사례는 정신역동적 그리고 인지행동적 이해가 활동에 영향을 주고, 역량을 강화하는 서비스를 제공하는데 사용된 방법을 보여준다. 사회복지사의 보다 넓은 환경에 대한 지속적인 관심은 통합적인 이론적 접근방법이 가족의 이익 속에서 동원될 수 있음을 보여준다.

5. 사회복지실천 방법

여기서는 주요한 이론들로부터 가져온 사회복지실천의 두 가지 방법에 대해 살펴 볼 것이다. 이 방법들은 그것들을 효과적으로 하는데 바탕이 되는 상담 기술을 필요로 한다. 생활사건, 변천, 변화와 위기는 사회복지사가 만나는 사람들의 일상적인 경험의 한 부분들이다. 따라서 애착, 상실 그리고 변천에 대한 이론의 이해는 실천가가 지녀야 할 지식기반의 핵심적인 부분이다(Seden & Katz, 2003; Skye et al., 2003). 지금 논의할 위기개입은 실천가의 활동과 계획을 위한 기본적인 틀을 제공해준다.

위기개입

위기개입은 정신역동이론에 근거를 둔 것으로, 심리치료의 단기유형에 초점을 맞춰 제공하는 과정에서 유래되었다. '단기치료'의 개념은 인지적 요소를 추가하고, 자신의 일을 더욱 명확하게 하려는 사회복지사의 열망에 부응하였다. 이것은 60년대에 사회복지 관련 교재에 채택된 후 계속 연관성을 유지해 오고 있다(Caplan, 1964; Pittman, 1966; Golan, 1981; O'Hagan, 1986; Roberts, 1991, 1995). 사회복지에 보살핌을 요청하는 사람들은 종종 고통의 상태에 놓여 있다. 캐플란(Caplan, 1964)은 이러한 '위기'를 일상적으로 동원되어 관리되는 개인의 능력에, 때때로 과도기나 외상후 사건에 의해 유발되는, 혼란과 불안정한 일시적 기간으로 설명하였다. 위기를 정의하는 것은 사건에 대한 개인의 지각이다. 고란(Golan, 1981) 그리고 로버트와 니(Roberts & Nee, 1971) 같은 연구자들은 위기를 다음과 같이 기술하였다.

- 촉발사건과 지각
- 혼란
- 이전에 시도했던 대처방법 사용의 불능 그리고 불안정
- 소망을 위한 잠재력
- 현재의 어려움을 과거의 대응전략에 연결하는 개입
- 몇 주(4-6) 이내에 회복된 해결 또는 항상성

상실과 변화에 대한 인간반응의 발달적 이해 속에서 활동하기 위한 이러한 준거 틀은 사회복지사에게 도움이 된다. 다음의 사례는 위기개입을 맡은 실천가가 자신의 접근방법을 촉진시키기 위해 상담 기술을 사용하는 것을 보여준다. 세팅은 아동과 가족집단이지만, 이 업무의 주요한 초점은 자녀를 돌보는 성인보호자의 정신건강에 두고 있다. 실천가는 자신의 법적인 의무였던 모니터링의 역할에도 불구하고, 개입과정을 가능하게 만들었던 것은 상담 기술에 근거한 지지적 관계임을 확실하게 인식하였다. 어머니와 자녀들을 위한 개성방안은, 여전히 지지를 제공하는 동안 법적인 의무에 부응하기 위해 단호하고 권위적인 방법으로 활동할 가능성을 보여주면서, 긍정적인 결과를 가져왔다. 사회복지사의 일시적인 위기의 본질에 대한 이해와 사회복지사의 상담 능력이 목표를 달성하는 데 기여하였다.

실천사례 : 강영숙

강영숙(43세)은 세 명의 자녀(5세, 9세, 11세)를 두었다. 그녀의 남편은 막내가 한 살이었을 때 암으로 세상을 떠났다. 그 후에 그녀는 (간혹 자기 손상을 초래하는) 심각한 정신질환으로 고통을 겪었다. 강영숙은 약물을 과다복용하고 '자녀들과 함께 있겠다'고 위협했을 때, 위기가 닥쳐왔다. 사회복지사가 개입되었고, 자녀들의 이름은 신체적 위해의 가능성이 있기 때문에 아동보호명단에 올려졌다. 이에 대해 직원들은 혼란된 감정을 느꼈다. 왜냐하면 강영숙은 결코 자녀들을 때리거나 위협한 적이 없고, 그녀는 자녀들에게 분명하게 해를 끼치지 않았기 때문이었다. 그로 인해 강영숙은 사회복지 서비스에 대해 분노와 적대감을 갖게 되었다. 담당사회복지사는 자신이 맡게 될 모니터링 역할에 대해 걱정하였지만, '상담 기술이 도움이 되었다'고 말하였다.

적극적 경청을 통해 **주의 집중**이 이루어졌다. 강영숙의 근심들을 사정하기 위해 **공감**이 사용되었다. 강영숙은 자존감이 매우 낮아서 모니터링에 의해 더욱 악화될 가능성이 있기 때문에, **무비판적 수용**이 가장 주요한 역할을 하였다. 그러자 강영숙은 어릴적에 할아버지에게 성적인 학대를 당했다고 털어놓았다. 그녀는 지난 5년 동안 어느 치료자에게도 이것에 대한 이야기를 결코 꺼낼 수가 없었다. 남편이 그녀의 주요 지지자였는데, 그가 세상을 떠나자, 그녀의 우울증은 더욱 심각해졌다.

사회복지사는 아동보호요원의 역할에 대해 그리고 개입에 대한 강영숙의 의견에 대해 받아들일 것을 분명히 알리고, 상담 기술을 사용하면서 지지적인 모니터링 역할을 지속하였다. 동시에 사회복지사는 자신이 그냥 떠나버리지 않을 것이고, 한 인간으로서, 그리고 부모로서 강영숙의 성장에 대해 걱정하고 있다는 것을 확실하게 알려주었다. 몇 주후에, 상황이 안정되고, 6개월 후에 아동보호명단 등록취소가 권고되었다. 자해의 가능성이 더 있음에도 불구하고, 자녀들에 대한 언어적 위협은 중단되었다. 실천가의 작업에 전문적인 아동 및 가족 상담가가 포함되도록 구성하는 것이 적절하게 고려되었다.

강영숙은 점차 겉모습이 안정적으로 변하였고, 자녀들에 대한 자신의 행동에 대해서 그 결과를 받아들였다. 그녀는 자신의 심리치료사와 좀 더 나은 관계를 발전시키기 시작하였다. 1년 후에, 관련된 아동 및 가족 상담사와 약간의 지지적인 정신건강서비스의 제공만 일부 남겨두고, 이 사례는 종결되었다. 실천가가 마지막으로 방문하였을 때, 강영숙의 반응은 모니터링 역할과 결합된 지지적 접근방법에 긍정적이었음을 보여주었다. 그녀는 더 나아가 자신이 필요할 때 연락을 해도 되는지에 대해 질문하였다. 그녀는 자신의 성장에 대해 실천가가 인정해주는 것을 깊이 새겨들었다.

과업중심 실천

과업중심 사회복지실천은 자아심리학으로부터 발전하였다. 이것은 개인이 자신의 삶에서 확인된 어려움들을 해결하는 것을 지지하는데 초점을 둔 방법이다. 이 방법의 기원은 60년대와 70년대의 미국문헌에서 찾아볼 수 있다(Reid, 1963; Reid & Epstein, 1972, 1976). 과업중심실천은 클라이언트에게 불필요한 의존을 조장하였던, 초점화되지 않은 장기개입을 피하기 위해 사회복지실천에서 확립되었다(Doel & Marsh, 1992). 레이드와 샤인(Reid & Shyne, 1969)은 단기개입이 장기개입과 마찬가지로 좋은 결과를 가져올 수 있다고 주장하였다. 선택된 과업은 달성될 필요가 있고, 구조화된 계획이 세워졌다. 과업중심 접근은 다음과 같이 문제해결을 위한 기본 틀을 제공한다.

- 클라이언트의 동의.
- 클라이언트와 워커의 활동에 대한 개방적인 태도.
- 구체적인 목표와 과업에 대한 명시.
- 과업의 할당.
- 시간의 제한.
- 재검토와 평가.
- 상호 책임성(결과에 대한 책임이 워커와 클라이언트 모두에게 있음).

다음의 사례는 사회복지사가 심각한 정신적 장애의 성인 남성에 대하여 과업중심 활동을 계획하는 과정을 기술하고 있다. 과업중심의 목표달성은 좋은 의사소통과 상담 기술에 달려 있다.

실천사례 : 김귀선

김귀선(39세)은 일선 사회복지사에 의해 요양시설로 의뢰되었다. 그는 지역사회에서 혼자 사는 것이 불가능하게 보였다. 그는 사회생활 또는 여가활동이 전혀 없었고, 우울증이 있고, 음주를 하고, 자주 요양시설에 입소하였다. 그를 요양시설에 의뢰한 목적은 그가 자신의 시간을 구조화하고, 사람들과 어울리고, 음주를 줄이고, 이전에 살던 곳과 부채를 정리하고, 더 나은 상태로 되돌아가도록 도와주기 위해서였다. 그는 음주로 인해 친척들과 왕래가 거의 없었다. 그가 입소할 당시에 그는 우울증이 너무 심해서 혼자 살아갈 생각을 할 수조차 없는 상태였다.

관계형성단계는 **경청기술, 부연설명 그리고 반영**을 사용하였던 담당워커와 함께 시작되었다. 그의 이전 생활배경에 대해 일반적인 질문이나 문제를 깊이 파고들려는 시도는 하지 않았다(그것들은 파일에 이미 충분히 기재되었다). 실천가는 귀선이가 현재 자신의 상태에 대해 갖고 있는 생각을 알아보기 위한 작업에 착수하였다. 귀선은 우울, 불안 그리고 좌절이 자신을 온종일 취한 상태로 내몰 정도로 자신을 지배하고 있다고 말했다. 귀선은 정신분열 진단을 받은 후 일을 하지 않고 있다. 그에게는 몇 명의 친구가 있었다. 그는 요양시설이 어쩌면 '자신을 단조로운 생활에서 벗어나게 하고', 자신에게 더 나은 생활에 대한 자신감을 갖게 해줄 것으로 기대를 하였다.

사회복지사는 귀선이가 자신의 이야기를 꺼낼 수 있도록 격려하면서, 주의 깊게 **경청**하였다. 사회복지사는 자기 자신을 귀선의 입장에서 이해하기 위해 **공감**을 사용하였다. 사회복지사는 귀선이가 자신의 고립을 변화시키기 위해 어떤 것도 할 능력이 없다고 믿는 것으로 결론을 내렸다. 사회복지사는 귀선이가 한 말을 **요약**하고, **부연설명**을 하는 것 외에, '무력감'이란 용어를 덧붙여서, 귀선과 함께 무력감에 대한 **해석**을 제공하였다. 귀선은 자신이 하는 일이 제대로 되는 것이라곤 찾아볼 수가 없다고 말했다. 귀선의 삶은 어디에도 의미가 없는 것처럼 보였다. 귀선이가 시도했던 모든 일들이 실패로 끝났다. 설령 그가 아프다 한들 무엇을 어떻게 해야 한단 말인가? 특히 그의 정신질환이 자아인식에 영향을 미침으로써, 동기의 부족으로 인해 그에게 무언가를 하도록 아무리 격려를 하여도 도움이 되지 않았다. 사회복지사는 이제 귀선을 통제하거나 의미가 없어 보이는 활동을 하도록 내몰지 않고, 그를 지지하는 방향으로 노력하였다.

다음 회기에서 담당워커는 귀선이가 문제를 경험하는 과정을 조사하였다. 귀선은 자신이 패닉상태가 되고 압도되는 것을 느낀다고 말하였다. 워커는 귀선이가 패닉을 일으키는 요인들의 목록을 작성할 수 있도록, 그에게 지지를 제공하였다. 목록에는 다음과 같은 것들이 포함되었다. 즉 그의 아파트의 불결함; 임대료, 수돗물, 가스, 전기료의 연체; 그에게 부여된 일이 너무 많을 때의 불안감; 요양시설을 떠나는 두려움. 귀선은 자신이 이런 것들을 구체적으로 알게 되어 훨씬 더 나아졌다고 말했다. 그들은 한 번에 하나씩 문제를 처리하기로 구두로 약속하였다. **경청기술, 명확한 반응 그리고 공감**을 사용하면서, 사회복지사는 귀선이가 실행 가능한 계획을 세울 수 있도록 도와주었다. 그들은 4개월 동안 그 일을 하기로 동의하였다. 그들은 먼저 아파트를 방문하였다. 귀선은 방을 빌리는 것을 중단하였다. 그들은 여러 가지 청구서를 정리하고, 장래에 방을 빌리기 위한 계획을 세웠다. 이것은 귀선의 압박감을 다소 완화시켜 주었다. 다음 단계는 음주를 줄이는 작업으로 들어갔고, 이어서 귀선은 아시아 노인의 지역사회시설에서 조금씩 자원봉사를 하기 시작하였다. 사회복지사는 출발이 순조롭게 이루어졌다고 느꼈다.

6. 개입에서 실천가 자신(self)의 사용

서비스이용자의 사회복지실천 활동에 대한 긍정적 또는 부정적 평가는 종종 이론이나 방법보다 실천가의 대인관계 방식을 반영한다. 개인들은 종종 실천가가 필요한 것을 제공하거나 어려움을 도와주는 과정에서 자신들을 존중해주는지에 대해 가장 많은 관심을 보인다. 사회복지실천에서 개입은 역할과 과업, 기관기능, 이론과 방법, 이러한 것들을 수행하는 과정에서 사회복지사 자신(self)을 사용하는 것에 관한 것이다. 워커의 태도와 기술은 언제나 개입의 과정에서 매우 중요한 역할을 한다. 또한 워커의 침착성과 상담, 연계와 협상능력은 과업의 효율성을 확보하는데 있어서 중요한 요인임이 입증되고 있다. 다음의 사례에서 워커는 명시되지 않은 자원을 즉시 유용하게 활용하는 것을 보여준다.

실천사례 : 최혜경

최혜경(15세)은 그녀의 아버지가 자신을 일곱 살 때부터 성적학대를 했다고 고백하였다. 그녀의 어머니는 학대가 중단되었을 때 이런 사실을 알게 되었다. 하지만 학대행위는 아직 경찰에 보고되지 않았다. 혜경은 아무에게도 아버지에 대해서 말하지 않고, 부모님의 친구들 집으로 옮겼다. 그녀는 부모님의 친구들의 집에 머물렀고, 그들은 그녀의 개인적인 위탁부모로 승인되었다. 그녀의 아버지는 결국 체포된 후 보석으로 풀려나왔다. 혜경의 두 자매는 계속해서 어머니와 함께 살았다. 그녀의 아버지는 집을 나갔다. 실천가는 활동을 위한 몇 가지 부분을 점검하였다. 그것들은 다음과 같았다. 즉 혜경, 그녀의 두 자매와 어머니에 대한 개별적인 지지, 위탁보호자들에 대한 지지, 혜경과 어머니(감정이 고조됨) 사이에 관계형성 작업, 위탁보호자, 어머니와 혜경 사이에 연계작업.

사회복지사는 혜경과 개별적인 작업에서 상담 기술을 사용하였다. 첫 단계는 위탁보호자의 집 근처에 있는 공원(혜경이가 선택한 장소)에 그녀와 함께 앉아서 그녀의 말을 **경청**하는 것이었다. 사회복지사는 혜경이가 자신에게 일어났던 일에 대해 느꼈던 감정을 알아보기 위해 **경청**을 사용한 것이 매우 적절하였다고 확신하였다. 연계기술이 혜경의 경험을 이해하고, 그들을 하나로 묶는데 사용되었다. 그 다음에, 더욱 공식적인 회기에서, 혜경에게 보호와 관련한 네 가지 측면에서 그녀의 느낌을 적도록 요청하였다. 이 작업은 그녀가 자신을 얼마나 무가치하게 느끼고 있는지를 보여주었다. 이 시점에서 실천가는 자신이 들은 것에 대해 **재반영**과 **요약**을 하면서 언어적 개입에 초점을 두었다. 혜경은 때때로 매우 불안했고, 그녀의 느낌에 대한 재반영은 지지되었다.

사회복지사는 상담 접근방법이 평범한 대화와 달랐다고 설명하였다. 이것은 혜경에게 실천가가 진실로 그녀를 이해하려고 애쓴다는 사실을 보여줌으로써 안도감을 갖게 하는 것 같았다. 이것은 또한 그녀의 어머니가 종종 사건을 재해석하고 완전히 다른 내용을 전달하였기 때문에 중요한 역할을 하였다. 따라서 그녀 자신의 경험을 정당화시키는 작업이 필요하였다. 혜경은 치료상담 서비스로 의뢰되었지만, 워커는 다른 서비스가 이용가능 할 때까지 어려운 시기를 거치면서 모든 사람들을 지지하였다. 그리고 혜경은 마침내 전문적인 치료원조를 잘 이용할 수 있었다.

7. 사회복지사의 자질

서비스를 이용하는 사람들로부터 기대된 보고서(Topss, 2003b)는 일반적으로 사람들은 위의 혜경의 사례처럼, 혜경에게 설명하고, 알려주고, 정보를 제공해 주는 사회복지사는 정직해야하고, 적극적으로 경청해 주어야 하며, 존중해 주어야 하고, 선택권을 부여하고, 좋은 관계를 맺기를 원해야 한다는 사실을 보여준다. 그들은 모든 단계에서 관여하고, 시간을 잘 지키고, 자신들의 강점을 인정해 주고, 계약을 적절하게 유지하고, 옹호해 주고, 그리고 그 밖에 더 많은 것들을 기대한다. 그러므로 사회복지사는 개입과 서비스 제공을 위한 활동에서 개인적인 자질과 기술의 결합을 필요로 한다. 콤튼과 갤러웨이(Compton과 Galaway, 1989)는 원조 전문직에 종사하는 사람들에게 유용한 자질을 다음과 같이 제시하였다: 즉 자아의 성숙과 발달; 창의성; 지적인 개방성; 수용성; 시험적 가설로서 삶의 문제에 대한 최선의 해결책을 보유하기; 자신을 관찰하는 능력; 원조에 대한 열망, 용기 등이다. 그들은 또한 여섯 가지의 필수적인 요소를 제시하였다. 즉 타인들의 이익에 대한 관심; 헌신과 책임; 수용과 기대; 공감; 권한과 권위; 솔직성과 일치성이다.

이것은 케이스 루카스(Keith-Lucas, 1972)의 도움이 안 되는 사람들의 목록과 대조되는데, 그것들은 다음과 같다.

- 사람들에 대한 서비스의 제공보다 그들을 알고 지내는데 관심 있는 자.
- 통제하고, 우월감을 갖고, 존경받으려는 강한 개인적 욕구에 의해 추진하는 자.
- 원조가 필요한 사람의 문제와 비슷한 문제들을 해결한 적이 있지만, 그렇게 하기 위해 어떤 노력과 무엇이 투입되었는지에 대해 잊어버린 자.
- 보복심에 의한 정의감과 도덕성에 주로 관심이 있는 자.

개인적 자질, 가치와 태도는 기술과 중첩된다. 하지만 기술은 존중과 이해의 본질적 가치를 전달하기 위해 사용되는 능력이나 기법이라는 면에서 구별이 될 수 있다(Brown, 1993). 워커의 개인적 자질은 자신의 기술을 통해 적용된다. 또한 타인에 대한 이해는 공감을 필요로 한다.

8. 공감

공감은 타인의 삶의 공간을 이해하는 방법으로써 중요한 역할을 한다. 공감은 종종 동정(이것은 우리 자신의 관심으로부터 나오기 때문에, 상대방을 이해하는데 실패할지도 모르는 방법으로 연민과 관심을 보이면서, 상대방에 대한 우리 자신의 동일성을 지나치게 쏟아내는 것)과 잘못 혼동된다. 공감은 더 객관적 관심을 위한 능력이다. 공감은 종종 개인적인 자질로 생각되고, 대부분의 사람들은 일반적으로 자기 가족의 상호작용과 삶의 경험을 통해 타인의 세계로 들어가는 능력을 발달시킨다. 공감의 능력은 좋은 부모가 자신의 자녀와 의사소통을 하는 어떤 것이라는 주장이 있다(Rosenstein, 1995). 사회복지실천에서 요구되는 엄밀한 의미의 공감은 우리들 각자가 지닌 개인적 자질로부터 형성되어서, 슈퍼비전을 받는 실천과정을 통하여 발달된 기술이라 할 수 있다.

공감은 타인의 느낌과 경험 속으로 들어가는 능력; 마치 자신이 상대방인 것처럼 그가 경험하는 것을 이해하는 것; 자기 자신으로부터 한발 뒤로 물러서서 함께 하는 과정에서 동일시되는 능력이다. 공감을 기술로 연습하는 방법에는 감정(또는 느낌)적 만족과 지적인(또는 인지적)요소가 있다. 공감을 배우기 위해서는 먼저 올바른 앎이 요구된다(예를 들어, 우리가 타인에 대해 갖고 있을지도 모르는 고정관념에 대한 조사, 그리고 사회에 대한 문화적, 구조적 이해의 획득). 이것은 또한 자기 자신의 느낌의 상태를 관찰하는 한편, 그 밖의 누군가에 대해 느낄 수 있는 능력을 요구한다. 이것은 경험의 공유와 함께 특히 중요하다. 워커 자신이 겪었던 상실의 경험은 타인들이 상실을 경험하는 것을 이해하는데 어떤 단서를 제공해 줄 수 있다. 하지만 공감의 능력이 없다면, 워커는 자신의 경험을 자신과 매우 다른 반응을 보이는 누군가에게 단순히 밀어붙일 수도 있다.

예를 들어, 사별한 사람들은 분노, 슬픔, 후회, 죄의식, 안도감 그리고 다른 여러 가지 감정을 느낄 수 있다. 어떻게 안도감이 경험되고, 어떤 감정을 느끼는가는 개인의 성격, 과거의 경험, 종교적 가치관 그리고 고인과 생전의 관계에 달려 있다. 그러므로 실천가는 어떤 특정한 상황, 특히 상실이 발생할 곳에서, 나타날 수 있는 인간의 다양한 반응에 대해 알아야 할 필요가 있다. 난치병에 직면하였을 때, 어떤 이는 투쟁하는가 하면, 어떤 이는 부정하고, 어떤 이는 분노하고, 어떤 이는 절망하는 것으로 알려지고 있다. 그런 반응들과 다른 것들이 그와 관련된 사람들에게 나타날 수 있다. 공감적 이해는 워커가 자신의 개인적 그리고 문화적 배경과 상관없이 타인의 세계를 수용하고 그 속으로 들어갈 수 있게 해준다. 이것은 매우 중요하다. 왜냐하면 만약 워커가 타인의 세계를 이해하는 데 필요한 단계를 밟지 않는다면, 워커의 활동과 서비스의 제공이 적절하지 못할 수 있기 때문이다.

공감은 상대방의 행동, 사고 또는 느낌에 동의하거나, 지지하는 것을 의미한다. 그런데 누군가를 상해하거나 학대한 사람에게 공감하는 것은 어렵거나 잘못된 것이란 주장이 간혹 있다. 물론 공감은 동정이나 인정이 아니다. 이것은 상대방의 행동을 규정하거나 상대방과 결탁하지 않는다. 공감은 있는 그대로 타인을 이해하고, 그에 따른 활동계획을 세우는데 사용될 수 있다. 실천가는 개인의 가치와 행위에 대한 사회나 기관의 입장에 대해 객관성을 유지한다. 공감은 차이를 확인하고 건설적으로 일하는 것이다.

기술로써, 공감은 타인에 대해 관심을 갖는 개인적 자질로부터 다양한 가치를 이해하는 것까지 세련되고 발전될 수 있다. 공감에는 타인의 삶에 개입하면서 자신이 보유한 능력을 전문적으로 사용하는 것도 포함된다. 개인을 서비스에 적합하게 하는 것은 궁극적으로 시간이 많이 소비되고 비용이 많이 드는 활동이다. 누군가의 바람과 욕구를 침해하는 계획은 대개 무산되고 만다. 공감은 타인의 관점에서 세상을 보며, 적절한 계획을 세우기 위해 그들과 함께 머물 수 있는 능력이다. 흔히 하는 말로, 공감은 '타인의 신발을 신고 1마일을 걸어갈 수 있는 능력'이라고 불린다.

9. 삶의 무대를 이해하기

공감은 실천가가 자신과 다른 삶의 무대를 이해할 수 있게 해준다. 예를 들어, 서비스가 필요한 것을 알게 된 노인은 자신이 의존하게 되는 상황을 심각하게 받아들일 수 있다. 과거에 사회적으로 수많은 생산적인 활동을 했던 개인에게 역할의 변화는 그의 자아상에 막대한 영향을 미칠 수 있다. 개인의 배경, 문화, 과거의 직업과 삶의 방식에 대한 이해를 포함하여, 서비스의 제공이 개인에게 무엇을 의미하는지에 대한 이해가 없다면, 좋은 의도를 갖고 제공되는 서비스라도 거절되기가 쉽다. 그런가 하면 워커는 이런 반응을 비협조적인 행동으로 생각할 수도 있다. 설령 그럴 가능성이 적더라도, 개인이 더 적절하게 동의할 때 서비스는 더 효과적이다.

예를 들어, 개인에게 사회적 격려의 상실은 따뜻한 음식을 할 수 없는 무능력보다 더 중요할 수 있다. 낮 동안에는 밖에 나가고 싶어 하는 개인에게 거택식사를 제공하거나, 역으로 자신의 친구와 함께 지내는 것은 행복하지만, 샌드위치처럼 두 사람 사이에 끼어 살아가는 것에 싫증난 개인에게 집단활동을 제공하는 것은 아무런 의미가 없다. 만약 그들에게 문화적인 선호, 채식 다이어트 또는 특정한 개인을 위한 서비스의 효용성을 고려하지 않는 방법으로 서비스를 제공한다면 식사나 주간보호는 어느 것도 소용이 없게 된다.

이것은 기본적인 것으로 보일 수 있지만, 때때로 개개인들의 독특성을 파악하는데 소요된 에너지는 개입하는데 소요된 시간보다 더 효율적일 수 있다. 여기서 상담 기술이 차지하는 부분은 경청과 반응이다. 그에 따라서 제공된 서비스는 가능한 한 소비자의 욕구에 적합하게 된다. 이런 기술들은 실천가가 역할을 분명히 하고, 활동과정에 동의하고, 적절한 작업수단을 사용하고, 변천과 변화를 통하여 개인을 지지하고 원조하며, 케어의 내용을 협상하고, 활동적인 평가에 관여하도록 도와준다.

다음의 사례는 워커가 문근영과 그녀의 조부모를 위해 서비스를 제공하는 활동과정을 보여준다. 여기에는 활동을 뒷받침하기 위한 사회복지이론, 방법 그리고 상담 기술의 사용이 잘 드러나 있다. 사회복지사는 아동과 보호자의 삶의 영역을 이해하기 위하여 공감을 적절하게 사용하고 있다.

실천사례 : 문근영

문근영(14세)은 조부모 밑에서 성장하였다. 그녀의 어머니는 남편, 전 남편 사이에서 태어난 아들(12세), 그리고 다섯 살과 일곱 살 난 딸들과 함께 가까운 곳에 살았다. 문근영에게는 남자 친구인 창호(19세)가 있다. 문근영은 현재 학교에 다니지 않고 있다. 그리고 법원의 절차에 따라 사회복지적 사정을 위하여 의뢰되었다. 문근영은 이전에 자신이 노인(조부모)과 함께 생활하는 것과 관련하여 조부모가 도움을 요청한 적이 있기 때문에 담당부서에서는 잘 알려져 있었다. 과거에, 사회복지사의 지지를 통해 문근영은 조부모와 재결합하고 학교로 되돌아갔다.

문근영은 처음에 협조적이지 않았다. 그녀는 법원과 경찰의 관여를 징벌로 간주하였다. 그녀는 학교출석을 제외하고, 아무도 자신에 대해 또는 자신이 무엇을 원하는지에 대해 관심이 없을 것이라고 생각하였다(**적극적 경청: 최소한의 자극**). 워커는 그녀가 자신의 삶의 문제에 대해 통제력을 상실했다고 판단되었기 때문에(**공감**), 문근영에게 자기사정을 하도록 제안하였다. 이런 접근방법(질문 피하기)과 그녀의 가족을 포함하여 더 확대된 주변환경에 대한 대화를 나누기 위한 생태지도의 사용은 워커가 그녀와 건설적인 관계를 형성할 수 있도록 도움을 주었다.

사회복지사는 문근영을 '모든 것에 대해 반대'하는 아동으로 묘사하면서, 법원의 명령은 문근영을 더 소외되게 할 것이라고 생각하였다. 실천가는 문근영이가 현재 일어나고 있는 일에 대해 이해할 수 있도록 그녀에게 개입하면서 관계를 형성해갈 즈음에, 실천가는 법원에 그녀가 6개월간 봉사활동에 참여하는 것이 바람직하다고 알렸다. 상담 기술의 사용은 문근영이가 아동법(1989)의 원칙에 따라 계획을 달성할 수 있게 하였다(아동의 복지, 양육 동반자적 관계, 법원의 명령 피하기, 최소한의 강요적 개입, 청소년의 소망과 느낌을 통합하기).

그 다음 단계에서 수행해야 할 활동은 상담과 능동적 과업중심의 지지를 결합하는 것이었다. 문근영은 다음의 사항을 인식하였다. 즉 학교에 대한 문제; 그녀의 남자친구에 대한 조부모의 반대; 어머니의 새로운 가정에 함께 하지 못함에 대한 느낌; 그녀의 출생과 성장에 관련된 환경이다. 구두계약이 **경청, 반영, 명료화 그리고 목표설정**을 통하여 수월하게 체결되었다. 문근영에 대한 주의 깊은 경청의 결과 그녀는 문서로 작성된 동의서를 선호하지 않는 사실을 발견하였다. 이 때문에 그녀는 이전에 공식적으로 작성된 계획서에서 제외되어서 사회서비스를 제대로 제공받지 못하였다. 따라서 이 부분은 **철저하게 존중**되었다. 물론 최소한의 기관을 위한 기록은 유지되었지만, 서류로 작성하는 작업은 최소화하면서, 과업중심접근을 계속 이행하였다.

상담의 목표는 '문근영에게 더 풍부하고, 더 행복하게 살아가는 방법을 탐색하고, 발견하고, 분명히 하는 것'이었다. 실천가들은 문근영의 느낌과 행동을 인도하는 그녀 자신의 믿음에 대해 살펴보았다. 조부모와 전문가들에 의해, 잘못 인도된 그녀의 남자친구에 대한 인식이 그녀의 사고와 행동을 구속하였다. 워커의 '수용'은 문근영이가 자신의 상황에 대해 느끼는 감정을 **탐색**하는 단계로 이끌어내면서, 그녀가 자신에 대해 처음으로 이야기를 꺼낼 수 있도록 하였다.

그런 후에 실천가는 문근영의 인식을 여전히 타당한 것으로 받아들이면서 그녀에게 자신의 믿음을 **직면**하고, 새롭게 볼 수 있도록 격려하였다. 이것은 그녀에게 학교로 되돌아갈 수 있도록 도와주고, 가정에서 그녀의 위치에 대한 문제를 논의할 수 있는 여지를 만들어주었다. 문근영은 자신이 학교나 가정에서 기여할 만한 것이 아무것도 없다고 믿는 반면에, 남자친구인 창호에 대해서는 소중하게 느끼고 있다는 사실이 드러났다. 실천가는 문근영이가 스스로 자신의 세계의 다차원성을 고려해 볼 수 있도록 하면서, 이 단계에서는 **인간중심**접근방법을 지속시켰다.

그동안 문근영에게는 조부모에 대한 위협을 포함하여 여러 번 위기의 순간이 있었다. 문근영이가 창호와의 관계를 그만두려고 결심하였을 때, 창호를 조부모의 집에서 떠나도록 설득하기 위하여 경찰에 요청해야 했다. 이제 문근영이가 학교에 되돌아갈 수 있도록 학교에 대한 작업이 진행되었다. 물론 워커도 간혹 다른 기관들로부터 협조가 늦게 이루어짐에 따라 문근영 못지않게 좌절의 순간들을 경험하였다. 마침내 문근영이가 사회복지사, 교육담당자 그리고 조부모와 함께 장래에 대해 평가하고 계획을 세울 수 있도록 기회가 마련되었다. 사회복지사는 남들이 문근영을 단지 '무단결석생'으로 보는 것과 달리, 그녀를 하나의 인격체인 개인으로 평가하였다. 이러한 인간중심적 접근은 상담 기술에 의해 지지를 받고 있는 문근영의 자기인식과 그녀가 갈등을 겪고 있는 체계에서 어떤 변화를 일구어냈다. 비록 이것은 시간이 많이 소모되었지만, 기관의 목표에 부응하고, 감독명령 또는 시설입소 같은 더 강제적이고 비용이 많이 드는 개입을 피할 수 있게 하였다.

10. 종결하기

클라이언트와 과업을 수행하다가 목적을 완수하였을 즈음에 관계를 종결하는 것은 사회복지실천에서 취약한 부분인 반면, 상담가들은 내담자와 상담을 종결하는 과정을 중요시하고, 내담자와 종결의 의미에 대해 함께 의견을 나누는 과정을 고려한다. 애착이론과 인간의 성장 그리고 발달과 관련한 이론들은 개인들 간에 관계가 형성되고 애착이 일어나는 곳에서는 관계를 종결하는 방법이 중요함을 역설하고 있다(Trevithick, 2000: 107-113). 문근영의 담당사회복지사는 그들의 만남이 종결되기 전에 그와 함께 신중하게 대화를 나누었고, 자신들이 함께 달성한 것을 재검토하고, 그 부분들에 대해서 동의하고, 또한 그것들을 축하하기 위해 카페에서 마지막 모임을 가졌다. 앞의 사례에서 강영숙, 최혜경 그리고 김귀선의 담당사회복지사들은 모두 종결을 정중하게 하는데 주의를 기울이면서 과업을 잘 마무리하였다. 특히 최혜경과 강영숙의 경우에는 전문적인 상담가에게 의뢰할 수 있었다.

종결은 중요한 것으로, 헌틀리(Huntley, 2002)는 이렇게 말한다.

> 오늘날 애착이론은 사회복지사-클라이언트 관계의 종결과 관련하여 클라이언트에게 미치는 영향력에 대해 실천가 입장에서의 의식이 부족함을 주장하고 있다. 이것은 클라이언트에게 이전의 부정적인 분리 경험의 재강화를 초래할 수 있고, 달성된 긍정적인 일들의 많은 부분을 원상태로 되돌려 놓을 수 있다.

관계를 종결하는 방법에 주의를 기울이는 것은 이미 달성된 것을 더욱 강화시키기 위함이다. 대부분의 사회복지활동이 '일시적' 활동 또는 단기적 만남인 반면, 어떤 것들은 누군가가 개인적인 정보의 많은 부분을 공유하고, 사회복지사와 밀접하게 관계를 맺도록 기대되는 곳에서 장기간 만남이 이루어질 수도 있다. 이런 상황에서, 새로운 사회복지사를 소개하기 위해 시간을 할애하거나, 문근영의 워커가 그들의 성취를 축하하기 위해 한 것처럼, 타인을 존중하고 그들의 복지의 증진을 추구하는 전문직에서는 관계의 종결에 대해 클라이언트와 함께 충분히 논의하는 것이 중요하다.

핵심요점

- 사회복지에서 활동은 법률, 정책 그리고 절차적 틀에 의존한다. 활동은 사회복지의 이론과 방법 그리고 제공될 수 있는 서비스에 의해 영향을 받는다.
- 활동과정은 개인들에 의해 이행되고 조정되는데, 이러한 개인들의 능력, 판단 그리고 선택은 특히 서비스이용자가 경험하는 질에 영향을 미친다.
- 활동을 뒷받침하기 위한 상담 기술의 접근은 실천과업과 방법의 다양성에 따라 권위적, 윤리적, 전체적으로 접근할 수 있도록 해준다.
- 서비스이용자와 함께 관계를 적절하게 종결하는 것이 중요하다.

자기개발 또는 토론집단을 위한 질문과 활동

1. 여러분이 생각하기에 누군가의 언어적 행동이 긍정적인 차이를 가져온, 어떤 '순간들'을 생각해 보시오. 무엇이 도움이 되었는지 분석해 보시오. 여러분은 관찰을 통하여 무엇을 배울 수 있고, 무엇을 여러분 자신의 실천 속으로 가져올 수 있겠는가?

2. 여러분은 자신을 좋은 원조자로 만드는 가족과 문화적 배경으로부터 어떤 개인적 자질/의사소통의 유형을 가져오는가? 반대로, 여러분은 자신의 일을 방해할 수 있는 가족과 문화적 배경으로부터 어떤 개인적 자질/의사소통 유형을 가져오는가?

3. 여러분은 새로운 환경에서 이해하고 활동하기 위해, 어느 정도까지 공감을 사용할 수 있는가? 여러분은 어떻게 자신의 공감능력을 발전시킬 수 있는가?

4. 여러분은 서비스이용자와의 관계를 원만하게 종결하는가? 사람들은 장차 방문이 계획되었는지, 혹시 의뢰가 되었는지 등 활동의 과정에 대해 항상 통지를 받는가? 그들은 무슨 일이 생길 것인가에 대해 분명하게 통지를 받거나 업무나 면담을 종결할 때 시간이 주어지는가?

제 5 장

서비스이용자의 선택을 지지하고 옹호하기: 관련된 상담 기술

사회복지실천은 서비스를 이용하는 자들의 관점에 집중한다는 특징이 있다. 이는 사회복지실천은 어려운 문제를 해결하기 위한 서비스이용자의 대처기제와 강점을 촉진시키는 것, 그 이상임을 의미한다. 또한 개인이 자신이 원하는 서비스가 어떤 종류인지, 그리고 자신의 상황을 어떻게 지각하고 있는지를 말할 수 있게 하는 활동을 포함한다. 이것은 개인을 불필요하게 의존적이거나 수동적인 방식으로 짜여진 '원조'의 개념에 반대한다. 사회복지사는 구조적인 장벽이 사회에서 사람들의 참여를 감소시키는 방식들을 이해하고 분석하는 것을 추구한다. 사회복지사는 낙인을 최소화하고, 가장 유용한 방법을 활용할 수 있도록 노력한다. 이런 접근방법은 사회복지 문헌의 세 가지 흐름, 즉 강점관점, 임파워먼트 그리고 옹호에서 찾아볼 수 있으며 '개인이 자신의 욕구와 환경을 표현하도록 지지하는 것'으로 요약될 수 있다(Key Role 3, Standard 6, Scotland).

대부분의 사람들은, 자신의 삶에서 어떤 시기에, 건강 또는 케어 서비스를 필요로 하고, 그 시기가 닥쳐오면, 자신들이 무엇을 제공받고, 어떻게 받을 것인가에 대해 '제 목소리'를 낼 것이다. 개개인은 사회적으로 불이익을 당하든 당하지 않든, 자신의 삶에서 '배우(actor)'란 사실을 인식하는 것이 중요하다. 서비스는 단지 힘이 있는 사람이 가난한 사람을 도와주는 것뿐만 아니라, 불이익과 투쟁하고, 시민권과 사회적 흡수를 증진시키는 도구이다(Department of Health, 1998a, b). 따라서 서비스 제공에서 강조하는 것은 기관, 워커 그리고 서비스를 이용하는 사람들 간에 협의, 참여 그리고 동반자적 관계이다.

서비스의 제공과 사회복지사의 활동을 위한 사상적 배경에는 실천가에게 도전과 딜레마를 안겨주는 본질적인 긴장관계가 내재되어 있다.

제공된 서비스를 관리할 때 협의를 실제적으로 하고 서비스이용자를 활동적이게 만드는 것은 서비스가 관리되는 방식에서 실제적인 변화와 개인들의 의견을 수립하고, 듣고, 반응하는 것에 대한 신중한 판단을 필요로 한다(Sang & O'Neill, 2002; Beresford & Croft, 2003). 서비스이용자가 서비스로부터 원하는 것을 확인하는 것은 복합적인 과정들이지만, 어떤 메시지들은 매우 일관적이다. 어떤 사람들과 성인서비스의 경험에 대한 의견교환을 했을 때 그들은 다음과 같이 원한다는 것을 보여주었다:

- 개인으로써 존중을 받으면서 다루어지기.
- 서비스의 범위에 대한 결정에서 제 목소리를 내기.
- 서비스가 그들의 삶에서 중요한 부분 또는 심지어 핵심적인 부분이 될지라도, 서비스는 그들의 삶의 전부가 아니란 사실을 인식하기.
- 그들은 자원과 다른 제한들을 이해하는 합리적인 사람들이지만, 그 때문에 그들은 오히려 자신들의 의견에 더 주의를 기울여야 한다고 생각한다는 사실을 인정하기.
- 그들이 의견을 제시하면서 보낸 시간이 결정에 영향을 미쳤다는 것을 경험하기.

(Connelly & Seden, 2003: 33-4)

연구와 정책 자료에 나타난 이런 결과물들과 그 외의 것들은 사회복지사에게 명확한 메시지를 알려주고, 사회복지사는 사람들이 자신의 욕구문제의 해결책을 찾는데 참여할 수 있는 것보다 기관의 욕구와 실천가들이 관심을 갖는 렌즈를 통해 사람들을 보는 경향이 있다는 것을 설명해 준다. 이런 메시지를 듣는 것은 앞으로 사람들이 자신의 삶의 어느 부분에서든지 받아들일 수 있는 선택을 할 수 있도록 돕는 방식으로 실천하는 것을 의미하며, 또한 그들이 자신의 잠재력 또는 바람직한 결과에 도달할 수 있도록, 그렇게 할 수 있는 자원과 권한을 통하여, 적극적으로 지지하는 방식으로 실천하는 것을 의미한다. 이념은 서비스이용자의 확인된 목적과 목표에 부응하고 자신들의 권리를 확보하기 위한 그들의 강점과 능력을 확인하고 함께 일하는 것 중의 하나이다. 이 장에서는 강점관점, 임파워먼트 그리고 옹호를 실천할 장소를 살펴보고, 어떻게 상담 기술이 그런 접근방법의 일부분이 되는지 사례를 통하여 보여준다.

1. 강점관점

살리비(Saleeby, 1977)는 “사회복지에서의 강점 관점(The Strengths Perspective in Social Work)”에서 다음과 같이 말한다.

> 강점관점은 그 방면에서 발전이 많이 이루어졌음에도 불구하고 이론이 아니다(Rapp, 1996). 이것은 여러분이 무엇을 하고, 누구와 함께 그것을 할 것인가에 대해 사고하는 방법이다. 이것은 실천의 세계를 탐색하기 위한 확실한 렌즈를 제공한다. 궁극적으로, 실천에 있어서 어떤 접근방법도 실천가와 클라이언트의 경험에 대한 해석에 근거하고 있고, 가정, 수사법, 윤리 그리고 일련의 방법들로 구성된다. 어떤 실천방식의 중요성과 유용성은 진리의 독립적인 수단에 놓여 있는 것이 아니라, 그것이 사람들과 함께 하는 우리의 일에서 얼마나 우리에게 잘 기여하고, 그것이 얼마나 우리의 가치를 강화하고, 클라이언트

들의 희망과 열망의 방향으로 변화시키기 위해 특정한 환경 속에 있는 클라이언트에게 얼마나 많은 기회를 양산하는가에 놓여 있다.

(1977: 17)

강점관점은 인간의 역경과 가능성에 대한 개인은 물론, 사회적, 정치적 그리고 문화적인 중요성을 고려하면서, 결점이 아닌 타인들의 잠재력에 초점을 두면서, 문제를 해결하기 위하여 생태체계접근을 취한다. 이 접근방법과 관련된 핵심적인 용어는 다음과 같다:

- 역량강화(empowerment).
- 회원(membership).
- 탄력성(resilience).
- 치유와 전체성.
- 대화와 제휴.
- 불신의 보류.

(1977: 8-11)

원리는 다음과 같다.

- 모든 개인, 가족집단 그리고 지역사회는 강점을 갖고 있다.
- 외상과 학대, 질병과 갈등은 해로울 수도 있지만 그것들은 또한 도전과 기회의 원천이기도 하다.
- 여러분은 성장과 발전을 위한 능력의 최고 한계를 모른다고 가정하고, 개인, 집단 그리고 지역사회의 열망을 신중하게 대하라.
- 우리는 클라이언트와 협력함으로써 그들에게 가장 잘 기여할 수 있다.
- 모든 환경은 자원이 풍부하다.

(1997: 12-15)

이런 관점은 먼저 임파워먼트 사상 그리고 로저스(Rogers, 1961)가 주장한 사람에 대한 인간중심접근과 부합한다. 상담 기술은 사람들의 강점과 발전을 위한 기회를 확인하기 위해 사람들과 함께 일하는데 종종 적용된다. 따라서 이런 방법으로 사회복지실천을 개념화하는 것과 결합될 수 있다. 그렇지만, 많은 사회복지사들이, 서비스이용자의 선택이란 개념과 사람들이 자신의 목표를 달성하고 확인된 강점을 강화하는데 전념하였지만, 또한 자신의 법적인 역할을 고려해야 한다. 그들은 간혹 관련된 정신건강법에 따라 클라이언트를 강제적으로 병원에 입원시키고, 누군가의 자녀를 빼앗아서 돌보거나, 누군가의 삶과 자유에 다른 법적인 개입을 하는 것 같은 활동에서 누군가의 상황에 대해 입장을 취해야 한다. 사회복지사는 이것을 충분히 절충할 수 있는 기술이 필요하다. 그리고 다음의 실천사례에서 사회복지사가 어떻게 인간중심접근에서 '진솔성'과 '가치'에 대한 로저스의 개념과 아동보호실천에서 강점강화를 통합하는지 설명하고 있다.

실천사례 : 김신영(사회복지사)

나는 **진솔성**이 훈련과 경험을 통하여, 여러분이 자신감과 개인적 성숙함을 갖고 성장함에 따라 성취된, 마음의 자세가 되는 것을 발견한다. 원래 이것은 **수용**과 무비판의 개념이다. 이것은 **무조건적 긍정적 관여**일 때 클라이언트에 의해 경험된다. 이것은 클라이언트에게 자기수용과 성장의 과정을 바람직하게 촉진시킬 것이라는 자기가치의 느낌을 전달한다. 하지만 이것은 클라이언트의 모든 행동이 받아들여지는 것을 의미하지 않는다.

내가 아동보호업무를 하면서 만난 대부분의 사람들은 종종 자신들의 자녀를 양육하는데 따른 어려움 때문에 낮은 자아존중을 경험하고 있다. 간혹 이것은 그들 자신이 경험했던 부적절한 양육의 결과였다. 그렇지만, 이것을 평가하는 일이 사회복지에서 전체적인 줄거리는 아니다. 왜냐하면 사회복지사는 자신의 직업에서 많은 역할을 담당해야 하기 때문이다. 점점 김신영은 정부 그리고 법적인 체계의 도구가 되어야만 했다. 즉 사전에 정해진 절차에 따라 문제를 해결하도록 강요받고 있다. 여기에는 여전히 조언과 옹호의 역할이 있다. 그리고 김신영은 자신의 클라이언트를 위한 실천업무에 관련되어 있다. 따라서 김신영은 간혹 자신의 클라이언트와 '함께' 하면서 동시에 그들에게 '강요'를 해야 하는 입장에 놓여 있다.

부모에 의해 버림받았을지도 모르는 청소년들은, 아무런 통제도 받아들이지 않고, 자신들의 사회복지사에게 매우 도전적인 행동패턴을 보인다. 워커의 **무조건적 긍정**은 그들에게 고립이나 어디선가 경험했던 거부와 대조되는 것을 제공해 줄 수 있다. 사회복지사가 이런 접근방법을 취할 때 마치 그들의 행동을 인정해주는 것처럼 간혹 오해를 받기도 한다. 직장 내부에서, 어쩌면 외상과 관련되거나; 또는 해결이 요구되는 특정한 문제; 또는 자신감을 강화하기 위한 프로그램 등에서 상담을 필요로 하는 기회들이 있다. 목표는 그것을 달성하기 위한 상담 기술이 확보되었을 때 비로소 설정될 수 있다.

공감적 경청과 지지를 위한 기회가 또 있다. 예를 들어, 나에게 어느 여성 클라이언트가 있었는데, 그녀는 자녀에게 사소한 부상을 입혀서 나에게 직접 그 문제를 의뢰하러 왔다. 나는 그녀에게 무조건적 긍정적 관여를 나타낼 수 있었다. 그녀는 나의 진솔성을 느낄 수 있었고, 심리치료를 통해 그녀의 낮은 자아존중감에서 벗어나도록 결정하게 됨으로써 도움을 받을 수 있었다. 그녀의 가치를 동료처럼 인간적으로 수용하고, 그녀의 자기학대를 드러내는 것을 두려워하지 않음으로써, 나는 자신의 삶을 강화시키려는 그녀의 결심을 알았다. 물론 나는 그 클라이언트가 그것을 더 잘 하게 하는 기술이나 기관에서 그렇게 하도록 허락한 적이 없지만, 그녀의 자녀들이 위험상태에 놓여있지 않다고 판단되었기 때문에 나의 역할이 끝났을 때, 클라이언트가 더 나아진 것을 알았다.

이처럼 인간중심접근은 복잡하다. 왜냐하면 김신영의 사례에서 보듯이, 사람들은 자신의 자녀를 때리고, 상해하거나 방임하는 것을 통하여 사회복지사의 관심을 불러일으킬 수도 있다. 그들은 종종 자신의 워커와 상호관계에서 '거부적'이거나 '방어적'이다. 그렇지만, 그들에게 주의를 기울이고, **경청**을 하기 위해 준비하는 것은 여전히 가능한 일이다.

따라서 사회복지사는 심지어 사회가 그들에게 수용할 수 없는 행동으로 보이는 것을 다루도록 요청할 때조차도 그들 각자가 가치가 있다는 사실을 받아들인다. 김신영은 어떻게 자신이 개인을 받아들이고, 기관에 의한 권위, 요구되는 역할 또는 과업과 타협하지 않고, 인간중심접근으로 그들의 강점을 강화하는 것을 설명할 수 있었다.

이것은 모든 것에 동의하는 것으로 잘못 받아들여질 수 있다. 제임스 벌거(James Bulger)[2)]의 슬픈 사망사건과 관련하여 유죄로 확정된 소년 중 한 명의 어머니를 위로했던 사회복지사는 대중들로부터 불리한 평판을 받았다. 형이 선고된 후 담당 복지사는 법정보고서를 준비하는 동안 알게 된 한 여성(부모로써 그리고 자신의 아들이 살인형을 선고받고 수감됨으로써 사회로부터 비난을 받았던 한 여성)에 대해 동정심을 느낄 수 있었다. 이 어머니는 분명히 고통을 겪고 있었고, 사회복지사로부터 지지가 필요한 한 인간으로 존재하고 있었다. 물론 사회복지사가 그녀를 이해한다고 해서, 제임스에게 일어난 일을 용납한 것을 의미하지 않았다.

2. 임파워먼트

임파워먼트의 개념은 미국에서 흑인 사회에 대해 저술한 솔로몬(Solomon, 1976)같은 저자들을 통하여 사회복지로 도입되었다. 임파워먼트는 실천가가 함께 일하는 집단이 직면한 사회적 불평등과 사회적 배제에 대한 관심을 반영하면서, 오늘날의 실천현장에서 지배적인 주제가 되었다(Cochrane, 1989; Hooks, 1991; Braye & Preston-Shoot, 1995; Humphries, 1996). 실천현장에서 임파워먼트는 복합적이다. 왜냐

2) 1993년 2월 23일 영국에서 12세 소년 두 명이서 3세된 James Bulger를 잔인하게 폭행치사 후 은폐하기 위해 기차 선로에 시신을 유기한 사건 (http://edition.cnn.com/2010/WORLD/europe/03/03/uk.bulger.venables/index.html)

하면 이것은 가치, 이념, 방법 그리고 결과를 포괄하기 때문이다. 그리고 개개인이 서로 다른 시기에, 같은 문화 속에서, 서로 다른 환경에서 서로 다른 힘을 지니고 있기 때문이다. 그러므로 사회복지사는 역량을 강화하기 위한 방법에서, 활동하기 위한 자신의 접근방법에 대해 비판적이고 분석적인 태도가 필요하다. '임파워먼트 전략은 효율적인 공평한 서비스의 유지와 증진 그리고 널리 퍼진 부정적인 가치들에 대해 대응하기 위해 전념하는 것이 요구된다'고 주장되고 있다(Payne, 1992: 229). 임파워먼트의 목표는 사람들이 자기 자신을 다음과 같이 볼 수 있도록 도와주는 것이다:

- 그들의 문제에 대한 해결점을 찾기 위한 연계 기관.
- 클라이언트가 사용할 수 있는 지식과 기술을 지닌 사회복지사.
- 문제해결에서 동료와 파트너로써 사회복지사.
- 영향력에 대해 복합적이고 부분적으로 열려 있는 권력구조.

(1992: 230)

이것은 강점관점과 유사한, 실천의 모델로 이끈다. 이것은 개인이 자신의 상황에 대해 어떤 통제력을 지닌 것으로 바라볼 수 있도록 해준다. 사회복지사의 역할은 '자원 상담자, 촉진자, 훈련자'의 역할이 되고 있다(1992: 230).

사회복지사에게는 이런 역할의 수행이 요구된다. 왜냐하면 간혹 지역사회와 개인들은 '억압과 불이익의 경험을 통해 축적된 자신에 대한 부정적인 가치'를 내재화하기 때문이다. '권력의 실패'보다 '권력의 부재'의 문화는 사람들이 시스템을 변화시키기 위한 시도를 하지 않는 것을 의미한다. 사회복지사가 만약 개인의 불이익을 영속화시키는 구조보다 개인의 변화에 노력을 집중하다 보면 이것과 공모하는 결탁의 결과를 가져올 수 있다. 의식의 향상 그리고 급진적이며 정치적인 옹호적 접근방법은 효율적일 필요가 있다. 셀리그만(Seligman, 1975)의 학습된 무력감에 대한 연구가 여기에 적합하다. 그는 만약 사람들이 자신의 행위의 결과로써 비효율성을 계속해서 경험한다면, 그들은 동기화되려는 자신들의 행위와 능력에서 아무런 소용이 없다는 생각에 이르게 되고 문제해결이 손상을 입을 것이라고 주장하였다. 또한 사회복지사의 임파워먼트 전략이 자기 자신의 권리를 옹호하는 개인들과 함께 작업을 하는데 초점을 둘 때도 있다.

사회복지사는 임파워먼트에 대해 말할 때 자신이 의미하는 것에 대해 분명히 할 필요가 있다. 왜냐하면 그들의 일은 종종 자원, 자유 또는 아동을 돌보기 위한 권한을 통제하는 기관 내부에서 이루어지기 때문이다. 임파워먼트 이념의 수사학적인 표현 그리고 활동과정에서 철저한 임파워먼트의 실천 사이에는 혼란이 있을 수 있다. '임파워먼트'에 대한 무비판적인 접근은 누구라도 자신의 문제를 도움 없이 해결할 수 있다고 믿는 '자유방임주의' 또는 '혼자 자전거 타기'와 크게 다르지 않을 수 있다. 그러므로 임파워먼트에 대한 추구는 서비스이용자와 협의, 옹호의 실천 그리고 권리의 분명한 이해와 연결시키는 것이 매우 중요하다. 다음의 사례는 서비스제공을 위한 임파워먼트와 옹호의 접근방법을 설명하고 있다. Antenna는 장애인들에게 상담서비스를 제공하는 자원봉사단체이다. 이것은 장애인들이 직원으로 운영하는 사업이다.

실천사례 : Antenna, 장애인들을 위한 상담서비스의 제공

장애인을 위한 서비스의 대부분은 비장애인 전문가들에 의해 여전히 제공되고 있다. 비장애인 전문가들로부터 장애에 대한 의식 결여와 개인적 경험의 부족으로 인하여, 많은 장애인들은 이런 서비스가 단지 후원해주고, 역량을 감소시키고, 그들의 욕구에 부적절한 방식으로 전달되는 것을 보고 있다. 상담도 예외가 아니다.

장애인을 위한 운동의 성장을 통해, 장애인들은 다른 장애인들에 의해 서비스들이 제공되고 통제되는 욕구를 나타내고 있다. 이것은 그들이 장애인으로써 존중되고 이해되는 기회를 증가시킬 뿐만 아니라, 그들 자신이 갖고 있는 기술과 경험에 대해 신뢰를 제공한다. 이것은 단지 서비스 이용자로써 위치를 점유하고 있는 장애인의 개념에 도전하고, 그들에게 전문가로써 장애인을 위한 자리를 내어준다.

비록 상담 서비스 면에서, 장애인 직원이 운영하는 프로젝트 내에서 이러한 것들을 제공하는 기관은 여전히 전국적으로 매우 드물지만, 자원봉사 영역에서 장애인에 의해 서비스가 제공되는 프로젝트가 점차 나타나고 있다.

몇 년 전에, 어느 장애인 그룹이 장애인에 의해 다른 장애인에게 제공되는 상담서비스에 대한 욕구를 확인한 적이 있었다. 그 장애인 그룹은 그들 자신의 경험과 다른 장애인들의 경험을 통하여, 그들은 장애인들이 상담 서비스를 이용하고자 하는 큰 욕구를 갖고 있다는 사실에 접하게 되었다. 그들은 또한 비장애인 전문가들에 의해 제공된 상담 서비스는, 욕구에 접근하려는 관심의 결여와 장애가 의미하는 것에 대한 이해가 부족하였기 때문에, 종종 도움이 되지 않은 것으로 알고 있었다. 더 나아가, 비장애인 전문가의 장애에 대한 견해는 일반적으로 장애에 대한 사회적 모델보다 의학적 모델로 귀착되기 때문이다.
장애의 사회적 모델은 장애인은 환경에 의해서 그리고 그들의 동등한 참여를 차단하는 사회내의 다음과 같은 장벽에 의해 제한되는 면을 강조한다.

- 욕구에 접근하기 위한 공급의 부족.
- 장애에 대한 의식 부족.
- 장애인을 무시하고, 영향력을 빼앗고, 불평등하게 대우하는 것을 의미하는 지배적인 태도.
- 사회적, 교육적 그리고 임파워먼트의 기회에 동등한 접근의 부족.

만약 이런 문제들이 상담 서비스를 제공하면서 참작되지 않고, 분명하게 인식되지 않는다면, 상담은 장애인에게 책임을 돌리고 '문제'는 사회보다 전적으로 개인적인 것이 된다. 장애의 사회적 그리고 개인적 측면이 인정되는 상담에서는 달성되어야 할 중요한 균형이 있다. 이러한 균형은 접근성 부족과 장애에 대한 의식 부족 같은 사회적 측면이나, 성별 같은 개인적 측면 어느 곳에서도, 고통과 상실이 무시되지 않음을 의미한다.

(Liz Mackenzie, Antenna Coordinator 1998)

3. 임파워먼트와 성인을 위한 사회복지실천

임파워먼트 사상과 사회복지의 실천 사이의 긴장관계는 성인을 위한 서비스의 전달과정에서 분명하게 나타난다. 또한 자원의 부족 그리고 욕구사정 및 개입의 개념 간에 이분법도 끊임없는 논란의 주제가 되고 있다. 브라운(Browne, 1996)은 이에 대한 문제점으로, 서비스이용자에게 고지되고 과정에 포함되는 정도; 동의를 서면으로 기재하는 결점; 그리고 서비스이용자가 이해하기 어려운 행정적인 절차 등을 명시하였다. 디킨(Deakin, 1996)은 임파워먼트의 초점은 다음의 것들에 의해 약화되어왔다는데 동의하고 있다. 즉 부족한 자원(이용자선택을 약화시키는 원칙과 함께); 정의의 문제와 절차적 장애들(누구의 욕구가 충족되어야 하는가, 이용자인가 아니며 보호자인가?, 만약 이것이 갈등을 일으키면 어떻게 되는가?); 서비스이용자의 선택(계약이 경영자들이 통제하는 유사시장에서 이루어질 경우 이용자는 어떻게 선택할 것인가?). 디킨(Deakin)은 '이용자는 지역사회보호 실천에서 전체적인 그림의 중심이 아니다'라고 결론을 내리고 있다. 새로운 단일사정과정(Department of Health, 2002)은 기관이 노인에 대한 사정을 간략하게 하는 것을 도와주기 위해 고안되었다. 자금의 부족과 지방관료주의는 업무의 이행을 불충분하게 할 것이다. 또한 기관들 간에 사정에 대해 협력하는 분위기의 변화는 사정과 의사소통에 대한 공통된 이해를 요구할 것이다.

긍정적인 정책발전으로 보이는 이행과정에서 이러한 복합적인 분위기에서, 사회복지사는 한 번 더, 냉소적으로 말하면, 어느 실천가가 이것을 '좋게 말할 수 없다'고 하듯이, 거의 자신의 의사소통기술을 사용하는 것을 감소시켰다. 이것은 비윤리적이 될 수 있으므로 그렇게 되지 않도록 할 필요성이 있다. 워커는 자신이 만나는 사람들이 그들의 안건을 표현할 수 있도록 하는 것뿐만 아니라, 필요한 자원을 얻고 근본적으로 정책을 효과적으로 변경하기 위한 도전과 옹호에서 언어적 기술을 사용하기 위하여 개인상호간 의사소통기술이 필요하다. 핸더슨(Henderson, 2003)의 상담에서 면담인들이 한 말에 의하면, 그들은 솔직한 설명을 수용할 수 있는 합리적인 사람들이라는 것이다. 사회복지사는 어떤 서비스가 필요한지 확인하고, 그것들을 이끌어내기 위해 서비스이용자와 함께 일할 수 있다.

4. 임파워먼트를 위한 상담 기술

개인적 문제에 대한 자기주도적 해결은 원조자가 있는 서비스이용자가 가장 잘 성취할 수 있다는 믿음이 역량을 강화하는 사회복지실천에서 핵심인 것처럼, 이것은 상담실천에서도 마찬가지이다. 사회복지사는 기관을 구성하고 있는 드러나거나 드러나지 않은 권력 구조 안에서 활동한다. 기관의 역할, 대중적인 기대 그리고 서비스이용자의 목소리 사이에는 창조적, 도전적 그리고 긴장의 상호작용이 있다. 상담가가 만약 자신의 주변에 강력한 관료체계가 없다면, 자신은 강력하지 않을 것이라 생각한다면, 이는 자신을 잘못 인도하는 것이다. 상담가는 원조를 제공하거나 보류하고, 장기나 단기계약을 체결하고, 의뢰하는 능력 같은 지식과 자원을 소유한 것에서 종종 '전문가'로 인식된다. 또한 상담가의 훈련과 자격취득의 특성은 그에게 '전문가'의 권한을 부여한다.

원조하는 어떠한 상호작용에서도, 실제적이며 지각된 권한의 역동성에 대한 자각은 필요하다. 권한의 미묘하면서도 명백한 특성을 이해하는 것에 대한 실패가 서비스이용자에게 잠재적으로 해를 입힐 수 있다. 사회복지기관 안에서 실천가는 관계형성을 위해 대인관계 기술을 사용할 수 있고, 서비스이용자의 안건이 가능한 한 기관이 허용할 수 있는 한계 내에서 촉진되고 상정될 수 있는 방법으로 실천할 수 있다. 또한 사람들의 가족체계와 지역사회 내에서 그들의 자아존중감을 강화하고 그들의 목표를 달성하기 위해 꾸준히 그리고 끈기 있게 과업을 추진하는 과정에서 옹호와 도전의 기술을 사용하는 것이 가능하다. 개인들과 개별적인 작업을 하는 것 외에, 사회복지사는 자신의 목표를 달성하기 노력하는 사람들을 지지하기 위해 개입하고, 자원을 중개해 줄 수 있다.

다음의 실천사례는 실천가가 상담, 옹호 그리고 다른 기술들을 사용하여 은영이 자신과 가족의 목표를 달성하도록 지지하는 것을 보여준다. 은영은 자신의 가족을 넘어서 지역사회에서 적극적인 역할을 수행하기 시작하였다. 사회복지사의 활동은 학습장애를 갖고 있는 성인의 생활경험과 사회적 기회의 향상 그리고 성장과 발전을 위한 그녀의 기회를 최대화 하는 것을 목표로 하고 있다.

실천사례 : 은영

실천가는 일반사회복지사의 의뢰에 응답하고 있었다. 은영은 이전에 약간의 주간활동서비스를 받기 위하여 사회복지사에게 보일 목적으로 의뢰된 적이 있었다. 누군가와 접촉하려는 은영 가족의 시도는 헛되었고, 사회시스템은 은영이 기회를 제공하는 자원에 접근하는 것을 방해하였다.

은영의 가족은 일반실천가의 옹호와 영향 아래 있었는데 일반실천가는 은영의 가족의 두 번째 원조요청이 실천가에게 배정되었다고 주장하였다. 사회복지사는 은영이 어떻게 서비스 요청을 하면서, 지연을 당하고, 자신의 능력에 대해서 편견된 믿음을 갖고 있는지 확인하였다. 이것은 은영을 낮은 기대감, 기회의 박탈 그리고 부정적이며 감소된 경험, 더 많은 지연과 그로 인한 부정적인 자기평가와 기대감으로 이끌었다. 즉 은영은 솔로몬(Solomon, 1976)과 셀리그만(Seligman, 1975)이 확인한 것처럼, 역량의 감소 그리고 학습된 무기력을 경험하였다.

실천가는 은영의 상황을 이해하기 위한 틀로써, 생태이론을 사용하기로 결정하였다. 그렇지만 또한 장애모델, 전이이론, 임파워먼트 원칙 그리고 자아심리학도 참작하였다. 실천가의 주요 목표는 은영에게 그녀의 욕구에 부합하는 서비스의 선택에 대한 권리를 증진시키고, 그녀의 강점과 이익을 강화시키면서, 그녀에게 만족할 만한 방법으로 사회에 참여할 수 있게 하는 것이었다. 따라서 실천가는 은영이 바람직한 결과를 달성할 수 있는 방법을 찾기 위해 은영의 욕구와 환경을 사정하기 시작하였다.

먼저 실천가는 은영이 자신과 환경에 대해 어떻게 생각하고 있는지 알아보기 위해 의도적으로 **공감**을 활용하면서 면담을 시작하였다. 처음에, 이것은 은영의 어머니인 김순자씨의 분노에 대해 **경청**하는 것을 의미하였다. 김순자씨는 이전에 주간 케어서비스를 요청하였을 때 도움이 안되는 조언만 하고 서비스가 제공되지 않은 것에 대해 무척 화가 났었다. 일반적인 불평을 들으면서, 사회복지사는 가정에서 느껴야 했던 좌절과 낙담의 정도를 **반영**하면서 **요약**을 하였다. 실천가는 **명확한 공감**을 보여주는 요약과 함께, **감정의 정화와 명확한 반응**을 위한 **적극적 경청**을 위해 약간의 시간을 할애하였다. 그 다음에 실천가는 기관이 과거에 취했던 조치에 대한 이유를 분명하게 설명하였다. 하지만 또한 김순자씨가 그것에 대해 불평을 할 수 있다는 것도 인정하였다.

여섯 명으로 구성된 확대 가족에게 실천가 자신을 소개하면서 관계를 형성하기 시작하였다. 이 단계에서 은영은 조용하였고(신체언어에 주의하기), 나직하게 부를 때는 응답하지 않았다. 실천가는 가족들이 표현하는 생각과 느낌을 **적극적으로 경청**하였다. 그들은 은영이 가족들과 친밀하고 사랑하는 가족들로부터는 지지를 받았지만, 그것을 가족외적으로 발전시키기 위한 경험은 거의 없었다고 말했다. 은영은 학교에 혼자 다녀본 적이 있지만, 지금은 부모가 은영이 어디든지 가고 싶은 곳이 있으면 탈 것을 제공해 주기로 하였다. 은영은 잠시 동안 일한 경험이 있었지만 그 때는 언니가 돌봐주었다. 은영은 대학에 다녀 본 적이 없고, 또한 어디든 혼자 간 적도 없었다. 일반실천가는 가족에게 은영의 장래에 대해 생각해 보고, 은영이 가족체계 밖에서 사회화될 수 있도록 격려하였다. 실천가는, 경청하면서, 이런 입장을 지지하였다. 면담이 끝날 무렵 실천가는 어머니로부터 은영이 춤과 요리를 즐겼다는 사실을 알아낼 수 있었다.

은영은 최근에 자신의 가족관계망 밖에서 경험이 없었고, 가족에게 자신이 '다른 사람들과 다른' 모습에 대한 걱정을 내비쳤다. 실천가는 은영의 어머니와 약간의 친밀감은 형성하였지만, 은영이 자신의 상황을 어떻게 보고 있는지 **확인**하기 위해 그녀와 의사소통이 잘 이루어지기를 원하였다. 또한 그녀는 은영이 부정적 자기평가를 할 가능성이 있다고 생각하였다. 그리고 은영이 성인으로써 자신의 동등한 권한을 발견할 수 있는 것을 목표로 하였다. 이것은 은영 스스로 원했던 것을 확인하고 자기이미지를 형성하도록 지지하는 것을 의미하였다. 그래서 워커는 은영이 면담과정에서 은영 스스로 말하도록 격려하였다. 이것은 또한 가족구성원들에게 새롭게 **도전**하도록 하고, **격려하는 신체언어**를 많이 사용하고 **최소한의 자극**을 주는 것을 의미하였다.

일단 은영과 의사소통이 잘 이루어졌을 때, 실천가는 왜 이전에 주간센터에 도움을 요청하기 위해 방문한 것이 제대로 처리되지 않았고, 후속조치가 잘 이루어지지 않았고, 그것에 대해 다시 고려해 보려는 은영의 의도가 방해를 받게 된 경위를 알게 되었다. 그래서 실천가는 은영에게 가족 내에서 그녀의 선택할 권리를 옹호하면서, 그녀는 자신이 원하지 않는 것은 무엇이든지 '아니오'라고 말할 수 있다고 재차 알려주었다. 실천가는 **'만약 네가 원한다면 그것을 살펴볼 필요가 있어'** 그리고 **'네가 가고 싶다면 너는 결정할 수 있어'** 같은 언어를 사용하였다.

워커는 지역사회의 자원을 조사하면서, 편안한 집단 분위기의 일시적인 입소시설을 발견하였는데, 이곳은 지역 방갈로에 위치하면서 소수인원이 돌보는 곳이었다. 하지만 은영은 이곳을 거절하고 워커는 은영의 선택에 대한 권리를 받아들였다. 이제 초점이 요리와 무용에 대한 은영의 관심으로 향하였다. 지역대학에 요리과정이 있었지만, 일련의 지연과 행정적인 장벽이 방문일정을 잡는 것을 어렵게 하였다. 그러는 와중에 은영이 학교가 어떤 곳인지를 둘러볼 수 있도록 버스로 대학을 방문하는 것이 성사되었다. 워커는 은영의 집에 잠깐씩 들르면서 접촉을 유지하였다.

은영과 직접 대화를 하는 동안 실천가는 **개방형 질문**과 **의미를 확인하기 위한 부연설명**, **관계유지하기**를 사용하였고, **일시중지**와 **침묵**을 받아들였다. 은영은 가정에서 요리하는 것에 대한 자신의 관심을 워커와 함께 나누었다. 마침내 특정한 욕구를 가진 사람들을 위한 요리코스를 이용할 수 있게 되었고, 은영은 그녀 스스로 참가하였다. 그녀는 그것을 즐겼고, 요리를 계속 배우고 싶다는 의사를 밝혔다. 이것은 아주 큰 진전이었다. 이것은 은영이 학교를 떠난 후 가정 밖에서 그녀의 첫 번째 사회적 활동인 셈이었다. 두 번째로 계획된 단계는 집에서 걸어갈 수 있는 거리에 있는 작은 대학에서 실시하는 창조적인 예술집단에 참여하는 것이었다.

사회복지사는 은영과 그녀의 가족을 이해하고 의사소통을 형성하기 위해서 **공감**과 **연계**를 사용하면서, 상당한 시간을 할애하였다. 실천가는 은영이 낙인찍힌 것을 느끼고, 그녀와 가족이 그녀를 무능력한 쪽으로 생각한다고 판단하였다. 은영은 가족들에게 말하는 것을 거부하면서, 종종 오랫동안, 그녀의 불만족과 좌절을 표현하였다. 워커는 은영의 솔직한 욕구와 감정을 알기 위한 과정에서 신뢰를 쌓기 위해 **공감**과 **의사소통기술**을 사용해야만 했다.

번(Berne)의 '부모-성인-자녀 간 상호작용모델'(1961)이 은영과 그녀의 가족 사이에서 '부모-자녀모델'로부터 '성인-성인모델'로의 변화를 시도하기 위해 사용되었다. 이 작업의 핵심은 은영의 강점과 권리에 초점을 둔 '성인-성인유형'에 실천가의 상호작용을 결합한 **모델링**이었다. 실천가의 방어기제에 대한 이해는 은영이 이전의 안 좋은 경험 때문에 낯선 장소를 방문하는 것에 대해 불안해 한다는 사실을 파악하는데 도움이 되었다. 즉 이전에 그녀는 그곳에 '잠깐 둘러보기 위하여 갔다'라고 말하지 않고, 그곳에 '남겨질 것'이라고 믿었던 것이다. 이런 정보는 워커가 은영의 불안에 대해 시간을 내어 **경청**하고, **개방형 질문**으로 그것을 조심스럽게 **탐색**하는 과정에서 드러났다. 실천가는 은영의 선택을 지지하고 향상시키는 작업을 하는 동안, **은영의 의사소통을 긍정해 주고**, 그녀가 스스로 자신의 판단을 평가하도록 격려하기위해 지속적인 관심을 기울였다. 이것은 오로지 가족에 대한 이해 그리고 그들과 형성된 동반자적 관계를 통해서만 가능하였다. 그들은 처음에 적대적이었으나 자신들이 받은 서비스에 대해 긍정적이 되었고, 그 외에도 자신들의 **좌절을 표출하고 인정을 받는** 혜택을 얻었다.

이런 사례는 어떻게 능숙한 개인적 상호작용이 은영의 선택을 향상시키기 위한 신뢰를 구축하고, 은영이 자신의 목표를 달성하고, 좌절을 감소시키는 방향으로 중요한 발자국을 내딛게 하는가를 보여준다. 또한 은영은 자신의 강점을 강화할 수 있었다. 실천가는 신중하고, 계획된 개입을 통하여, 상담 기술을 사용하면서, 은영과 그녀의 가족의 권리를 증진시키기 위해 갈등과 반대감정을 다룰 수가 있었다. 워커의 활동을 통하여 이전에 관료적인 접근방법의 실패에 대한 해결책을 찾게 되었다.

사회복지에서 임파워먼트나 옹호는 상담 기술을 통하여 가능하다. 네빌(Neville, 1996)은 임파워먼트에서 사회복지의 과정을 위한 모델을 개발하였다. 이것은 실천가를 위한 작업도구로 고안되었고, '세부적인 일들이 진행되고 있는 과정을 분석하기 위한 구조의 틀'을 제공하고 있다. 물론 서비스이용자는 '그 자신을 결정할 수 있는 유일한 개인'이기 때문에, 이것은 역량을 강화하는 실천에 대한 성취의 객관적인 검사는 될 수 없다. 구조의 틀은 이 장의 끝 부분에 전체적으로 다시 제공되고, 여기서는 분석을 위한 4가지 영역을 확인한다.

- 클라이언트가 힘을 얻기 바라는 삶의 영역.
- 사회복지사가 개인들이 확인된 영역에서 힘을 얻을 수 있도록 제공하기 위해 필요한 접근영역.
- 효과적 접근을 위한 복지기관 혹은 사회복지사에 의해 제공되기 위한 욕구의 지지
- 클라이언트가 자신의 삶의 영역에 힘을 확보하기 위하여, 클라이언트에게 효과적인 지지를 제공하는데 필요한 사회복지의 기술. 여기에는 **경청; 공감; 옹호; 존중; 상담; 비강제적 실천; 이용자의 관여; 협상과 절충** 등이 포함된다.

은영의 실천사례에서 워커는 은영을 지지하고 그녀의 선택을 증진시키기 위해 매우 다양한 범위의 기술을 사용하였다. 또한 워커는 상대방에게 새로운 자극을 주기위해 준비되고, 동의한 목표에 대해 적극성을 유지해야 했다. 지금까지 임파워먼트와 강점관점은 유능한 상담 기술의 필요성을 보여주고 있다. 그렇지만, 임파워먼트 전략을 사용하려는 사회복지사는 또한 자신이 간혹 서비스이용자의 가족이나 환경 안에서, 간혹 그들 자신 또는 사회복지기관 안에서, 적극적이고 도전적일 필요성을 느끼게 된다.

5. 새로운 도전

사회복지사가 갈등상황에 직면하고 새로운 도전을 배우는 것은 사회복지 경험의 한 부분이다. 사람들 간에 상호관계는 때때로 화가 나고, 분노하고 적대감을 느끼게 한다. 더욱이, 사람들이 동의하지 않을 때, 그들이 전문적인 해결방식을 찾을 때, 이것을 피하기는 쉽지 않다. 감정이 고조되고, 서비스이용자들이 매우 그럴듯한 이유로 혼란이 되는 피치 못할 순간들이 있다. 사회복지에서, 여러분이 과업을 수행하는 와중에 일어나는 긴장을 다루고, 문제에 직면하는 것은 업무의 한 부분이다. 그러므로 타인들과 불필요하게 부딪히지 않고, 그들의 분노와 고통을 어루만지고 받아들이는데 더 능숙해질 필요가 있다. 또한 타인의 관점에 대해 건설적인 방법으로 도전하는 것을 배울 수가 있다. 도전적인 상황을 다루는데 더 능숙하게 되기 위해 작업하는 과정에서 종종 나타나고 반응하는 강력한 감정과 느낌에 무감각해지지 않도록 노력하는 것이 중요하다. 종종 여러분이 타인들이 그들의 위치에서 어려운 상태에 놓여 있다는 것을 이해한다는 간단한 사실이(비록 여러분이 동의하거나 자신의 전문적인 견해/의무를 바꾸지 않더라도) 차이가 공개적으로, 합리적으로 차분하게 논의될 수 있다는 정도까지 상황을 진정시킬 수 있다. 또한 타인들이 자신의 관점을 표현하도록 허용하는 것이 유익하다. 타인들에게 자신의 관점을 표현하도록 허용할 때, 만약 그들에게 그것이 바꿀 수 없는 어떤 것을 바꿀 수 있다는 인상을 주지만 않는다면, 그것은 유용할 수 있다.

여러분이 서비스이용자, 관리자 또는 다른 전문가들과 관계를 유지하는 과정에서, 그들과 직면할 필요가 있을 때, 다음과 같은 요소들이 그것을 도와줄 수 있다.

- 만약 여러분이 할 수 있다면, 시간과 장소를 신중하게 선택하라.
- 효과적인 의사소통과 논의를 위한 시간과 장소가 있다는 것을 확신시켜라.
- 의사소통이 어떻게 사정되어질지 생각해 보고, 그것을 혼자 평가하는 것이 적절한지에 대해 생각해보라. 그렇지 않으면 그 밖에 누가 도움이 될 것인가?
- 여러분이 말하고 싶은 것을 분명하고 구체적으로 하라. 그리고 진짜 그것을 말해야 한다고 확신하라.
- 상황에 대한 자신의 느낌을 되새겨 보라. 그리고 그것에 대해 동료나 슈퍼바이저와 말하라.
- 필요한 것에 대해 말하는 방법을 철저하게 생각하라. 그리고 가능하면 그것을 건설적인 문장으로 작성하라.
- 반응을 주의 깊게 경청하라. 그것을 인정하고, 여러분이 할 수 있는 한 긍정적이 되라.
- 타인에 의해 방해를 받거나 여러분이 말해야 할 것을 삼가는 것을 피하라.
- 옆으로 새거나 초점을 벗어난 것을 피하라.
- 상대방이 의사소통의 내용을 이해하였는지 여부를 신중하게 확인하라.
- 들은 것을 요약하면서 마무리를 지어라.

헤론(Heron)은, 그의 저서, *Helping the Client*에서 '직면하는 개입'에 대한 유익한 주제를 제공하고 있다. 그는 실천가는 다음과 같이 해야 한다고 주장하였다.

- 직면을 위한 자신의 능력이 무엇인지 알아야 한다.
- 효과적인 직면을 위한 조건이 무엇인지 알아야 한다.
- 개입의 시기를 판단해야 한다.
- 논의가 필요한 정도를 알아야 한다.

- 안건에 대해 분명해야 한다.
- 과정을 잘 알아차려야 한다.

(1997: 43-56)

위의 헤론(Heron)의 주제에서는 문제, 안건 그리고 기술들을 매우 상세하게 살펴보고 있고, 사회복지사에게 유용한 읽을거리를 제공하고 있다.

6. 자기주장

자기주장은 갈등에 직면하거나, 누군가가 받아들이기 어려운 불유쾌한 정보나 소식을 전달할 때, 유용한 기술이다. 첫 번째 요인은 여러분 자신이 침착하고 사려 깊을 수 있도록 하기 위해 여러분 자신의 느낌을 이해하고 관리하는 방법을 배우는 것이다. 또한 비난, 훈계, 문제를 회피하는 판단 또는 회유, 의사소통을 왜곡하고, 상대방에게 좌절감을 안겨주는 것을 피하기 위한 상담 기술이 도움이 된다. 자기주장은 공격적인 것이 아니다. 이것은 여러분 자신의 입장과 견해를 느긋하게 유지하는 동시에, 상대방의 말을 경청하기 위해 개방된 상태를 지속하는 것이다.

자기주장훈련은 다양한 구체적 기술들에 대해 배우는 것을 포함한다. 예를 들면, 필요하다면 몇 번이고 여러분의 요점을 분명하고 애매하지 않게 만드는 'broken record technique'; '비판을 받아들이는 법'을 배우기; 반응하는 방법을 생각하기 위해 '시간 벌기'를 배우기; '나' 진술문을 사용하기, 자기주장훈련은 집단훈련프로그램을 통하여 행동과 반응을 학습하는 것을 포함한다. 사회복지사의 자기주장행동은, 은영의 사회복지사가 한 것처럼, 자신의 입장을 유지하면서 서비스이용자가 원하는 것을 달성하기 위하여 차분하게 지속할 수 있는 능력을 지녔다는 것을 의미한다. 이것은 또한 옹호의 역할을 위해서도 유용하다.

역량을 강화하는 방법에서 개인의 강점을 갖고 작업하는 것은 사회복지사가 누군가를 그 자신이나 타인들로부터 위해나 위험으로부터 보호하기 위해 행동할 필요가 있을 때 달성하기가 더 어렵다. 다음의 사례는 윤리적인 실천의 딜레마를 보여준다. 하지만 워커의 상담 기술과 개인적인 접근방법이 여전히 눈에 띄며, 동시에 아동을 보호하기 위한 법적인 권한의 사용을 보여주고 있다. 이것은 서로 다른 당사자의 이해관계가 갈등을 유발하고, 사회복지사가 균형감을 유지하기 위해 신중해야 할 상황이다.

실천사례 : 영숙

영숙은 그녀의 세 살과 다섯 살 난 자녀들을 연로한 부모님에게 맡기고 몇 개월간 나타나지 않았다. 이전에 사회복지사는 부모가 임대한 거주지에서 손자들을 돌보는 것을 목표로 하였다. 아이들의 아버지는 최근에 약물과 관련된 범죄에 연루되어 교도소에 수감되었기 때문에 그들을 돌볼 수 없었다. 이전부터 사회복지사는 부모의 약물사용이 자녀들의 생활방식에 미치는 영향력에 대해 간헐적으로 모니터링을 해왔다.

조부모는 건강이 더 악화되었고, 자신들이 두 어린 손자들을 돌보는데 힘겨워서 그들을 책임질 만한 곳을 찾기 위해 사회서비스 기관에 연락을 하였다. 아버지는 겉으로 보기에 누가 자녀를 돌보는 것을 도와줄 것인지에 대해 아무런 관심도 없는 것처럼 보였다. 얼마 후에, 영숙이 돌아오고, 아이들을 데리고 부모의 집을 떠났다. 그전에 살던 집에서 퇴거를 당하였기 때문에, 친구들의 집을 전전하게 되었다.

그러다가 영숙은 분명한 수입이나 거주지도 없이, 아마도 약물을 사용하면서, 돌아다니다가 그녀의 부모의 집으로 되돌아왔다. 하지만 1주일을 머문 후에 자녀들을 남겨두고 다시 떠났다. 그 다음 주에 조부모는 사회서비스기관에 손자들을 돌봐 줄 것을 요청하였다. 정서적 지지 서비스가 제공되었지만, 효과가 없었다. 따라서 아이들은 단기위탁가정에 맡겨졌다. 몇 주 후에, 영숙이 다시 돌아와서, 계약을 수정하고, 아이들을 위탁가정에서 데려갔다(아이들은 자발적으로 맡겨졌기 때문에 그녀의 권리였다).

영숙은 친구의 집을 다시 전전하였다. 마침내 경찰관이 어느 날 밤늦게 길거리에서 헤매고 있는 그녀를 발견하였다. 그녀는 돈이나 먹을 것이 없었고, 아마도 약물을 복용하였고, 아이들은 방임된 상태에 놓여 있었다. 아이들은 위탁가정으로 되돌아갔다. 하지만 이번에는 긴급보호명령이 발급되었다. 결국에는, 보호명령에 따라 아이들의 장래에 대해 사정을 하고, 아이들의 권리와 복지를 증진시키기 위한 결정이 내려졌다. 아이들의 안전을 고려하는 것이 점차 중요한 문제로 제기되었다. 이제 아이들은 주간 양육과 학교에 갈 연령이 충분히 되었음에도, 신체적인 방임과 발달의 지연을 경험하는 것은 물론 스트레스를 받는 행동증상을 보이고 있었다.

이 시점에서, 또 다른 친척, 어머니의 언니(이전 사회복지사에게는 알려지지 않은)가 양육을 제공하기 위하여 나타났다. 그녀는 자신의 집, 성장한 자녀들이 있었고, 기꺼이 도와주려고 하였다. 그녀와 그녀의 가족에 대한 사정이 이루어졌고, 아이들은 보호명령에 따른 사회복지사의 감독아래 그녀와 함께 지내게 되었다. 물론 조부모는 이런 상황전개를 받아들이면서도 못내 아쉬운 표정을 지었다. 이런 상황에서, 영숙이 어디에 있는지 알려지지 않았지만, 수감되어 있는 아이들 아버지는 그런 조치에 동의하였다. 아이들과 만나는 부모의 권리는 유지되었지만, 영숙이 돌아왔을 때, 그녀는 아이들을 데려가 버린 것과 법원의 명령에 분개하였다.

이런 상황에서, 영숙이 자녀들과 영구적인 기반을 마련할 수 있게 원조하려는 사회복지사의 노력은 성공하지 못하였다. 그들은 적응력이 있는 것처럼 보였지만, 이전의 생활방식이 그들에게 영향을 미쳤다. 그들은 가정과 학교에서 보살핌을 받으면서 지속적인 안정이 필요하였다. 그들은 확대 가정에서 행복하게 정착한 것처럼 보였고, 그들의 발달단계를 따라잡기 시작하였다. 그들은 특별한 일이 있을 때 조부모나 어머니와 만날 수 있었다. 이것은 무엇을 지지하고, 누구의 선택이 존중되어야 할 것인가에 대해 몇몇 사람들이 지녔던 견해이고, 결정이 내려졌던 상황이었다. 결국에는 자녀들의 발달적 욕구가 최우선시 되었다.

안전한 성장을 위한 그들의 권리를 확립하는데 필요한 기술은 많았다. 법적 그리고 행정에 대한 지식이 핵심이었고, 마찬가지로 부모, 조부모 그리고 자녀들의 욕구, 견해 그리고 권리에 대한 올바른 지식이 중요하였다. 물론 이런 법적인 기능구조 속에서 작업을 하는 과정에서도 높은 수준의 상담 기술은 필요하였다. 먼저 사회복지사는 아동중심의 접근방법을 손상시키지 않으면서 관련된 모든 성인들에게 **주의 깊은 경청**을 하는데 집중하였다. 아동법은 사회복지사가 아동의 복지를 도모하는 동안 가능한 한 부모 또는 다른 친척들과 동반자적 관계로 일할 것을 요구한다. 둘째, 성인에 대한 **부연설명반응**의 기술이 요구되었다. 그것에는 어떤 상호 대립적인 결정을 하는 과정에서 의사소통의 방법이 포함되었다. 여기서 사회복지사들은 각자가 자신의 활동에 대한 이유를 분명히 제시하기 위해 **반영**과 **즉시성**을 사용하였다.

사정을 위해 정보를 수집하는 업무는 대안을 탐색하기 위해 **선택적인 질문**의 사용과 함께 **질문**에서 기술이 요구되었다. 동반자적 관계 그리고 접촉을 유지하는 방법을 사용하면서 아동의 욕구에 대해 영숙에게 **직면하고 도전**하는 기술은 핵심적이었다. 이런 상황에서, 사회복지사가 어머니와 조모와의 동반자적 관계를 유지하려는 노력에도 불구하고, 어머니는 법원의 명령 때문에 화가 났다. 또한 조모는 자신이 최초로 원조를 요청하였음에도 불구하고, 법률적 판단에 의해 제외되었다. 조모에게는 자신의 질병 때문에 손자들을 돌볼 수 없다는 사실을 받아들일 수 있도록 이해시키는 것이 필요하였다. 그리고 아동들에게 더 안전한 생활방식을 부여하기 위해 단호한 행동이 요구되었다.

강한 감정을 억제하고 다루는 기술이 약간의 **감정표출**을 허용하면서, 사용되었다. 여기에는 아버지도 포함되고, 그의 의견에 대해서도 알아보았다. 그는 자신의 걱정거리를 표현하도록 **촉진**되었다. 이런 작업의 전반에 걸쳐서, 실천가는 이 가정에 있는 개개인이 그 자체로써 가치가 있고, 타당하고 유용한 방법으로 자신의 삶을 해석할 수 있다는 것을

이해하면서, 실천의 아동중심접근을 손상시키지 않으면서, 인간중심접근을 사용하기로 선택하였다. 그렇지만, 그는 또한 자녀들을 지속적으로 돌볼 수 없는 어머니의 무능력에 대한 기관의 결정을 받아들이면서도, 그것에 대해 새롭게 볼 수 있도록 도전을 하였다. 이처럼 안정된 생활, 교육 그리고 위해로부터 자유를 위한 아동들의 권리를 증진시키기 위해 분명한 결정을 내리는 과정에서, 성인들 중 최소한 두 명은 심적 고통과 자신들의 영향력을 빼앗긴 것을 경험하였다.

이런 사례는 상담 기술이 사회복지현장에서 활용될 때 매우 복합적인 것을 보여준다. 케어는 조종하거나 설득하기 위한 기술을 사용하거나 거짓된 확신을 주지 않고 이루어져야 한다. 모든 단계에서 불일치나 갈등과 관련된 사건 그리고 의도된 행위에 대해 가능하면 분명하게 확인하고 정직해야 한다. 상담 기술의 신중하면서도 윤리적인 사용은 상호작용을 촉진시키며, 분명하고 애매하지 않은 협의를 이끌어낼 수 있다.

이 작업에서는 사람들에 대한 수용과 부모가 경험하고 있는 곤란에 대해 무비판적 접근방법이 중요하였다. 부모가 자녀들을 양육하기 위한 여건이 좋아질 때까지 자녀들에 대한 전반적인 돌봄을 제공하기 위한 어려운 결정이 내려졌다. 부모가 다시 자녀들을 돌볼 가능성에 대해 워커, 아동 그리고 확대가족의 마음속에 남아 있도록 유지하는 것이 중요하였다. 아동들을 확대가정에 위탁하는 것이 다른 곳에서 양육하는 것보다 그들에게 자신의 친부모에게 집착하는 영구적인 상실을 덜 유발할 것으로 생각되었다.

다음과 같은 기술들 즉, **공감, 강력하고 적대적인 느낌을 견디어내기, 분명하고 진솔하게 의사소통하기, 부연설명하기, 요약과 의미확인하기, 방어기제를 이해하기, 투사** 등이 모두 효과적으로 나타났다. 곤란한 결정을 내려야 할 때 부모의 분노와 고통에 반응하는 것은 매우 기술적인 과정이다. 아동법(1989)의 원칙은 언제든지 아동이 부모와 분리될 때, 사회복지사는 적극적인 접촉을 유지하고, 부모가 자신의 자녀를 다시 돌보도록 지지하는 일에 관여해야 하며, 아동의 건강과 발달에 중대한 해를 입히지 않고, 어디서든지 이것은 달성될 수 있고, 때때로 자녀에게 해를 가하는 부모로부터 자녀를 분리하기 위한 단호한 행동이 취해져야 하고, 그 이유가 분명히 전달되어야 한다.

비슷한 제약이 정신건강과 교정현장에서 임파워먼트와 옹호의 개념을 둘러싸고 있다. 여기서는 안전을 보장하고, 정신질환자를 지지하고, 범죄행위와 그 결과를 각각 방지하기 위한 근본적인 과업을 위해 기술이 동원된다. 자원봉사와 지역사회단체가 종종 임파워먼트와 옹호목적을 위한 상담 기술을 사용하는데 더 좋은 위치에 놓여 있을 때가 있다. 옹호서비스는 정부의 법적인 개입에 의해 영향을 받는 사람들에게 그것이 유용한 것임을 확인시켜주기 위해 단체들이 구성되고 자원이 세밀하게 제공된다. 다음의 사례에서 보듯이, 상담 기술은 또한 변화를 촉진시키기 위하여 지역사회활동에서 사용될 수 있다. 사회복지사는 지역사회의 의견을 수집하고 새로운 서비스를 옹호하는데 관련될 수 있다.

실천사례

간디(Gandhi, 1996)는 그의 저서 "전문사회복지실천(Professional Social Work)"에서 '노인들이 전문가들에 의해 위축되지 않고 자신의 욕구를 표현할 수 있는 혁신적으로 개방된 공간포럼'을 기술하였다. 임파워먼트 사상을 바탕으로, 리버풀의 사회서비스는 소수인종의 지역사회에 거주하는 노인들이 자신이 원하는 서비스에 대해 자신의 견해를 대변할 수 있도록 자문포럼을 구성하였다. '개방'참여 시스템으로 일하는 소규모 조직의 메커니즘을 사용하면서, 사람들은 자신의 의견을 표현할 수 있었고, 또한 그런 방식으로 경청할 수 있었다. 간디(Gandhi, 1996)는 자신이 이런 작업으로부터 얻은 주요한 메시지를 다음과 같이 결론지었다.

- 만약 우리가 진정한 의미에서 동반자적 관계를 원한다면, 우리는 밖으로 나가서 서비스이용자, 돌보미 그리고 대표자들과 의사소통을 하는 방법을 찾아야 한다.
- 소수인종집단의 서비스 향상을 위해 수많은 연구와 저술이 쏟아졌음에도, 그들은 여전히 근본적인 도움을 얻기 위해 애쓰고 있다.
- 우리는 오로지 서비스이용자에게 경청하고, 미래의 정책과 계획에서 그들의 바람을 통합할 때 그들의 역량을 강화할 수 있다.
- 비록 아무런 결과가 이 포럼에서 나오지 않더라도, 이것은 서비스이용자와 전문가들이 그들의 욕구와 우리의 현재 시스템 간에 차이를 인식하게 해준다.

7. 옹호

옹호는 클라이언트의 목적을 달성하고자 하는 바람을 이해할 때 나타날 수 있는 활동이다. 옹호는 누군가가 다른 사람 또는 더 큰 권한을 가진 기관으로부터 무언가를 얻는 것을 도와주는데 사용될 수 있다. 포벳(Forbat)과 엣킨슨(Atkinson, 2005)은 본질적으로 옹호는 자기 자신을 위하거나(자기옹호) 집단적인 과정을 통해 다른 사람들과 하거나 '강력하게 변호하는 것'으로 구성되었다고 주장한다. 사회복지사는 '옹호자로써' 행동하거나 다른 사람들이 실제로 표현한 바람을 위해서 자신의 권한과 영향력을 사용할 수 있다. 베이트먼(Bateman, 1995)은 옹호를 '학습된 기술에 근거한 연속적인 활동'이라고 설명하였다. 사회복지사는 종종 다른 기관들이 자신들의 책임을 다하는 것을 확보하기 위해 클라이언트를 위한 옹호활동을 맡는다. 베이트먼(Bateman)은 사회복지에서 옹호를 위한 여섯 가지 원칙을 제시하였다.

- 클라이언트의 최대의 이익을 위한 활동.

- 클라이언트의 바람과 지시에 일치한 활동.
- 클라이언트에게 적절하게 알려주는 것.
- 지시를 성실하고 완벽하게 수행하는 것.
- 편파적이지 않게 활동하고, 진술하고, 독립적인 조언을 제공하기.
- 비밀규정을 준수할 것.

(1995: 25-41)

그렇지만, 옹호가 항상 '서비스이용자의 최대의 이익을 위하여' 활동하는 것은 아니다. 종종 독립적이고 효과적인 옹호는 다른 이해관계로부터 자유로울 필요가 있다. 예를 들어, 한 기관 안에 여러 가지 이해관계들이 얽혀있다면, 그것들의 옹호는 기관에 도전하거나 비판을 할 수 있고, 오히려 이해관계에 도움이 되지 않는 갈등을 형성할 수도 있다. 포벳(Forbat)과 엣킨슨(Atkinson)의 연구는 서비스로써 옹호는 '많은 사람들에게 도움이 되는 유익한 전략'이란 것을 보여준다. 그렇지만, 옹호서비스를 위한 이용가능성과 제공은 확대되거나 유용하지 못할 수가 있다. 사회복지사는 다음과 같은 활동을 한다.

- 사람들을 옹호의 계획에 **의뢰하기**.
- 방임/학대에 대해 변호하면서, 클라이언트를 위한 **공익신고** (Whistle-blowing).
- 사람들이 자신을 위해 변호하는 것을 **지지하기**.
- 클라이언트의 바람과 견해를 **대변하기**.

(Forbat & Atkinson, 2005)

사회복지사의 역할과 옹호활동이 항상 같은 것은 아니다. 따라서 사회복지사가 옹호역할을 맡는 동안, 종종 그들은 그렇게 하는데 활용하기 때문에, 그들은 독립된 것을 깨달을 필요가 있으며, 전문성에 바탕을 둔 옹호워커들은 전문가들에게 도전하고, 압박을 받거나 영향력이 없는 사람들을 위해 변호하는데 더 좋은 위치에 있을 수 있다는 것을 인식할 필요가 있다. 이것은 고용된 조직체계로부터 압력이 있는 곳에서 특히 그렇다. 케어서비스가 기관 상호 간에 '연계'됨에 따라 사회복지사가 이런 기관이나 기관의 활동으로부터 독립된 것으로 보이는 것이 점점 어려워지고 있다. 개인을 지지하고, 그들의 욕구, 의견 그리고 환경을 최우선에 두어서 정확하고 효과적으로 대변하는 것이 더 선호될 수 있다.

모든 활동에서 실천가는 과업을 이행하기 전에 자신의 경청과 반응 그리고 연계된 상담 기술의 사용이 유용하다는 것을 알게 될 것이다. 사회복지실천 과정에서 이런 상담 기술의 사용의 실패는 서비스요청과 결과 사이에 부적합 그리고 역량을 강화하려는 열망과 그것의 달성의 실패에 기여할 수 있다. 선택의 신중한 지지는 도전과 자기주장 그리고 옹호할 수 있는 능력을 포함하여 유능한 대인관계 기술에 근거한다.

핵심요점

- 사회복지사는 사람들이 필요한 것에 대하여 말하는 것을 듣고 반응하기 위해 상담 기술을 사용할 수 있다.
- 강점관점과 임파워먼트 전략은 상담 기술에 의해 뒷받침될 수 있다.
- 서비스를 이용하는 사람들에 대한 인간중심접근은 사회복지의 역할에서 권한과 결합될 수 있다.
- 임파워먼트 전략은 서비스이용자 상담 그리고 옹호와 연계되어야 한다.
- 사회복지사는 임파워먼트 전략의 달성이나 옹호가 필요할 때 건설적으로 그리고 적극적으로 도전하는 것이 필요하다.

자기개발 또는 토론집단을 위한 질문과 활동

1. 사회복지에서 임파워먼트를 위한 네빌(Neville)의 틀을 학습하시오.

종이위에 4가지 주제를 적으시오. 임파워먼트 전략이 여러분 자신이나 서비스이용자의 변화를 달성할 수 있다고 생각되는 실천장소를 선택하시오. 여러분은 변화를 달성하고 활동계획을 세우기 위해 어떤 기술을 동원할 필요가 있는지 분석하시오.

2. 여러분이 누군가에게 어떤 곤란한 것을 말할 필요가 있었는데, 그것을 건설적으로 처리하지 못했던 상황을 생각해 보시오. 그것은 아마도 도전 그리고/또는 직면이 필요하였을 것이다. 그것은 화가 나고 대립되는 상황이거나 필요한 의사소통이 이루어지지 않았던 곳일 것이다. 여러분이 그 상황을 더 잘 다루었을 방법에 대해 이해하는 것을 돕기 위해 아래에 있는 지침을 사용하시오. 이 연습은 특히 사람들이 서로의 생각과 경험으로부터 이익을 얻을 수 있는 집단에서 잘 발휘될 수 있다.

※ 다음의 단계를 따르면서, 단계가 진행될 때 여러분의 반응을 적으시오.

1) 여러분이 자신에게 진짜 말하고 싶은 것을 말하고, 아무것도 뒤에 남기지 마시오.
2) 여러분이 전달하고자 하는 것이 무엇인지에 대해 분석하시오.
3) 여러분 자신의 느낌을 펼쳐 보시오.
4) 메시지를 전달하는 방법을 구상하시오. 다른 사람들이 그것을 듣고 수용할 수 있도록 그것을 진술하는 방법에 대해 생각하시오. 중심적인 메시지를 분명하고 똑바르게 유지하시오. 여러분은 자신의 역할과 책임에 일치해서 의사소통을 하고 있다는 것을 확신하시오(Jacobs 1991: 40).

3. 여러분이 어떤 곤란한 것에 대해 의사소통을 하거나 효과적으로 도전하는데 요구되는 미래의 상황을 준비하기 위해 같은 지침을 사용하시오.

〈표 5〉 사회복지에서 임파워먼트를 위한 기술

권한의 확보	사회복지활동-접근	사회복지활동-지지	활동에 요구되는 사회복지기술
1. **자원**: 수입, 주택, 지지서비스, 전달.	의사결정자에게 접근함에 의하여 현재와 미래의 서비스에 대해 영향력을 행사하기. 클라이언트의 이익을 위한 활동에 옹호를 허용하기.	**테마 개발**-이용자가 개인문제와 사회문제 사이를 연계할 수 있도록 원조하기. 예를 들어, 빈곤 주택(사회문제)과 가족기능(개인문제).	경청, 공감, 옹호
2. **관계**: 서비스를 제공하는 전문직 직원과 관계.	클라이언트가 사용할 서비스에 대한 선택권을 주기. 클라이언트에게 불만을 제시하는 방법과 지지를 제공하기.	**자기이미지 평가**-이용자의 자신감과 자아존중감을 회복하기 위한 원조. **문제의 정의와 선택**-이용자가 자신의 문제를 정의하도록 돕고, 전문가에 의해 만들어진 정의들을 피하도록 돕기	공감, 존중, 상담, 협상, 옹호, 공감, 존중, 상담
3. **정보**: 서비스와 그 기준에 대한 정보제공.	클라이언트에게 제공된 서비스에 대한 정보를 알려주기. 클라이언트가 예상할 수 있게 서비스의 기준을 제시하기.	**정책에 대한 인식**-이용자가 서비스와 존재하는 자원을 인식하는 것을 원조하고 교육과 정치적 과정의 일부로써 원조하기.	압력에 반대하는 실천, 옹호
4. **의사결정** 누군가에 의해, 어떤 세팅에서 결정이 이루어지는 방법.	결정과정에 클라이언트가 참여할 자리를 제공하기. 정책결정자에게 접근하여 현재와 장래의 서비스에 영향력을 행사하기.	**선택의 개발과 사용**-이용자가 선택이 유용한 것을 인식하고, 무엇이 가능한지를 인식하는 것을 도와주기.	협상에서 이용자의 참여
		타인과 유대관계 경험-자신감, 신뢰 그리고 유대관계를 공유하고 발전시키기 위해 이용자를 함께 참여시키기.	공감과 존중
		언어의 습득과 사용-이용자가 권한과 또 다른 것들의 맥락 속에서 관계를 맺을 수 있는 언어를 발전시키는 것을 도와주기.	옹호
		권한이 없는 상태로 되돌아가는 것의 억제-클라이언트가 권한이 없는 이전 위치(즉, 시설이나 가정폭력의 환경으로 되돌아가는 것)로 되돌아가지 않도록 도와주기.	상담, 압력에 반대하는 실천

		상호작용과 정치적 기술의 발전 -클라이언트가 활동 그리고 특정한 목적을 달성하기 위한 활동에 대한 반영을 통하여 배울 수 있게 도와주기.	협상과 절충
		평가-이용자가 임파워먼트의 목적을 재정의하고, 그것을 달성하기 위한 전략이 필요한 곳을 탐색하도록 도와주기.	옹호, 경청

(Neville, 1996)

제 6 장

위기관리 그리고 함께 일하기: 관련된 상담 기술

이 장에서는 두 개의 영역("위기관리" 그리고 "함께 일하기")과 관련하여 적절한 의사소통과 상담 기술에 대해 살펴본다. 동반자적 관계는 조직 내 그리고 조직간 실천가의 상호작용하는 업무의 질에 상당히 의존하지만, 그것이 시스템과 구조에 전적으로 의존하지 않는다는 사실을 보여준다. 위기사정은 이미 제3장에서 탐색하였다. 그리고 사회복지 실천을 위한 조직적 기본틀은 제7장에서 논의될 것이다.

사회복지사가 개인, 가족, 돌보미 그리고 집단에 대한 위기관리를 할 때(key Role 4, Standard 3 Scotland), 동반자적 관계의 작업은 매우 중요하고, 일부조사에서는 심지어 기본권(예를 들면, 빅토리아 크림비를 둘러싼 사건)을 확보하는데 실패한 것을 보여주고 있다(Laming, 2003). 노인 그리고 다른 사람들과 일하는 사회복지사에게는 또한 서비스 제공을 잘 협조하기 위해 도전해야 할 것들이 있다. 시설과 주간 서비스센터에서 일하는 자들도 동반자적 관계에 대한 계획을 세워야 한다. 협력작업이란 용어는 다양한 범위의 경험을 포괄한다(Leathard, 1994, 2001, 2003).

'함께 일하기', '협력', '서비스연대' 등과 같은 용어들이 건강과 사회적 돌봄서비스 정책 연구에 널리 퍼졌다. 기관 상호간 협력이 정부에 의해 예상되는 반면(Department of Health, 1998a, b; Balloch &

Taylor, 2001), 그것을 실제적으로 달성하는 것은 어려운 과제로 남아 있다. 워커에게 혼자 활동하는 것이 간단하고, 더 빠르고, 덜 복잡하게 보일 수 있지만, 서비스이용자는 기관들이 이용자의 욕구에 따라 환경에 부응하기 위해 협력할 때, 종종 더 좋은 서비스를 받는다는 사실이 입증되고 있다. 2000년에, 정부는 취약한 성인의 보호에 대한 'No Secrets'라 불리는 지침을 발간하였다(Department of Health, 2000b). 실행에 대한 연구(Foskett, 2004)는 부적절한 동반자적 관계의 구조체계 그리고 서비스이용자를 위한 최상의 실천을 방해하는 절차와 함께, 가장 문제가 되는 부분의 하나로써 동반자적 관계를 확인하였다. 그럼에도 불구하고 '문제에 대한 통합된 접근으로써 지식, 경험, 영향 그리고 자원을 결합한 이익은 분명히 입증된다.'

또한 돌봄 환경에서 학대로부터 서비스이용자에 대한 보호가 있다. 만약 전문가들이 함께 일할 때, 그들은 누가, 어떻게, 언제 그리고 어디서 제공할 것인가를 논의할 때 상대방의 실천을 확인하고 평가한다. 불행하게도, '함께 일하기'로 통용되는 것은 종종 협력하고 있는 다른 기관의 개인들에 의해 수행되는 일련의 무계획적, 비협조적인 것들이다. 이것은 기록상으로는 느슨하게 연결되어 있지만, 개별적인 욕구에 적극적으로 협조적인 반응을 하기에는 역부족이다. 중요한 것은, 핵심적인 조정자의 역할을 수행하고, 계획의 각 부분이 제대로 되어 있는지 적극적으로 확인하는 사람은 재검토를 시도하고, 평가를 체계화하는 것이 분명하다는 사실이다. 사람들은 종종 다양한 범주의 서비스로부터 자원을 요구한다. 올게이트와 콜만(Aldgate & Colman)은 아동과 관련 된 이에 대한 공급에 관해 다음과 같이 명확하게 표현하고 있다.

> 아동의 발달은 다면적이기 때문에, 최초의 아동법은 아동의 건강과 발달을 증진시키기 위해 사회서비스 부서에서 제공되는 것뿐만 아니라, 여러 지방당국의 조정된 서비스가 사용되는 시각을 도입하였다. 지침과 규정은 협력의 필요성을 강조한다 : 조문 17(5), 27, 그리고 30은 사회서비스, 교육, 주택, 보건관련 부서 그리고 독립된 조직 간에

> 협력과 협의에 관한 의무와 권한을 제시하고 있다. 아동서비스 계획의 도입은 지방당국이 아동과 그들의 가족을 위한 서비스의 협조적인 계획에 참여할 수 있게 계획되었다.
>
> (1999: 31)

아동복지를 위한 파트너십의 총체적 기구(Children's Trusts)를 위한 계획안(DfES, 2003a, b, 2004)들은 서비스전달을 위한 새로운 구조를 제안하였다. 통합된 아동시스템 내에서 공통된 사정을 위한 발달모델의 도입은 건강, 사회적 케어 그리고 교육전문가들이 동반자적 관계로 일하기 위한 구조적인 틀을 제공한다. 각자가 전체적인 그림을 그리기 위해 자신의 독특한 관점을 도입하고, 아동의 행복을 증진하고, 그들을 위해로부터 보호하기 위해 무엇이 필요한지 사정한다.

위기관리는 개인을 지각된 위해로부터 보호하고, 다양한 위험으로부터 사회를 보호하고, 자신을 위해하는 것으로부터 사람들을 보호하는 것을 포함한다. 실천에서는 연관된 서로 다른 사람들의 권한과 책임을 균형 있게 유지하는 것이 중요하다. 또한 위기를 이해하기 위해서는 취약성을 이해하는 것이 필요하다. 인간의 성장과 발달에 관한 이론들은 '위해'는 일반적으로 누군가의 건강, 발달, 복지 그리고 삶의 질이 손상되는 것을 의미하기 때문에 이에 대한 이해는 매우 중요하다. 효과적으로 반응하기 위하여 일어나고 있는 것을 확인할 수 있는 것이 필요하다. 서로 다른 배경의 전문가들은 위해, 취약성 그리고 보호를 개념 짓는 자신들의 인식을 공유할 방법을 찾을 필요가 있다.

예를 들어, 청소년을 안전한 시설에 수용하는 것이 가정에서 지지하면서 감독하는 것보다 그들을 범죄행위로부터 더 잘 보호할 것인가? 청소년과 가까이서 생활하는 사람들은 그렇게 생각할 수도 있다. 하지만 그런 행위에 대한 지역사회 프로그램이 결국에는 모든 사람들을 더 잘 보호할 것이다. 유료 간병인에 의해 자택에서 보호를 받고 있던 이순례 할머니(86세)가 넘어져서 손목이 부러졌을 때, 그녀의 지지체계가 중단되지 않고, 가정에서 원조를 받고자 하는 그녀의 기대가 유지될 수 있도록 신속하게 퇴원하는 것이 좋은가? 아니면 순례 할머니가 며칠 밤을 병원에서 더 지내야 할 것인가? 병원에 머무는 것은 할머니의 건강을 회복시킬 것인가? 아니면 집으로 돌아갈 수 없는 할머니의 기분을 혼란스럽게 할 것인가? 각각의 선택에 따른 두 상황에서 그에 따른 위험요인이 있다. 아마도 첫 번째 사례에서, 전문가 그리고/또는 법원은 결정할 것이다. 이순례 할머니가, 만약 질문을 받는다면, 그녀 자신이 선호하는 것을 말할 것이다.

무엇이 위기이고 위해가 되는지는 상황 속에서, 그리고 다양한 사람들에 의해 결정이 된다. 사회복지 연구들은 종종 편협하게 특정한 사건에만 한정되는 취약성과 학대에 대해서 관심을 집중한다. 그렇지만, 모든 개인들에게 매우 많은 진짜 '위기'는 사회에 의해 날마다 허용되고 있다. 통계적으로, 아동이 도로에서 사고를 당할 위험은 학교로 걸어가는 동안 누군가 그를 유괴할 사람을 만날 확률보다, 후자의 가능성에 대한 언론의 공포에도 불구하고, 더 높다. 피아쇼드(Piachaud, 2001)는 학대 사례가 내용은 더 신랄하지만 숫자적으로는 더 적을 수 있는 반면에, 다양한 사회적 요인들, 특히 빈곤이, 어떻게 많은 아동들에게 해를 끼치도록 작용하는지 설명하고 있다.

사회복지사는 분명하게 정의된 학대, 신체적, 정신적, 성적학대와 방임에 중점을 두는 법적인 책임을 지니고 있다. 하지만 또한 사회복지사는 욕구를 사정하고, 복지를 증진시키기 위한 책임이 있다. 노인과 장애인 또한 사회적 태도, 빈곤 그리고 다른 상황적 요인들에 의해 취약하게 된다. 사회복지사는 이런 불평등을 다루는데 관련되어 있고, 또한 특정한 학대사건에 대해 관심을 갖는다. 사회정책은 하디커(Hardiker, 2000: 50) 등이 개념화한 것에 따라 다양한 수준에서 개입의 중요성을 지적하고 있는데 다음과 같다.

1) 전 인구를 보호하기 위한 수단.
2) 지역사회에서 취약한 집단을 보호하기 위한 수단.

3) 스트레스의 초기상태에 있는 사람들을 지지하기 위한 개입.
4) 심각한 스트레스 상태에 있는 사람들을 지지하기 위한 수단.
5) 사회적 단절에 대한 반응(예를 들어, '보호 시설에 사는').

이러한 5가지 수준들은 복지모델에서 사회문제의 발달과 관련하여 단계의 연속성을 기술하고 있다.

세덴과 브라운(Seden & Brown, 2003: 244)은 취약한 성인이 인지하는 위기의 범위에 대해 다음과 같이 4가지 주요 영역으로 기술하고 있다: 취약한 개인이 목표가 되고 학대의 여건이 잘 갖추어진 곳에서 약탈과 인신공격범죄; 서비스 관계로부터 벗어나기 위해 그리고 관계의 대가를 지불하기 위해 발생하는 위기; 손상에 의해 유발된 위기와 도전적인 욕구를 갖는 위기; 차별 또는 부적합한 서비스공급 또는 건강관리, 혜택, 법적인 규제, 주택 그리고 기타 등등에 대한 접근의 실패로 나오는 위기. 이것들은 삶의 '일상적인' 위험요인들이며 개인 또는 가정폭력 또는 학대에 노출되어 있다.

이 장에서는 하디커(Hardiker)와 동료들을 통해서 보호에 필요한 약간의 기술과 개입의 수준을 보여주는 사례연구(오수정 부인)를 통하여 위기관리를 살펴본다. 또한 브라운과 세덴(Brown & Seden)이 대략적으로 설명한 위기요인의 일부를 제시한다. 위기요인은 개입의 모든 단계에서 사정되었으며 각각이 균형을 이루었다. 그렇지만, 먼저 실천사례와 관련하여 기관 간의 협력관계를 살펴본다.

1. 기관 상호간 그리고 전문가 상호간 협력

전문가들은 자신들의 모든 사정, 계획 그리고 활동을 통하여, 적절하게, 협력적으로 일하도록 기대된다. 아동서비스에 대한 연구는 전체적인 사정과 계획의 달성에 대한 실패가 아동의 삶에서 긍정적인 결과를 위한 기회를 침해한다는 사실을 보여주고 있다(Parkder et al., 1991; Birchall & Hallett, 1995; Hallett & Birchall, 1995; Sinclair et al., 1995). 기관 간 협조는 사정의 초기단계에서 잘 이루어지고 있는 것으로 보인다. 그리고 그 단계에서 대부분의 전문가들은 각자의 관점과 역할에 대해 이해하는 것으로 보였다(Birchall & Hallett, 1995).

버첼과 홀렛(Birchell & Hallett, 1995)은 또한 초기사정단계 후에, 사회복지사가 아동보호사례에서 사례관리 역할을 주도하였고, 위기관리 그리고 함께 일하기에서 중요한 문제는 초기의 협력을 보호계획의 마지막 단계까지 유지하는 것임을 발견하였다. 레더, 던컨, 그리고 그레이(Reder, Duncan & Gray, 1993)는 위기에 처한 아동과 관련하여 책임과 의무의 문제는 기관 간에 덜 협조적인 분위기를 형성한다고 주장하였다. 버첼과 홀렛(Birchell & Hallett, 1995)은 이런 결과에 대해 지지하고 있으며, 그들은 '아동보호'사례에서 다음과 같이 (요약해서) 말한다.

- 학제간의 훈련이 제대로 되지 않거나 충분하지 않고 있다.
- 소아과 의사와 사회복지사 간에 서로 다른 관점이 수용되고 있다.
- 누가 활동해야 할 것인가에 대한 역할혼란과 불확실성이 명백하다.
- 정치적 요인과 자원문제가 영역에 대한 논쟁을 유발한다.
- 전문적 훈련은 대부분 워커가 사례에 대한 문제를 바라보는 방식에 분명하게 영향을 미친다.

바렌테(Valente, 1998:42-3)는 실천가의 관점에서 이렇게 기술하였다.

기관 간 원활한 업무관계가 항상 자연스럽게 이루어지는 것은 아니다. 그것은 특히 복합적이고, 다툼의 여지가 많은 아동보호분야에서 압력과 갈등에 휩싸일 수 있다. 다전문기관 간 협력은 선택이 아니다... 기관 간 업무에 긍정적으로 협력함으로써 많은 것을 얻을 수 있다. 상호지지, 아이디어와 공동자원의 풍부한 상호교환은 취약한 아동을 위해로부터 보호하는 보편적으로 동의된 목표를 증진시키는데 기여하는 결과를 가져온다.

클리버(Cleaver, 2004: 251) 등은 "아동 욕구와 그 가족 사정을 위한 기본 틀(The Framework for the Assessment of Children in Need and their Families)"의 실시에 대한 결과보고에서 다음과 같이 협력 증가에 관련된 요인들을 발견하였다.

- 정보가 기록되는 구조화된 방법.
- 아동의 욕구와 환경에 대한 더 전체적인 이해.
- 기관의 책임과 역할에 대해 더 명확함.
- 정보를 공유하고자 하는 더 강력한 의지.

협력을 방해하는 요인들은 다음과 같다.

- 아동의 욕구에 대한 정의에 있어서 합의가 결여됨.
- 빈약한 사회복지실천 그리고 특히 사회복지사의 타 전문가들과 의사소통의 실패.
- 사정에 의해 필요한 것으로 확인된 자원의 불가용성.
- 구조화되고 체계적인 방법으로 사정을 기록하는 것으로 인해 증가된 서류작업(적절한 전자기록체계의 편리함이 없이).
- 새로운 시스템을 도입하는 것과 관련된 일반적인 어려움.

비록 실천가는 서로 다른 전문적 배경을 갖고 있지만, 지식과 전반적인 목적 간에는 상당히 중첩되는 부분들이 있다. 만약 전문가들이 의사소통을 잘하기 위해 관심을 기울인다면, 그것은 아동과 그 가족의 이익을 위해서 그리고 지지를 필요로 하는 지역사회에 살고 있는 성인들의 이익을 위해서 함께 협력할 수 있다. 다음의 실천사례는 실천가가 위기를 사정하고, 욕구에 부응하고, 협력적으로 일하기 위해 모든 단계에서 관계형성과 기본적인 상담 기술을 사용하면서, 능숙한 일처리과정을 상세하게 보여준다. 오수정 부인은 정신건강문제와 다른 문제를 갖고 있는 여성이며, 그녀가 당면한 욕구는 자신의 문제와 그녀의 자녀에게 발생할 수 있는 위해에 대한 걱정이 균형을 이루는 것이다. 사회복지사는 다양한 전문가와 지역사회의 지지를 조정하여 장기적인 사업에 동원시킨다.

여러분은 내용을 읽어감에 따라, 모든 의사소통에서 어떻게 경청, 반응, 부연설명, 요약, 질문하기 그리고 의도를 확인하는 기본적인 상담 기술이 작업을 수행하고 있는 사회복지사의 활동영역에 널리 퍼져 있는가를 알게 될 것이다. 여기서는 또한 사회복지사가 업무와 관련하여 상담역할을 맡은 자들에게 지지를 제공할 때도 있었다(예를 들어 위탁보호자들). 이 사례는 사회복지사, 건강방문요원, 가족센터, 주간보호종사자, 위탁보호자, 의사와 기타 관련자들에 의한 수년간의 민감하고, 고통스럽고, 믿을 만한 개인상호 간 작업, 그리고 서비스이용자가 불이익과 투쟁하였던 수많은 작업, 그리고 관계에서 갈등, 동의해서 일하다가, 환경과 위기에 따라 재협상되었던 과정을 요약하고 있다. 다른 사람들에 의해 기술이 사용된 과정을 아는 것은 여러분 자신의 기술을 발전시키기 위한 핵심적인 방법이다.

실천사례 : 오수정 부인

Part 1

오수정 부인이 셋째를 임신하였을 때는 39세였다. 그녀는 입양된 두 명의 자녀가 있었다. 그 당시 그녀는 약물을 사용하였던 폭력 배우자가 있었다. 그러다가 둘이 헤어지면서 그녀는 우울증에 걸렸다. 결국, 그녀는 자녀들을 영원히 보호할 수 없는 입장에 놓이게 되었다. 그리고 이것은 더 큰 후회의 근원이 되었다. 오수정 부인은 수년 동안 알코올 상담과 정신건강 서비스를 지원받았다. 그녀는 처음의 두 자녀와 접촉이 단절되었고, 지금의 아이를 그녀 스스로 키우기 위해 매우 의욕을 느끼는 것처럼 보였다. 오수정 부인은 임신기간 동안 자신의 건강을 돌보았다. 그리고 출산을 기다리면서 적절한 준비를 하였다. 그녀는 비록 자신과 약간의 갈등은 있지만, 그녀를 도와주는 부모의 집에서 반마일 거리에 혼자 살았다. 수진이는 예정일보다 2주 먼저 조산을 하였고, 출산과정은 매우 힘들었다. 한 소아과의사는 이것이 매우 위험한 사례이고 긴급보호명령에 대해 알아봐야 한다고 생각했다. 하지만 다전문기관의 다른 직원들은 그것에 동의하지 않았다. 그래서 아동보호요원과 협의하면서 어머니와 아이를 자택에서 지지하도록 조치하였다. 수진이의 이름이 보호아동명부에 올려지고 담당복지사가 지정되었다.

사회복지사의 조정역할(1)

오수정 부인이 처음 임신을 하였을 때, 알코올서비스 사회복지사는 그녀가 아이를 지키겠다는 선택에 대해 **단기 지지 상담**을 제공하였다. 출산서비스가 포함되었고, 오수정 부인의 자녀양육에 관한 내력이 알려졌을 때 의료사회복지사는 그녀에 대해 **사정**을 하도록 요청을 받았다. 또한 그녀의 거주지역 담당 사회복지사도 포함되었다. 출생 전 사례회의가 열렸다(의료사회복지사팀의 관리자가 주재하였다). 여기서 두 명의 자문위원은 다른 의견을 내놓았다. 마침내, 오수정 부인의 자녀를 키우고 싶어 하는 바람을 **경청**하고, 이에 대한 전문적인 견해의 **차이를 인정**하면서, 아이의 이름이 '위기 대상자 명단'에 등록되고, 현장 사회복지사 김지혜가 가정에서 지지와 모니터링을 수행하면서 조정하기로 결정되었다. 알코올과 약물상담 서비스기관에 소속된 정신과의사와 사회복지사는 오수정 부인에게 계속해서 개별적인 지지를 제공하였다. 현장 사회복지사인 김지혜는 오수정 부인에게 개입을 시작하였다(**경청, 반응, 그리고 개방적인 질문의 사용**). 그녀는 또한 자신과 함께 일하는 전문적인 동료들에게, 자신의 의견을 표현하도록 개방적인 분위기를 형성하면서(**개방성, 즉시성, 도전, 공감, 요약과 확인, 협상**) 그리고 그들과 함께 서비스를 제공하는데 특히 전념하면서, 의사소통과 상담 기술을 사용하였다. 김지혜 사회복지사는 또한 오수정 부인의 다른 자녀들과 접촉이 단절된 문제를 탐색하였다. 그리고 그들은 오수정 부인이 만나고 싶어 한다는 것을 알리기 위해 입양서비스기관에 연락을 취하였다.

Part 2

오수정 부인의 자택은 보건소 근처에 위치하였기 때문에, 그곳은 일반 실천가와 방문간호사들이 쉽게 접근할 수 있었다. 수진이는 간질과 경증 뇌성마비가 있는 것으로 나타났고, 오수정 부인이 수진이의 건강이나 발달에 대해 걱정될 때 보건소에 즉각적으로 찾아가는 것이 중요하였다. 따라서 장애아동을 위한 전문방문간호사가 투입되었다. 수진이가 입원하였을 때 병원의 소아과 상담의사가 수진이의 건강을 가까이서 살펴보면서 도움을 주었다. 이들에게 더 나은 지지를 제공하기 위해 사회복지사는 아이돌보기를 신청하고 보모를 지정받았다. 오수정 부인은 처음에 이런 유형의 서비스제공을 거부하였지만, 결국에는 문제들이 잘 해결되었다. 보모와 오수정 부인은 좋은 관계를 유지하였다. 이것은 나중에 첫 번째 보모가 그만두었을 때 또 다른 보모와 반복되었다. 보모들은 오수정 부인에게 아이 돌보는 것을 조금 쉬게 하고, 그녀가 육아방법을 배우도록 도와주고, 궁극적으로는 지역사회의 네트워크에 연계시켰다. 수진이는 2년째 되었을 때 명단에서 제외되었고, 사회복지사는 점차적으로 방문을 중단하게 되었다.

사회복지사의 조정역할(2)

김지혜 사회복지사는 오수정 부인과 동반자적 관계로 협력하면서, 수진이의 복지와 그녀를 위해로부터 보호조치하기 위해 전문가들의 복합적인 네트워크를 조정하였다. 오수정 부인의 동의하에, 산파의 핵심그룹, 방문간호사 그리고 일반적인 실천가가 서로 긴밀한 관계를 유지하였다(**전화걸기, 각자의 관심사에 대한 경청과 반응, 연락, 확인, 정보공유를 위한 모임**). 김지혜 사회복지사는 오수정 부인과 보모들을 계속 지지하였다(**경청, 반응**). 시간이 지나면서, 상황이 안정을 되찾는 것으로 보였고, 김지혜 사회복지사는 오수정 부인과 정규적인 만남을 줄이기 위해 신중하게 행동하였다(**종료와 변화를 위한 준비**). 이런 지지 프로그램은 약간의 개별적인 변화에도 불구하고 2년을 넘게 지속되었다. 여기서는 정보공유의 동의하에, 정보를 공개적으로 공유하면서 의사소통을 개방화 시키는 것이 특히 중요하였다. 특히, 김지혜 사회복지사는 의사를 전달받고 이해시킬 때 의사소통의 결과를 적극적으로 확인하였다. 그리고 특히 공휴일이나 실천가가 쉬고 난 다음에, 피드백이 종종 이루어진다는 것을 확신시켜 주었다. 특히 그녀는 오수정 부인에게 그녀가 수진이를 돌보는 것과 관련하여 실천가의 활동이나 의견을 자세히 알려줄 것이라고 안심시켰다.

Part 3

두 살 때부터 수진이는 통합형 주간보육/가족센터를 이용하였다. 오수정 부인은 부모들을 위한 활동에 참석하였다. 방문간호사, 가족센터의 사회복지사, 간호사 그리고 보육직원 사이에 좋은 관계가 형성되었다. 현장 모니터링 업무는 중단되었고, 정규적인 토의가 수진이의 상황을 논의하고 그녀의 진전된 상태를 평가하기 위해 오수정 부인과 보육센터에서 열렸다. 그렇지만, 수진이가 세 살이 되었을 때, 오수정 부인의 부친이 세상을 떠나자 오수정 부인은 심각한 우울증상을 나타냈고(자해시도를 포함하여), 병원에 입원하게 되었다. 수진이는 오수정 부인에게 매일 만나러 온다는 동의하에 위탁가정에 맡겼다. 오수정 부인이 퇴원하였을 때 수진이는 여전히 위탁가정에서 돌봄을 받으면서도 점차 가정으로 되돌아왔다. 그러자 사회복지사, 정신과의사, 지역사회의 건강서비스 전문가들이 오수정 부인이 가정, 지역사회 네트워크, 주간센터와 가족센터로 돌아오는 것을 지지하기 위해 함께 협력하였다. 수진이의 발달은 잘 진행되었다. 그리고 다양한 서비스가 이것을 지지하였다(오수정 부인을 위한 상담지지, 육아실에 맡기기, 건강사정, 장난감대여, 복지권리에 대한 조언, 알코올 상담, 정신과 서비스, 가정위탁, 복지혜택에 대한 조언). 이 무렵 오수정 부인의 큰 딸과 연락이 닿아서, 편지를 보내고, 방문해서, 수진이에게 관심을 보였다. 수진이에 대한 초기의 위기는 지지프로그램을 통하여 다루어졌다. 오수정 부인의 정신건강이 다시 안정을 되찾고, 더 평온한 시간이 흘러갔다. 오수정 부인의 모친은 남편의 사별로부터 회복되었고, 그녀의 딸에게 더 관심을 갖게 되었다.

사회복지사의 조정역할(3)

당분간, 현장 사회복지사 김지혜는 기본적인 역할을 맡았고, 주간탁아소가 중추적인 지지활동을 맡았다. 오수정 부인과 김지혜 사회복지사가 참여한 탁아소에 대한 검증시스템을 통하여 조정이 이루어졌다. 수진이는 여전히 기저귀가 필요하고 그녀의 치료는 주의 깊은 모니터링이 필요하였지만, 그녀의 말과 동작기술은 많이 발전하였다. 그렇지만, 위기가 발생했을 때, 김지혜 사회복지사의 조정역할이 더욱 전면에 드러나면서 다시 강력해졌다(**신중한 관계, 확인, 지지적인 위탁보호자와 다른 사람들 그리고 의사소통의 연결고리를 유지하기**). 이 시점에서 김지혜 사회복지사는 관리자로 승진되고 이영미가 사회복지사로 임명되었다. 상황에 변화가 생기자, 두 사회복지사는 업무를 인수인계하는 과정에서 오수정 부인을 안심시키기 위해 함께 만났다.

Part 4

수진이가 네 살이 되었을 때 그녀는 진학 때문에 주간보육센터를 떠나서 특수학교에 배정되었다. 통학차량이 지정되었지만 그녀는 항상 출석하지는 않았다. 오수정 부인은 학교로부터 멀리 떨어져 있었고(대중교

통수단), 주간보육/가족센터에 있는 다른 부모들과 연락이 끊겼다. 그녀는 이전 배우자의 친구들과 술을 마시러 다니기 시작하였다. 그러자 약간의 학대 사건이 발생하였다. 오수정 부인은 수진이를 매우 심하게 붙잡거나 그녀의 머리를 잡아당겼다. 수진이의 발작을 예방하기 위한 약물처방이 적절하게 관리되지 않았고, 점차적으로 종종 긴급한 상황으로, 병원에 입원하는 일이 잦아졌다. 의사는 지지를 해주었지만, 특히 야간에 수진이의 약복용을 잘못할 가능성에 대해 걱정하였다. 이영미 사회복지사가 진척상황을 모니터링하고, 교육과 건강에 대해 지원을 증가시켰다. 그렇지만, 오수정 부인은 보육시설에 있을 때처럼 학교의 재검토회의에 참여하지 않았다. 비록 오수정 부인은 여전히 장기간 공휴일로 학교가 쉴 때는 일시적인 도움을 요청하였지만, 수진이가 주중에 계속 학교에 있을 때, 그녀는 수진이를 주말에 보기를 원하였기 때문에 일시적 위탁이 예전처럼 유용하지 않았다.

사회복지사의 조정역할(4)

이영미 사회복지사는 비록 같은 유형의 기술을 사용하였지만, 그녀의 역할이 수진이를 위해로부터 보호하고, 그녀의 안녕에 관련된 것에 대해 반응하면서 더욱 적극적인 활동을 하였다. 학교와 오수정 부인과의 관계는 원활하지 못했다. 그래서 이영미 사회복지사는 오수정 부인과 재검토회의에 참석하였다. 이영미 사회복지사는 오수정 부인이 수진이의 통학버스를 위한 준비를 잘 하지 않아서 비난을 받고 있다고 느꼈다. 이영미 사회복지사는 학교와 오수정 부인 간 중재를 하였다(**경청, 부연설명, 탐색, 조정, 도전**). 오수정 부인은 집안에만 고립되어 있는 것을 느꼈다. 그래서 이영미 사회복지사는 가족센터에 있는 부모모임에 원조자로써 그녀에게 역할을 맡겼다. 이것은 도움이 되었지만, 수진이는 학교에서 돌아왔을 때 너무 피곤해서 오수정 부인과 활동하는데 잘 반응할 수 없었다. 일시적인 위탁조정이, 융통성있게 사용되고, 잘 시행되었고, 수진이는 위탁가정에 가서 자녀들과 함께 노는 것을 좋아하였다.

Part 5

수진이가 다섯 살 될 무렵, 걱정거리가 늘어나기 시작했다. 오수정 부인의 정신건강에 현저한 악화가 나타났고, 경찰의 주의를 받으면서도 술을 무절제하게 마시기 시작하였다. 수진이는 성장함에 따라 더욱 도전적이고, 자신의 방식을 원하고, 투정을 부리기 시작하였다. 오수정 부인이 수진이를 잘 돌볼 수 있는 능력이 있는지에 대해서 걱정이 점차 증가하였다. 위탁가정에서 수진이의 행동은 집에서 하는 것과 다르게 보였고, 어머니가 돌볼 때 발작이 더 자주 일어났다. 이는 아마도 투약이 일정하게 이루어지지 않았기 때문인 것 같았다. 케어명령을 요청할 수 있지만, 법원은 사회복지사와 오수정 부인 간에 자발적인 서면 동의서를 근거로 수진이를 시설에 입소시킬 것을 제안하였다. 이것은 관심 있는 영역들과 수진이의 장기적인 욕구를 사정하는 것에 오수정 부인이 협조하도록 동의하는 것들을 포함하였다. 이 계획은 이행되지 않았다. 마침내 법원에서 케어명령이 내려졌다. 수진에게 어느 정도의 지속성을 주기위해 위탁가정에 배정되도록 조치되었다. 그 동안 오수정 부인과의 만남은 유지되었다. 이영미 사회복지사는 위탁가정과 오수정 부인 간에 동반자적 관계를 증진시키기 위해 지속적인 노력을 하였다(**주의 깊은 경청, 요약, 직면 그리고 중재**). 오수정 부인은 수진이와 만난 후에 수진이의 행동이 도전적이 되면서, 방문을 점차 줄였다. 오수정 부인은 위탁가정에 밤늦게 전화를 하기 시작하였고, 때때로 술을 과음하였다. 그러자 위탁가정은 수진이를 입양하기를 원하였다. 하지만 사회복지사는 수진의 할머니를 포함하여, 수진이, 그녀의 어머니와 확대가족 사이에 관계를 유지하기를 원하였다. 오수정 부인이 협조할 수 없거나 수진이가 집으로 돌아오는 계획을 세울 수 없게 됨에 따라 수진이는 (심리적인)영속성이라는 관점에서 또 다른 장기위탁이 배정되었다.

사회복지사의 조정역할(5)

이영미 사회복지사는, 다른 사람들과 오수정 부인을 옹호하는 동안, 어려운 사정작업을 맡게 되었지만, 결국 오수정 부인이 자신의 딸을 양육할 수 있게 하는 목표보다 수진이에 대한 잠재적 위해 가능성이 더 중요하였다. 심지어 더 많은 지지에도 불구하고 상황은 더 나빠지고, 수진이의 건강과 발달이 저해되고, 그녀의 방임에 대한 문제가 제기되었다. 일련의 중요한 사건들을 통해 마침내 성공적으로 케어명령을 이끌어내었다. 관련된 전문가들은 일을 잘 처리하였고, 높은 수준의 숙련된 의사소통작업이 지속되었다.

2. 동반자적 관계로 일하기 위한 기술

조직 수준에서 기관 간의 업무를 증진시키기 위한 모델들이 많이 있다. 찰스워스(Charlesworth, 2003)는 기관이 연대하여 작업하는 3개의 관점을 제시하였다.

※ 협력 작업의 다른 관점

1) **전략적인 계획**: 기관들은 중기계획을 연대하여 계획할 필요가 있고, 어떻게 공통된 목적을 달성하기 위하여 기관의 자원을 사용할 것인가에 대해 정보를 공유하는 것이 필요하다.
2) **서비스의 임무**: 지역주민을 위해 서비스를 확보할 때, 기관들이 연합적으로 만나게 되는 욕구들에 대한 공통된 이해가 필요하며, 그리고 가장 효과적일 것 같은 공급의 유형에 대한 공통된 이해도 필요하다.
3) **서비스의 제공**: 어떻게 서비스가 구매되거나 제공되는 것과 상관없이, 주요 목표는 이용자가 패키지화된 케어서비스를 받고, 그와 그의 가족이 복잡한 행정절차를 찾아다니는 불안에 직면하지 않게 하는 것이다.

(Department of Health, 1998a: 6)

물론 협력 작업을 증진시키는 정책들이 있지만, 여기에는 여전히 극복해야 할 구조적인 장벽들이 있다(Hudson, 1998; Hudson et al., 2003). 개별적인 실천가는 동반자적 관계가 서비스이용자에게 긍정적인 효과를 유발할 수 있도록 협력하는 방법을 알아야 한다. 그리고 모든 사람들이 개개의 전문가로부터 듣는 것이 '그것은 내 업무가 아니오' 그리고 '그건 누구의 책임도 아니오'라는 서비스가 없는 악몽 같은 곳이 되어서는 안된다. 찰스워스(Charlesworth, 2003)는 누군가의 93세 된 노모가 다리에 종양이 생겨서 입원하였을 때 이런 유형의 사회복지실천을 경험한 것에 대해 다음과 같이 기술하였다.

> 내가 빈곤지역에 있을 때, 나는 아주 분명하게 들었다. 지금 사회서비스 직원들이 동원되었다. 사회복지서비스요원이 나를 보러왔을 때, 그 요원이 말했다. '우리는 당신 어머니의 다리가 그렇게 나빠진 것을 몰랐어요.' 내가 말했다. '그런 가요. 나는 당신에게 그것을 어머니가 병원에 있을 때 말했소.' 지역담당간호사가 왔을 때, 그들은 더 이상 다리를 치료하지 않고, 그들은 너무 바쁘고, 그들은 사람들의 다리를 씻겨줄 시간이 없고, 그것은 사회서비스 직원들의 일이라고 말했다. 그래서 그들은 나의 어머니의 집에서 누가 무엇을 해야 할 것인가에 대해 논의하고 있다.
>
> (2003: 139)

지역사회보호(*Community Care*, 2004: 42)에서 실천패널은 91세와 89세의 노부부가 함께 살다가, 부인을 간호해 오던 남편이 입원하게 되었을 때, 이들을 위해 마련한 두 개의 계획안을 제시하고 있다. 한 실천가는 요양시설에 2명을 수용하는 방을 준비하였다. 반면에 다른 실천가는 지역사회의 지지프로그램을 마련하였다. 문제를 해결하기 위하여 워커들은 욕구에 대해 두 개의 서로 다른 아이디어와 관련된 것들에 관여하였다. 정보가 관련된 건강 그리고 사회적 케어 워커들 간에 공유되었다면 혼란은 피할 수 있었을 것이다. 신입 워커는 상황을 정리하고, 남편과 부인의 의견을 확인하고, 그들과 함께 계획을 수립하도록 요청을 받았다.

만약 실천수준에서 동반자적 관계가 서비스이용자 앞에서 누가 무엇을 해야 한다는 것에 대한 논의나 도움이 되지 않는 계획의 중복을 피하면서, 서비스이용자를 위해로부터 보호하고, 케어서비스를 효과적으로 유지하기 위한 것일 때, 상담 기술은 진행되고 있는 세부적인 업무에서 매우 중요하다. 찰스워스(Charlesworth, 2003:161)는 동반자적 관계 작업을 관리하는데 필요한 것을 제시하였다. 그녀의 연구에서 지방정부감독관은 동반자적 관계 관리자를 모집하면서 다음과 같이 요구사항을 말했다.

> ...[우리는] 좋은 분석기술을 가진 사람을 원한다...여러분은 같은 언어를 사용하면서 지역사회를 다루는 기술이 필요하다. 왜냐하면 그들은 직업에 대한 다른 유형의 언어양식을 갖고 있기 때문이다. 그러므로 여러분은 파트너와 협상, 타협, 공감의 기술이 필요하고, 전체적인 윤곽과 단기간의 프로젝트 운영을 살펴볼 수 있어야 한다. 그러나 여러분은 조직에 있는 사람들을 전문가가 되는 것에서부터 관리자가 되는 것까지 발전시켜야 하기 때문에, 대인관계 기술은 가장 중요한 것이 될 수 있다. 만약 여러분이 건설적이고, 긍정적이며, 만약 여러분들이 개인적인 관계를 유지하고 있다면, 그들은 훨씬 더 여러분을 도와주려고 할 것이고, 만약 일이 잘못되었을 때 여러분이 부를 수 있는 누군가가 될 수 있거나, 또는 여러분이 그들을 어쩌다 당황스럽게 한다면, 그들은 아마도 그것을 견디어낼 준비가 되어 있을 것이다...명령과 통제는 사람들에게 언제까지 일을 마치라고 강요하면서 계획을 전달할 수 있다. 하지만 적절한 경우에 서로 다른 기술을 사용하는 능력이 더 중요할 것이다.

대인관계 기술은 실천단계에서 동반자적 관계 작업을 촉진시킨다. 빅토리아 크림비(Victoria Climbie, Laming, 2003)의 사망에 대한 보고서는 그녀가 어떻게 서로 다른 전문가들(의사, 사회복지사, 경찰, 목사, 간호사, 보모, 아동보호자원봉사자)에 의해 다양한 관점에서 다루어졌는지에 대해 언급하고 있다. 애석하게도, 그들은 훈련의 부족, 업무의 압박 그리고 빅토리아의 이익을 위해 조정하고 전체적인 그림을 함께 그리기 위한 의사소통의 부족 때문에 협력을 할 수 없었다. 실패한 것은 '협력 작업'의 수사적인 표현이 아니라 그보다는 빈약한 기반의 수많은 실천사례와 함께 협조적인 활동을 전달하기 위해 조성된 구조의 결여, 특히 의사소통의 결여였다.

> 물론 빅토리아의 사례를 다루기 위해 투입되었던 일선직원들은 자신들이 활동하던 구조적 한계에 의해 자신들의 업무에 대한 도움을 받지 못하였지만, 그들은, 많은 경우에, 자신들의 기본적인 역할을 제대로 이행하지 못한 변명할 수 없는 실패에 대한 죄의식이 있었다. 브렌트(Brent)에서 관련된 사회복지사들은 빅토리아가 적절하게 보호될 수 있는 기회를 크게 증가시키기 위해 단지 간단한 것들을 적절하게 하는 것이 필요하였던 것이다.
>
> (Laming, 2003: 105)

이 보고서는 "모든 아동은 중요하다(*Every Child Matters, DfES,* 2003a)[3]"라는 정책 제안서를 이끌어냈다. 라밍(Laming) 보고서의 핵심 메시지는 아동을 **보고 듣는** 것이 중요하다는 것이다.

사회복지서비스 국장은 다음의 단계가 취해질 때까지 아동은 비공개이고, 아동에게 고의적으로 해가 되는 진술을 하도록 하는 경우가 없음을 보증해야 한다.

---

3) 빅토리아 크림비 사건은 이후 "모든 아동들은 중요하다(Every Child Matters)"는 정책기조아래 2004년 영국의 아동법이 개정되었으며 개정된 아동법은 Sure Start를 아동복지 서비스의 핵심적인 프로그램으로 법제화하였다. 어린이와 청소년 등 교육 대상자와 가족, 특히 소수 집단이나 소외 받은 계층을 대상으로 한 국가 공공부문 서비스 향상을 위한 국가정책의 일환으로서, 교육을 통해 모든 아이들이 건강하게 자라고(be healthy), 안전한 삶을 영위하며(stay safe), 즐겁고 성취할 수 있는 생활을 하면서(enjoy and achieve), 사회에 긍정적 기여를 하고(make a positive contribution), 경제적 복지를 달성하도록(achieve economic wellbeing) 하고 있다.

- 아동이 혼자 말하였다.
- 아동의 보호자들이 보이고, 말하였다.
- 아동이 거주해야 할 시설을 방문하였다.
- 관련된 모든 전문가들의 의견이 확인되고 고려되었다.
- 아동의 복지를 증진시키고 안전을 위한 계획이 동의되었다.

(Laming, 2003: 376)

다른 기관 그리고 다른 전문가들과 함께 일하기 위한 출발점은 '비대립적' 사고방식이다. 서비스를 원하는 사람들은 자신의 첫째 관심사가 클라이언트의 욕구보다 기관과 그것의 영역에 있는 것처럼 보이는 전문가들 간에 '영역다툼' 속에 처하게 되면 매우 불리하게 된다. 협정과 감정적 유대를 위한 네트워크가 전체적이면서 접근 가능한 서비스를 제공하기 위해 형성될 수 있다(Wigfall & Moss, 2001; Hornby & Atkins, 2003; Hudson et al., 2003). 이것은 장벽의 이해, 동반자적 관계, 신뢰 그리고 실천단계에서, 서비스이용자, 돌보미, 그리고 전문가들 사이에 긴밀한 협력에서 상호작용과 권한 관계에 대한 의식이 필요로 한다.

오수정 부인의 실천사례에서, 사회복지사는 다른 워커들, 오수정 부인, 그녀의 자녀 그리고 친척들과 상대하면서 상담 기술을 사용하였다. 동반자적 관계 기술에서 중요한 것은 매우 신중한 의사소통, **경청, 부연설명**과 **요약**을 사용한 **반응**과 확인 그리고 기대에 대해 분명한 **즉시성**의 사용이다. 이것은 다양한 활동(모임, 메모, 이메일, 전화 그리고 편지)에서 발생할 수 있다. 또한 얼굴을 서로 맞대고 하는 작업은 집단에 대한 약간의 이해가 필요하다.

높은 수준의 언어적 상호작용이 요구된다. 다른 조직으로부터 유용한 것에 대한 주의 깊은 경청, 신중한 **확인**과 **반응, 질문**하고 **도전**하는 능력 그리고 전문적인 업무관계를 효과적으로 고려하고 영역을 구분하는 능력이 모두 중요하다. 일차보건의료기관(PCT)과 아동복지를 위한 파트너십의 총체적 기구(Children's Trusts)에서 함께 일하는 것은 각자 영역의 일부를 허물고 사람들이 서로 더 가깝게 접근할 수 있어야 한다.

레더와 던컨 그리고 그레이(Reder, Duncan & Grey, 1993)는 위기에 처한 아동의 관점에서 책임과 의무의 문제는 다전문기관 간의 관계를 덜 협조적으로 만든다고 주장한다.

> 우리 자신의 경험은 닫혀있는 전문적 시스템이 수많은 방식으로 발생한다는 것이다. 예를 들어, 워커는 매우 양심적이서 그는 뒤로 물러설 수 없고, 그 대신에 그는 굳게 결심해서 똑같은 초점을 두면서 계속 진행한다. 더 나아가, 아동보호업무의 스트레스는 직원이 자신의 불안을 나누거나 자신의 믿음을 확신하기 위하여 자기편을 찾도록 내몰 수 있다. 어떤 워커는 자신의 견해가 옳다는 것에 전적으로 확신할 수 있다. 그렇게 되면 그는 다른 대안들에 의해 도전을 받았을 때 더 독단적이 될 수 있다.
>
> (1993: 71)

이것은 어떻게 불안이 대안적인 관점의 고려를 어렵게 만드는 부인과 투사 같은 방어기제를 만드는지 보여준다. 행위의 곤란한 과정들이 경찰, 사회서비스요원, 의료종사자 그리고 가족실천가 같은 다양한 실천가 사이에서 동의되어야 할 때, 그들에게 타인에 대한 불안을 억제하고, 방어기제를 낮추고, 문제해결을 위한 대화에 임하도록 하는 것은 매우 중요하다. 사람들은 일이 제대로 처리되지 않은 것에 대해, 되돌아서서 살펴보고, 적절하게 책임을 지고, 무엇을 해야 할 것인가에 대해 협조적으로 동의하기보다 타인에게 비난을 투사하는 것이 더 쉬울 수 있다. 마찬가지로 다른 관점과 역할에 대한 창조적인 긴장의 인식과 건설적으로 도전하는 능력이 결탁을 피하기 위해 요구된다. 왜냐하면 이것은 또한 불충분한 결정을 이끌 수 있기 때문이다.

긴장은 성인서비스 업무에서 의료사회복지사, 사회복지사, 친척 그리고 서비스이용자 사이에 존재할 수 있다. 워커의 개인적인 기술은 최상의 결과를 달성하기 위해 필요하다. 질병이나 장애가 있는 성인 그리고 정신건강에 문제가 있는 사람은 만약 그들의 욕구가 전체적으로 충족되고 재난을 피하려면 잘 조정된 다전문기관 간 접근방법이 필요하다. 아동과 성인은 전문가가 의사소통 그리고 함께 협력하는데 실패할 때 위험한 상태에 놓이게 된다.

- 물론 전문가들은 서로 다른 배경, 관점 그리고 책임을 지고 있지만, 지식, 이해 그리고 전반적인 목적의 형태는 상당히 중복되어 있다. 상담 기술은 다양한 전문가들에 의해 사용되기 때문에, 그것은 사람과 실천에 공통된 언어와 접근방법을 제공하는 것으로 통합될 수 있다.
- 다전문기관 간 연구와 훈련은 조정의 경험과 기술공유의 발달에서 중요한 역할을 한다.
- 누가 포함될 것인가에 대해 아는 것은 다전문기관 간 서비스를 제공하기 위한 일에서 단지 첫 단계일 뿐이다. 지식, 이해, 훈련 그리고 목적에서 명백하게 연계된 공통성의 확립을 통해 소비자를 위한 자원을 가장 잘 동원할 수 있다: 상담 기술은 이것을 가능할 수 있도록 사용될 수 있다.
- 사회복지사는 폭넓은 전문적 지식기반으로부터 업무의 토대를 구축하고 있고, 클라이언트를 위한 중재인과 조정자로서 역할을 하는 이상적인 위치에 놓여있다; 그의 배경이 되는 상담 기술은 의사소통과 효과적인 전문적 판단에 요구되는 탐색과정을 도와줄 수 있다.

머피(Murphy, 1993)는 다전문기관 간 업무에서 의사소통의 문제를 살펴보고, '실천가로써, 우리는 자신의 대인관계 기술을 중요시 하지만, 그것을 항상 우리의 동료들에게 확대하지는 않는다'라고 말했다. 그리고 그는 다음과 같은 필요성을 제안한다.

- 경청, 동료에게 주의를 기울이기
- 타인의 의견과 기여를 소중히 하기
- 타인이 기여한 것에 대해 존중하기
- 타인과 자신에 대한 스트레스를 인정하기
- 자발적으로 질문하기
- 의사소통에 구조적 장벽을 인정하기
- 의견의 차이를 탐색하기

(1993: 171-9)

해리슨(Harrison, 2003) 등은 동반자적 관계는 사람과 그들이 어떻게 서로 관련되어 있는가에 대한 것이고, 기관들은 다음과 같은 것들을 해야 한다고 주장 한다.

- 동반자적 관계에 있는 사람들이 서로의 기관에 대해 알게 하고, 사람들이 전문가로서 그리고 개인으로서 모두 포함됨을 알게 하는 것(**의사소통**을 통해서 이해를 발전시키기).
- 모든 동반자들이 자신들을 동반자적 관계의 작업에 완전히 그리고 긍정적으로 기여할 수 있도록 하는 방법으로 포함된 것을 확신하기(업무에 종사하는 것과 **헌신**을 촉진하기).
- 동반자적 관계를 발전시키고 공동의 전략적 계획을 이행할 수 있게 하고, 어떤 미래의 기회나 위협을 다루는데 근거가 될 수 있는 작업의 합의된 방식을 발전시키기(**합의를 형성하기**).

(2003: 29)

이것은 모두 실천가가 '개인과 전문가'로서 서로를 알 수 있게 해주는 의사소통에 달려있다. 따라서 의사소통은 개방될 수 있고, 긍정적인 관계가 형성되고, 촉진되고, 유지된다.

의사소통의 다른 방식과 언어의 서로 다른 사용을 이해할 때는 상세한 주의를 요한다. 기관에서 언어의 활용은 전문적인 정체성에 따라 발달하고, 그에 따라 개개의 집단이 세상을 보는 방식을 전달하는 경향이 있다. 사회복지기관에서 새로운 팀을 참여시키는 것은 매우 당황스러울 수 있다. 특히 여러분이 사람들이 머리글자, 예를 들어 ICT(integrated children's system), NAI(non-accidental injury), AOP와 ADP(anti-oppressive와 anti-discriminatory practice)로 말하는 것을 들을 때 그럴 수 있다. 이런 언어의 약칭방식은 바쁜 전문가들에게 도움이 될 수 있지만, 그것은 다른 것들을 배제할 수 있다. 그런 전문용어는 전문적인 집단 내에서 친숙하지만, 신입자들에게 설명해 주기가 불편하다.

의사소통은 타인의 기대를 고려하면서 이루어져야 하기 때문에 상황적 요인들이 중요하다. 상호교환에 영향을 미치는 권한과 지위에는 차이가 있다. 전문가가 항상 기대, 이해 그리고 신뢰라는 비축물을 함께 나누어 쓴다고 가정할 수는 없다. 의사소통의 각 단계에서 의미하는 것을 풀어내기 위한 작업이 요구된다. 이것은 전달된 것이 이해되고, 해석되며, 여러분이 의사를 전달받았을 때 여러분은 또한 들은 것에 대해 분명함을 확인하는 것을 의미한다. 정규적으로 피드백을 하는 것이 요구된다. 그러므로 다전문기관 또는 다학제간 실천에서, 의미는 명확해야 한다. 이것을 시작하는데 도움이 되는 방법은 의견을 교환하는데 개방된 분위기를 조성하는 것이다: 기꺼이 협력하겠다는 태도를 전달하는, 개방적이고 지지적인 의사소통 행동은 전형적으로 다음과 같은 특징을 지닌다.

- **설명** : 평가보다는 정보제공의 경향이 있는 진술.
- **해결지향** : 문제해결에 초점을 둔다.
- **평등주의** : 의사소통은 개인의 역할이나 지위에 상관이 없이, 모두를 중요시 한다.
- **용서** : 어쩔 수 없는 실수나 판단착오가 인정된다.
- **피드백** : 이것은 좋은 관계를 유지하기 위한 필수적인 부분으로

보인다.

역으로, 협력을 매우 어렵게 만들고, 어떤 구조적인 합의를 침해할 수 있는 분위기는 다음과 같이 특징될 수 있다.

- 판단: 비난하는데 강조를 둔다.
- 통제: 사람들은 어떤 유형의 행위에 일치하도록 기대된다.
- 냉담: 의사소통이 단절되고 비인격적이다.
- 우월: 의사소통이 지위, 기술 또는 이해의 차이를 강조한다.
- 적의: 접근방법이 타인의 요구에 조금도 중요치 않는다.

(The Open University, 1999)

공감의 사용 그리고 기관의 영역에 대한 '새로운 사고'가 없다면, 협력하기가 곤란할 것이다. 만약 오래된 전문성에 대한 애착이 신뢰를 기반으로 새롭게 개방된 관계를 형성하는 것보다 우선시된다면, 동반자적 관계는 효과가 없을 것이다. 이것을 달성하는데 결정적인 것은 조직내 그리고 개인과 조직 간에 서로의 한계에 대한 이해이다.

3. 업무영역에 대한 이해와 함께 일하기

업무영역의 중요성에 대한 이해는 상담 기술훈련의 일부분이다. 상담가는 어느 업무영역이 관련되고 영향을 미치는가에 대해 알아야 한다. 그는 언제 서로의 업무영역을 교환하는 것이 필요하고 효과적인지를 알면서, 업무영역 안에서 일한다. 상담가는 자신, 타인 그리고 외부세계 간에 영역을 관리한다. 상담에서 업무영역은 시간, 장소, 접촉, 세팅, 비밀, 슈퍼비전, 이용료, 기록관리, 접촉횟수, 작업종료, 사생활노출 그리고 계약의 문제들과 관련되어 있다. 훈련생 상담가는 이것에 대해 논의하고, 어느 정도의 융통성을 두는 것이 적절하다. 이런 사고방식은 전문적인 작업 간 관계를 이해하는데 유용할 수 있다.

상담가가 업무영역에서 관심을 두는 것 중에는 관계의 안전을 유지하는 것이 있다. 마찬가지로 사회복지사는 자신의 역할을 이행하는 것을 통하여 자신이나 타인에게 다가올 수 있는 위해의 가능성에 주의할 필요가 있다. 모임의 범위에 대한 명확성, 누가 참석할 것이고, 안건이 무엇이고, 언제 모임이 종료될 것인가를 분명히 하는 것은 안전한 분위기를 조성하는데 도움을 준다. 똑같이, 자기노출

, 접촉 그리고 신중한 방법으로 모임이 이루어지는 것에 대한 범위를 설정하는 것은 더 안전한 실천에 기여한다. 자기주장과 상담 기술을 사용하는 것은 종종 위험성을 제거하고 적대감과 강한 감정을 제어할 수 있다.

사회복지에서 업무영역은 사회복지사의 개인적 자원을 불필요하게 사용하지 않거나 서비스이용자의 삶에 부적절하게 부과하지 않는 윤리적인 관계를 형성하기 위하여 중요하다. 업무영역은 전문적 그리고 윤리적 이유를 위해서, 그리고 또한, 철저하게 준수되면, 그것은 상담가/사회복지사와 그들이 상대하고 있는 개인을 모두 안전하게 지켜주기 때문에 필요하다. 계약은 분명하고, 관계의 용어는 조목조목 설명된다. 이런 종류의 기본원칙은, 초기에 확립되어서, 만약 나중에 문제가 생기면, 양당사자에게 되돌아갈 수 있는 어떤 것을 제공한다. 만약 이런 것들이 논의되고 서로 동의된다면, 이것은 그들을 더욱 (완전하지는 않지만) 동등한 위치에 둘 수 있다. 이것을 효과적으로 하기 위한 첩경은 없다: 이것은 상세하고, 정보를 공유하는데 특별한 관심을 갖고 지속적인 작업을 요구한다.

업무영역은 무엇이 시작되거나 끝나는 것, 실천가가 갖고 있는 역할이나 재량권에 일치하는 역할과 책임의 윤곽을 그리는데 도움이 된다. 그렇지만, 그것은 또한 서로 간 업무의 교류를 어렵게 만들 수 있는 장벽, 영역 그리고 차이를 만들기도 한다. 어디든지 워커가 중심이 되는

곳에서, 서비스이용자는 자신의 확인된 욕구와 관련하여 '실천의 지역사회'를 구성할 능력을 갖고 싶어 한다. 예를 들어 워커는 다른 부서에 근거를 둘 수 있지만, 비슷한 지정학적 영역을 포괄할 수 있다. 이것은 실천가에게 복합적인 도전이다. 복지의 서로 다른 기능을 위한 업무영역이 서로 공통되지 않게 될 때 서비스이용자는 당황하게 되고 종종 좌절하게 한다.

실천가는 이런 복합성을 인정하고, 그런 장벽을 만드는 행정적 그리고 태도적인 장벽을 뛰어넘을 필요가 있을 때, 함께 행동할 방법을 찾기 위한 기술을 발전시켜야 한다. 또한 실천가는 자신의 노력을 지지해 줄 구조와 일선조직의 관리가 필요하다. 따라서 실천가는 최상의 서비스를 특정한 개인에게 전달하는 네트워크를 구축하고 유지하는데 활동적으로 관여해야 한다. 개개인의 네트워크는 자신의 욕구와 연관된 '실천의 지역사회'이며, 사회복지사나 다른 전문가에 의해, 또는 서비스이용자 그리고/또는 각각의 상황에 연관된 친척에 의해 평가되고, 조정되고, 관리된다. 이것은 다음의 사례에서 설명할 것이다.

실천사례 : 김옥례 할머니

김옥례 할머니는 아흔 살이고 혼자 살고 있다. 그녀는 심장질환, 거동불편 그리고 악성빈혈증상이 있다. 지지에는 지역관리인, 조석으로 기관의 돌보미가 기상과 수면을 도와주기, 주1회 쇼핑하기, 비상시스템 그리고 가정급식 서비스가 포함되었다(모두 위탁/부분적으로 사회서비스를 제공). 지역간호사가 주사를 놓기 위해 방문한다. 김옥례 할머니는 청소부, 정원사 그리고 세탁 서비스에 대해 직접 이용료를 지불한다. 그녀의 신장에 대한 상태를 병원에서 확인하고 병원차가 그녀를 클리닉으로 데려온다. 지역도서관은 그녀의 시력이 떨어졌을 때 활자가 큰 책을 보낸다. 이웃과 친척들이 그녀를 은행이나 다른 지정장소에 데려간다. 이런 조치가 없다면 김옥례 할머니는 혼자 살아갈 수 없고, 외롭고 우울하게 되었을 것이다. 간혹 그녀는 응급처치를 받거나 필요하였다. 약 5년전부터 의료사회복지사가 마련한 케어프로그램은 그 후에 약간 변화를 가하면서 계속 유지되고 있다. 김옥례 할머니는 간혹 건망증이 조금 있지만, 그녀 스스로 그것을 처리할 수 있고, 80km 밖에 살고 있는 친척들에 의해 도움을 받고 있었다. 그녀는 만약 어떤 것을 자신이 할 수 없으면 그들에게 전화를 걸고, 그들은 관련된 전문가들과 함께 그녀에 대한 문제들을 논의한다.

김옥례 할머니는 최근에 권한이 있는 관계기관의 요청에 따라 그녀의 서비스에 대한 평가에 참여하였다. 그녀는 '일어나고 있는 일에 대해 자신에게 책임이 있다고 말하거나', '내가 필요한 것을 잘 듣고 내가 싫어하는 것(나는 그들에게 계속해서 카드게임이나 빙고를 좋아하지 않는다고 말하고 있는데, 주간센터에 가는 것 같은)을 나에게 강요하려고 시도하지 않는 전문가들'을 소중히 한다고 말했다. 그녀는 한번 쓰러진 후에 병원에 있을 때 매우 당황하였다. 왜냐하면 병원의 한 직원이 그녀 앞에서 친척들에게 '지금부터는 입원해서 케어를 받아야 한다'고 말했기 때문이었다. 이것은 그녀의 친척들이 불평하고 있던 것으로 그녀에겐 당황스럽고 고통스러운 일이었다. 김옥례 할머니는 자신의 집과 이웃들을 좋아했다. 그리고 물론 그녀는 건강이 안 좋고 '기력이 쇠한 것'을 느끼지만 그곳에서 지내기를 원한다.

협력은 법적, 재정적 의사결정 활동 그리고 다양한 사람들을 포함할 수 있다. 이것은 서비스를 이행하는 수준에서 합리적으로 관리될 수 있는 반면, 상세한 대화가 어떻게 케어프로그램에 작용하고, 유지되고, 평가되는지를 명확히 하기 위해 필요하다. 김옥례 할머니의 경우에 워커는 빈번하고 분명한 의사소통, 확인과 경청을 통해 지지적 네트워크를 형성하고, 창조하고, 유지하는데 능숙하였다. 그는 조정하고 계획과 동의를 평가하기 위해 재검토시스템을 사용하였다. 수진이의 경우에, 이렇게 신중한 작업이 없었다면, 네트워크는 오수정 부인을 지지하지 않았고, 수진이를 보호하지 않았을 것이다. 교육적인 서비스에서 융통성의 결여(건강과 사회서비스의 다양한 부분들 사이에 연계와 대조적으로)는 아마도 후자의 어려움에 기여했을 것이다. 만약 수진이가 개별적인 지지로 지역학교에 다녔다면, 이것은 결과적으로 차이를 가져왔을 것이다. 만약 오수정 부인이 양육만큼 학교에 더 관여하였더라면, 그녀는 더 나았을 것이다. 그렇지만, 수진이는 학교세팅에서 다른 성인들이나 아동들과 관계에서 독립적으로 혜택을 받을 권리를 갖고 있다고 또한 주장할 수 있다.

김옥례 할머니(친척과 함께)는 스스로 자신의 서비스를 조정하고, 지정된 사회복지사가 없다. 하지만 만약 전문가에게 맡겨졌더라면, 때때로 그녀는 '서비스를 받지 않기 위해' 병원에서 퇴원했을 것이라고 말한다. 그녀의 가장 큰 걱정은 강제로 병원에 입원하고 그녀의 서비스가 '복구'되지 않고 퇴원하는 것이다. 한 번은 케어복지사가 그녀가 병원에 입원한 사실을 모르고 경찰에게 그녀의 집안으로 들어가 봐달라고 요청하였다. 그녀는 병원에서 퇴원해서 자신의 집을 수리할 필요가 있다는 것을 발견하기도 하였다. 김옥례 할머니는 자신이 만나는 워커들을 통해 다양한 상담과 의사소통기술을 알게 되었다. 그리고 그녀는 그들이 자신을 어떻게 대우하는 것이 좋은지 확인하는 태도를 좋아한다.

그녀의 상황은 노인과 대화에 관련하여 많은 관심거리를 제공한다. 재가복지기관의 관리자가, 그녀의 상태에 대한 사정을 위해 처음 방문하였을 때, 그녀의 맞은편에 앉아서, '지금 저와 직원이 당신을 어떻게 불렀으면 좋겠습니까, 김옥례 할머니 또는 할머니?'라고 질문을 했을 때, 그녀는 흡족하였다. 김옥례 할머니라고 결정할 수 있는 자신의 권리를 즉각적으로 인정을 해주었기 때문에 그녀는 매우 안심이 되었다. 그녀는 이웃사람에게 자신의 옆에 앉아달라고 부탁할 정도로 걱정을 하고 있었다. 그렇지만, 그녀는 같은 기관이, 사전연락도 없이, 어느 날 저녁에 평상시의 여성 돌보미 대신에 새로운 남성 돌보미를 보냈을 때, 매우 당황하였다. 그녀는 자신이 옷을 다 입지 않았을 때 이런 일이 발생할 가능성에 대해 걱정하고, 이에 대해 그녀의 친척과 오랫동안 이야기를 나누었다.

바리오스(Valios, 2004: 33)는 '노인에게 공손하지 않게 말하는 것은 작은 규율위반으로서 기관에서 다루어져야 한다'고 주장한다. 이런 언급은 '사랑스러운' '귀여운' 같은 단어들의 사용에 대한 맥락 속에서 논의된다. 사회적 보호를 위한 실천요강(2000)은 다음과 같이 해야 한다고 기술하고 있다.

- 적절하고, 개방되고, 분명하고, 솔직한 방법으로 의사소통을 한다.
- 개개인을 개별적으로 다룬다.
- 서비스이용자의 위엄과 사생활을 존중하고 유지한다.
- 서비스이용자와 케어 하는 자들의 불만을 신중하게 수용하고 반응한다.

상담 기술을 융통성 있게 사용하는 것은 워커들이, 특히 '여러분에게 말하는 것보다 경청하는 것'을 최대한 유지할 수 있다면, 이것을 하는 것을 가능하게 해줄 수 있다. 오로지 매우 주의 깊은 경청을 통해서, 그들은 서비스이용자의 개별적인 욕구와 문화적인 선호도를 알 수 있게 된다. 실천가가 자신의 기술을 융통성 있고 자연스럽게 사용하는 것은 하나의 도전이다. 만약 자연발생적인 것을 놓쳐버린다면 이는 부끄러운 일이다. 김옥례 할머니는 모든 사람들이 서로 'love'라고 부르는 마을에서 일생동안 살고 있다. 이것은 그녀의 세계에서 결코 과소평가하는 뜻을 내포하지 않은 문화적인 실제이지만, 그 밖의 누군가에게는 다르게 보일 수도 있다. 애정표시의 과다사용은 특히 사람들이 자신의 삶에서 사건의 통제를 일시적으로 잃어버리는 것을 통하여 당황하거나 취약하게 될 때 보호해주는 것처럼 보일 수 있다.

이것은 상황과 사람에 대한 이해가 핵심인 또 다른 영역이다. 노인은, 여느 사람들처럼, 특히 그들이 오랫동안 혼자 지내면, 잡담하는 것을 좋아한다. 하인즈(Hinds, 2003: 40)는 연구를 통해서 노인이 자신의 기억을 공유하고 자신의 이야기를 전하는 것을 좋아하는 정도를 강조하는 것에 대해 논하고 있다. 여기서 케어워커에게 주는 함축적인 의미는 말하는 것보다 듣는 것에 시간을 더 할애하고 그렇게 하도록 여건을 만들라는 것이다. 케어워커가 식사배달, 목욕보조 그리고 요양시설과 개인의 거주지에서 다른 활동들을 할 때 '단지 잡담'만 하는 것도 유용한 부분이다. 하인즈(Hinds)는 또한 조직이 공식적으로 '기억회상활동'을 촉진할 수 있는 방안을 탐색하고 있다.

아동보호작업을 위해 함께 일할 때 유발될 수 있는 중요한 문제들은 다음과 같이 요약할 수 있다(그리고 성인과 작업에도 똑같이 적용될 수 있다).

- 아동과 작업을 하는 모든 과정에서 언어의 사용
- 공통된 과정과 활동계획표에 동의하기
- 동의를 얻기 그리고 정보를 공유하기
- 정보가 어떻게 기록되고 기록된 것이 어떻게 아동과 가족에게 공유되는지에 대해 동의하기
- 기관 간 정보의 교환
- 정보의 축적과 전략적 관리, 개요 그리고 정밀한 조사를 위한 그것의 사용.

(Department of Health, 2004)

위해로부터 안전을 위해 함께 일하는 것은 기관 간에 구조적인 동반자적 관계를 필요로 한다. 하지만 이것은 또한 개인, 집단 그리고 팀 사이의 실천단계에서 높은 수준의 대인관계 그리고 상담, 의사소통 기술에 많이 의존한다. 효과적인 업무관계는 신뢰, 상호이해, 개방성 그리고 능숙한 상호작용으로 구성되어야 한다. 이것은 실천에서 계속 회피되고 있는데, 왜냐하면 실천가가 변화의 속도를 따라잡아야 한다는 생각에 사로잡혀서 압박감을 느끼고, 자신이 일하는 구조 속에서 업무과중감을 느끼며, 지지를 받지 못하게 될 때, 효과적인 업무관계는 시간과 높은 수준의 헌신, 정직 그리고 타인에 대한 존중이 요구되기 때문이다. 그렇지만, 서비스이용자는 자신의 욕구에 적절한 방법으로 민감

하게 반응하는 '실천의 지역사회'에 의존할 수 있는 것이 중요하다. 효과적인 의사소통과 관계는 성공하기 위한 열쇠이다.

핵심요점

- 동반자적 관계의 작업은 좋은 시스템 그리고 실천 속에서 능숙한 대인관계 작업에 달려 있다.
- 기관 간 협조는 서비스이용자의 위험을 관리하고 그들을 위해로부터 보호하는데 중요하다.
- 효과적인 협력은 작업을 시작하고, 활동적으로 유지하고, 평가할 수 있는 핵심 조정자를 필요로 한다.
- 의사소통과 상담 기술은 협력적인 작업에 널리 퍼져 있고, 그것을 지지하고 있다.

자기개발 또는 집단토론을 위한 질문과 활동

1. 여러분이 작업을 하면서 협력이 필요했던 사례를 확인한 다음에,
   a. 그것이 얼마나 효과적이었는지에 대해 5점 척도로 평가하시오(1은 매우 효과적이지 않고, 5는 매우 효과적임).
   b. 작업의 효과를 도와 준/또는 방해한 요인을 확인하시오.
   c. 똑같거나 비슷한 장래의 상황에서 더 효과적인 협력을 위한 전략을 세우시오.

2. 만약 여러분이 보건 또는 사회적 보호 또는 다른 일을 한다면, 여러분이 다른 기관과 의사소통을 하는 방법을 생각하시오. 여러분은 자신과 함께 일하는 다른 전문가의 역할이나 과업을 적을 수 있습니까? 여러분은 언제 만나서 서로의 관점을 공유하고 우선적으로 고려하는 사항에 대해 이야기합니까? 여러분의 분야에 다기관 포럼이 있습니까? 아니면 여러분이 그것을 시작할 수 있습니까? 여러분은 지역서비스이용자의 이익을 위해서 여러분의 업무영역에서 실천의 지역사회를

형성하기 위해 무엇을 기여할 수 있습니까?

3. 만약 여러분이 보건 또는 사회적 보호 실천가라면, 여러분은 사람들의 삶 속으로 개입할 때 다른 사람들의 활동과 어느 정도 조정을 하고 있는지 점검합니까? 항상, 때때로 또는 거의 하지 않습니까? 이것은 어떻게 여러분과 함께 일하는 사람들에게 영향을 미칩니까? 서비스를 이용하는 사람들을 위해 더 나은 조정을 하면 어떤 이익이 있습니까?

제 7 장

조직 내에서 실천하기: 관련된 상담 기술

사회복지사는 자신이 근무하는 조직에서 기회와 제한에 대해 이해할 필요가 있다. 이것은 조직, 공식적, 비공식적, 관료적, 위계적 속성에 대한 이해(Smith, 1991; Handy, 1993)와 그 내부에서 효과적으로 작용할 수 있는 적절한 대인관계 기술을 보유하는 것을 포함한다. 자격이 있는 사회복지사는 '조직 내에서 자신의 사회복지실천을 위해, 슈퍼비전 그리고 지지와 함께, 관리하고 책임질 수 있어야' 한다(Key Role 5, Standard 5, Scotland). 이 장에서는 조직 내에서 그리고 조직을 통해서 사회복지사가 활동하는 것을 논의하고, 더 나아가 정체성, 신뢰성 그리고 책임성을 포함하여, 다학문간 그리고 다양한 전문 직업 사이에 도전에 대해 살펴본다. 슈퍼비전과 지지는 제8장에서 다룬다.

사회복지사와 고용기관 간의 관계는 적절한 사적이면서 그리고 전문적 경계를 유지하는 것이 핵심적인 부분이다. 따라서 조직 내에서 사용되는 상담 기술은 기관의 기대와 목적에 의해 영향을 받는다. 실천의 기준과 법적인 요구사항에 부응해야 하고 기록이 관리되어야 한다. 워커는 실천을 위한 자신의 능력에 책임을 지고 필요한 곳에 적절한 지원을 탐색하도록 기대된다. 여기에는 또한 타인과 공개적으로 그리고 협조적으로, 그들을 존중하면서 일하는 책임이 있다. 동반자적 관계 작업을 위한 기본적 틀 속에서 이것은 고용기관과 서비스를 제공하기 위해 개발된 네트워크 전반에 걸쳐서 적용된다.

1. 의무

사회복지사가 갖고 있는 첫 번째이자 가장 직접적인 의무는 이용자에게 서비스를 제공하는 것이다. 조직도 중앙정부가 그런 것처럼 역시 수석관리자, 이사, 선출된 임원, 감사와 재적인원과 같은 다양한 의무를 갖고 있다. 사회복지사는 또한 전문가단체가 제공하는 지침과 일치하는 방법으로 실천할 의무가 있다. 그래서 의무와 개별적인 책임은 함께 간다(Clarke & Asquith, 1985).

이바이(Eby, 2000)는 '실천가가 압박을 느끼고, 자원의 감소와 증가하는 직무부담에 직면한 상황에서 의무를 다하는 것이 쉽지 않다'고 지적하였다. 그녀는 서비스를 이용하는 자들, 고용인 그리고 전문적인 단체들, 파트너 기관 그리고 자신들이 원하는 것에 대한 서로 다른 선호와 견해를 가질 대중들로부터 나오는 의무에 대해 모순적인 도전이 가능할 수 있다고 덧붙였다. 케어서비스를 준비하기 위한 '협력'구조는 각자가 '다른 집단이 책임이 있다'라고 생각하기 쉽기 때문에 의무가 더 복잡해지고, 구체화시킬 필요가 있음을 의미한다.

2. 사회복지사의 역할

과거에, 사회복지전문가의 역할은 법, 의학 그리고 교육 같은 다른 전문가들과의 경계를 통하여 정의되었다. 하지만 시간이 지나면서 독특한 사회복지의 역할에 대해 더 분명해지고 있다. 그렇지만, 사회복지사가 자신의 과업을 위해 갖추어야 할 지식, 기술 그리고 가치체계에 대한 논쟁은 물론, 사회복지의 합법적인 전문적 영역에 대해 대중적이고 내면적인 의심을 하는 경향이 있다. 사회복지를 위한 국가직업표준의 분명한 설정과 함께 General Social Care Council(영국의 모든 사회적 서비스의 인력을 관리하는 기구) 시스템의 확립은 21세기 초기의 역할을 분명하게 그려내고 있다.

전통적으로 사회복지는 개인적 그리고 원조적 기술을 병원 그리고 법원 같은 다른 전문적 세팅으로부터 가져왔다. 최초의 사회복지사는 자선조직에 속했었다. 교도소, 빈곤아동, 정신질환, 노인 그리고 '허약한' 성인 등을 위한 자원봉사자에 의해 행해진 일들은, 20세기 동안에 복지국가로 형태를 갖추게 되었다. 1940년대의 새로운 전문적 사회복지사는 본질적으로 자선과 자원봉사의 케어서비스를 유지함은 물론, 사법체계, 아동서비스, 교육, 정신건강 그리고 병원서비스에서 다양한 역할을 하였다.

공공복지에 대한 보다 통제적인 양상을 띠고 있는 상황 속에서 사회복지실천은 공공서비스의 자비심과 배려심을 유지하는 데 중요한 기여를 하였다. 사회복지실천은 개인의 불행 또는 박탈은 개인적인 결함에 의한 것일 뿐만 아니라, 개인적 삶의 경험방식에 대한 것은 구조적인 사회적 불평등에 의해 영향을 받는다는 정치적 이념과 사회정책 속에서 인정되고 있는 것처럼, 사회에서 종교적 그리고 다른 인류애적 관심을 반영하였다. 사회복지사는 시민들의 삶속에 정부개입의 영향을 완화시키고 인도적으로 하기 위해 고용되었다. 사회복지사는 조직에서 자신들이 지각한 불평등에 도전하면서 자신의 역할을 재빨리 발전시켜 나갔다.

보건과 사회적 보호의 제공은 수십 년간 조금씩 성장해 왔다. 하지만 1971년에 최초로 사회서비스국의 설립은 그 직업에 분명히 구별되는 조직적 정체성을 제공하였다. 구호금 분배자, 아동보호사회복지사 그리고 정신보건사회복지사 사이에 오래된 구분은 새로운 일반적 서비스가 만들어짐에 따라 사라졌다. 이것은 지방정부의 재편성까지 계속되었고, 1980년대 후반과 1990년대 초기에 사회복지사업에 영향을 끼친 법률이 쏟아져 나온 것은, 여전히 지방정부의 사회서비스국에 주로 고용되면서도, 사회복지사가 전문가팀으로 재집단화됨을 의미하였다.

21세기가 시작될 무렵에, 추세가 다시 변하였다. 보호관찰 서비스가 교정서비스에 흡수되고, 노인, 학습장애와 신체적 또는 정신적 질환을 가진 사람들을 위한 사회복지사는 일차보건의료기관에 속한 다전문기관팀에 고용되었다. 새로운 집단이 아동과 그들의 가족을 지지하기 위해 구성되었다(Sure Start, Connexions, Youth Offending Teams). 일차보건의료기관(Primary Care Trusts)과 아동복지를 위한 파트너십의 총체적 기구(Children's Trusts)의 설립은 사회복지사가 고용된 조직구조를 재편성하였고, 앞으로도 조직적인 변화가 더 있을 것 같다. 이것은 개인들이 사회복지실천을 다양한 다학제적 집단으로 전문화시키는 조직 외부로 이동하여, 그곳에서 전문적 정체성을 유지하기 위해 투쟁할 수 있다는 것을 의미한다. 이런 여건 속에서, 사회복지의 역할에 독특한 것, 어떤 분야에 대한 전문성 그리고 사회복지사가 서비스이용자의 욕구에 부응할 수 있는 어떤 특정한 기여에 대해 의견을 전달할 수 있는 것이 중요해지고 있다. 자격취득 훈련과 함께 사회복지학위(2004)는 사회복지사가 지녀야 할 것으로 기대되는 지식의 전문적 그리고 일반적 영역을 확인하고 있다. 그렇지만, 분명한 직업적 정체성을 유지하는 일이 더 어려울 가능성에 대한 걱정은 어쩔 수 없다.

일차보건의료기관은, 지방협정에 따라 국가건강서비스(National Health Service : NHS), 지방 당국, 자원봉사 그리고 민간부문 기관들이 결합된 것이다. 개개의 일차보건의료기관은 지역전략파트너십(Local Strategic Partnerhship)에 따라 지방정부와 지역사회가 연대해서 추진한다. 파트너십은 지역욕구를 사정하고, 욕구집단을 위한 국가의 서비스지원틀(National Service Frameworks)에 근거해서 계획을 수립한다. 이것으로부터 상세한 지역계획이 만들어진다. 일차보건의료기관 안에서 건강과 사회적 케어의 양상은 역사와 환경에 의존하면서 지역마다 매우 다양하게 전개되고 있다.

아동복지를 위한 파트너십의 총체적 기구(Children's Trusts)를 만들기 위한 계획안이 2004년(DfES, 2004)에 공표되었다. 이것은 지역교육, 사회적 케어 그리고 아동과 청소년을 위한 건강서비스를 통합하고 있다. 2006년까지 대부분의 지방정부는 다음과 같이 세 가지 특성을 갖춘 아동복지를 위한 파트너십의 총체적 기구(Children's Trusts)를 보유하게 될 것이다.

- 정책제안서(DfES, 2003b)의 다섯 가지 성과영역(즐김과 성취, 안전유지, 건강유지, 긍정적 기여와 경제적 번영)을 포괄하는 명확한 단기 그리고 장기의 목표.
- 이런 성과영역을 이행하고 Trust에서 서비스의 책임 그리고 조직 밖에서 서비스의 조정에 대해 전반적 책임을 지고 있는 아동서비스의 책임자(Director of Children's Services).
- 예산에 의해 지지되는 단일한 계획과 위탁기능. 이것은 한 영역에서 아동욕구의 전반적인 윤곽을 그리고, 이런 욕구에 반응하기 위하여 공공, 개인, 자원봉사 그리고 지역사회를 통해 공급을 개발하는 것을 포함하게 된다. Trust는 아동과 가족에 대해 그들의 욕구의 그림에 함께 넣고, 이런 욕구에 부응하기 위한 서비스를 계획하는데 포함해야 한다.

(DfES, 2004)

Trust의 핵심적인 특성은 다음과 같다.

- 아동센터와 포괄적인 학교 같은 서비스들이 함께 위치하는 것.
- 다학문적인 팀과 담당 워커 시스템.
- 서비스 간에 공통된 사정도구.

- 경고신호들이 합쳐지고, 아동의 성과가 시간이 지나면서 측정될 수 있는 서비스 간에 정보의 공유시스템.
- 직원이 아동보호 같은 주요정책과 절차에 대해 단일한 메시지를 보유하고 각자의 역할과 책임에 대해 배울 수 있도록 하기 위해 어떤 동일한 교과목 단위로 훈련에 참여하기.
- 아동보호를 위한 효과적인 협정.
- 정신건강 문제를 갖고 있는 부모에 대한 서비스 같은 다른 서비스와 상호 연관된 문제를 다루기 위한 협정.

(2004: 1)

사회복지사가 서비스이용자와 다른 전문가들과 함께 동반자적 관계로 아동과 성인에 대한 자신의 역할과 책임을 실천하고, 일을 하는 것은, 자신이 맡은 지역적 다양성과 함께, 이런 구조적인 틀 안에서 가능하다. 따라서 이 장에서는 서비스이용자 그리고 다른 실천가들과 형성한 관계의 개념은 물론 원조기술의 전문적 사용에 영향을 미치는 조직의 일부분이 되는 방식에 대해 살펴본다. 이런 구조적인 틀은 전략적 결정을 내리고 관리하기 위한 거대한 관료적 구조, 지역수준에서 서비스를 전달하는 소그룹 그리고 특정한 욕구에 부응하기 위해 지역에서 기관과 연계되는 네트워크를 포함한다. 따라서 조직과 그 안에서 관계를 형성하는 방법을 이해하는 것은 사회복지사를 위한 필수적인 전문적 기술이 되고 있다.

3. 조직 그리고 조직분위기(조직풍토)

어떤 종류의 조직이 사회적 케어서비스를 전달하는데 가장 적합할 것인가에 대한 논쟁이 있었다(Seden, 2003). 조직은 복잡하고, 구조(역할과 책임을 정의하기 위한 공식적인 제도)와 문화(사람들이 구조 내에서 작용하는 비공식적 방법)를 포함한다. 여러분은 자신의 조직(또는 그것의 한 부분)과 외부적인 요인 사이에 관계를 이해하는 것이 매우 중요하다. 이 장에서 초점은, 전문가가 고용된 것이 어떤 구조이든 간에, 협조적인 작업을 위한 관계의 중요성에 있다. 일반적으로 사회복지사는 서비스이용자, 돌보미, 다른 전문가, 관리자, 조정자 그리고 지역사회의 복잡한 네트워크와 함께 일한다.

서비스전달에서 핵심요인은 조직분위기(조직풍토)이다. 글리슨과 헤멜간(Glisson & Hemmelgarn, 1998)은 긍정적인 조직분위기(낮은 갈등, 협조, 역할 명확성 그리고 개인화)는 자신들이 연구한 서비스에서 더 나은 서비스결과를 산출한다는 것을 발견하였다. 위임된 업무와 협약관계에 복지의 혼합 경제가 있는 반면, 페트리와 윌슨(Petrie & Wilson, 1999)은 만약 그 모델이 아동을 위해 복지서비스를 제공하는 것이라면, 협약은 (공유된 가치, 신뢰, 개방되고 탁 트인 의사소통, 좋은 협력관계 그리고 문제해결에 근거한) '합리적'일 필요가 있다고 주장한다. 팀 내에서 그리고 기관 간 파트너십으로 일하는 것은 능숙한 상담가가 상대방에게 존경을 나타내고, 기관 간에 긍정적인 분위기와 관계를 창조하기 위한 이해와 진실성이 있는 개인기술을 필요로 한다.

4. 휴먼서비스 조직의 특성

한센필드(Hansenfield, 1983)는 어떻게 거대한 관료적 서비스조직이 복지국가에서 성장의 산물이 되고, 시민의 개인적 복지를 관리하고 촉진하도록 고안되었는지, 그리고 서비스를 적절하게 사정하는 메커니즘을 확립하고, 그에 따라서 자원이 공평하게 분배되는지를 분석하였다. 이를 위해 조직은 공식적인 규정, 절차 그리고 책무성의 시스템을 사용한다. 이런 서비스조직의 핵심적인 활동은 '직원과 클라이언트 사이의 관계'이다. 활동 그리고 타인에게의 지시를 누가 결정을 내리며, 누가 자원에 대해 권한을 갖는지에 대한 접수단계의 통제적 문제들에 관한 메커니즘이 확립되었다. 이런 거대한 조직 내에서, 클라이언트와 현장 사회복지사는 권한이 부족할 수도 있다. 왜냐하면 기관의 조직이 '자원과 서비스가 교환되는 일련의 거래관계'를 중재하고(1983: 178), '휴먼 서비스조직의 우세한 권한은 조직이 서비스 수혜자의 삶에 상당한 통제력을 발휘할 수 있게 해주기 때문이다'(1983: 180). 조직의 규정이 제공에 대해 책임을 지거나 공급의 부족은 그들을 개인적인 책임으로부터 벗어나게 해주기 때문에, 이것은 또한 조직에 속한 전문가들에게 자신들이 맡아야 불유쾌한 역할에 대한 걱정을 완화시켜 준다.

구조는 일반적으로 결정에 도전하는 불만의 메커니즘을 포함한다. 하지만 때때로 이것은 매우 관료적이어서 워커가 결정의 효과성에 대해 자신감을 잃어버린 것처럼 보일 수도 있다. 때때로 워커와 클라이언트 사이에 합의의 비공식적 네트워크가 발생해서, 비공식적인 것으로 공식적인 절차를 전도시키거나 제쳐 놓는다. 립스키(Lipsky, 1980)는 거대한 공공기관에 있는 사회복지사를 '거리의 관료조직'이라고 묘사하면서 이렇게 기술하였다.

> 거리의 관료조직의 결정, 그들이 만든 일상적인 틀, 그리고 그들이 불확실성과 업무압박에 대처하기 위해 고안한 제도들이, 효과적으로 그들이 수행하는 공공정책이 되고 있다. 나는 공공정책이 입법부나 최고위층의 행정관료에 의해 만들어질 때 가장 이해될 수 없다고 생각한다. 왜냐하면 중요한 방법적인 면에서, 이것은 사실 혼잡한 사무실 그리고 거리의 워커들과 일상적인 만남 속에서 이루어지기 때문이다. 나는 정책갈등은 이익집단의 주장에 따라 표현될 뿐만 아니라, 개별적인 워커 그리고 클라이언트 구조에 도전하거나 복종하는 시민들 간 투쟁에 놓여 있다고 본다... 최선으로 거리의 관료들은 자신들이 대중을 공평하고 적절하게 그리고 성공적으로 다루는 것을 다소 허용하는 수많은 절차들을 고안하면서 반응한다. 최악으로, 그들은 편파주의, 고정관념 그리고 일상화에 굴복하게 되는데, 이것들은 모두 개인 또는 기관의 목적에 부응하게 된다.

립스키(Lipsky, 1980)는 '우리는 사람들이 결정을 내리고 공공서비스에서 다른 사람들을 다루도록 해야 하고', 기관들은 '시민, 클라이언트와 워커, 그리고 정부 사이에 관계를 재강화할 수 있다'고 결론을 내렸다. 대부분의 비판들은... 사람들이 적절하고 공평하게 또는 존중하는 만남을 수용하는데 실패한 정도에 초점을 둔다(1980: 193). 좋은 실천은 다음과 같은 것들이다. 즉 명확한 의사소통; 옹호; 권리에 대한 지침; 거래의 요약; 정규적인 재검토; 조사와 책무성(1980: 185). 이외의 재량권이 모니터링을 필요로 하는 또 다른 중요한 요인으로 확인되었다. 관리자는 다음의 사항이 요구된다.

- 정책에 대한 자율권과 영향력을 격려하기.
- 현재의 일선현장의 실천을 향상시키기.
- 일선관료들이 더 효과적인 변화의 지지자가 되도록 도와주기.

(1980: 193)

립스키의 사상은 아직도 영향을 미치고 있다. 엘리스, 데이빗과 루메리(Ellis, Davis & Rummery, 1999)는 립스키의 주장에 따라, 사례관리시스템과 사회복지사에 의한 '하의 상달식'의 결정 사이에 긴장을 조사하였다. 그들은 이것이 서로 다른 팀들이 자신들이 관찰한 바에 따라 서로 다른 방법으로 전개되는 것을 발견하였다. 어떤 워커는 자신의 시간과 자원을 보호하기 위해, 배급 제도를 사용하는 반면, 다른 사람들은 여전히 재량과 자율 그리고 서비스이용자의 정의된 욕구의 증진을 자신들의 전문적 영역의 중요한 하나로 보았다.

5. 사회복지의 영역

사회복지 영역의 경계와 사회복지 업무의 본질에 대해서는 많은 논란이 제기되고 있다(Lhullier & Martin, 1994; Abbott, 1995). 애보트(Abbott, 1995)는, 미국적인 관점에서 기술하면서, 이렇게 결론을 내렸다.

- 사회복지사는 전문성의 변화하는 구조에 대해 걱정하지 말아야 할 것이다. 대부분의 전문직은 과도기와 변화에 직면하고 있다.
- 영역을 넘어선 연계의 학문으로서 사회복지는 다른 전문직에서의 변화와 연관되어 있다.
- 공공원조는 사회복지가 영역을 쥐고 있는 분야이다.
- 사회복지사의 대중적인 인식은 여전히 '그들은 사람들을 도와준다'라는 것이다. 사회복지사는 캐릭터의 속성에 기반을 둔 대중적 이미지를 보유하는 것에서 남다른 면이 있다.

그렇지만, 영국에서 사회복지의 대중적인 인식은 자원의 부족, 그것의 배치에서 융통성의 부족, 관리주의 실천 그리고 통제적 기능에 전념하는 것을 통하여 변색되고 있다. 서비스이용자와 실천가의 연합을 통해 도출되는 더 자유로운 실천유형의 개념은 베레스포드와 크로프트(Beresford & Croft, 2004)에 의해 제시되었다. 그들은 전문가, 서비스이용자 그리고 그들의 조직과 활동 사이에 더 긴밀한 연계와 제휴를 주장하였다. 조르단(Jordan, 2004)은 사회복지사는 자신의 역할을 분열시킬 잠재력을 지닌 조직의 변화를 통하여 자신의 정체성과 전문성에 대한 관리가 필요할 것이라고 언급했다. 조르단(Jordan, 2004)은 '이러한 명확한 정체성과 전문성은 문제의 사회적 양상 그리고 그것의 해결을 강조한다'고 주장하였다.

조직에서 사회복지사의 역할에 대한 분석은, 사회복지가 사회적 관계에 대한 정도를 확인할 수 있기 때문에 중요하다. 이것은 상담 기술이 사용될 수 있는 분야를 설명해 줄 수 있다. 왜냐하면 이것은 관료조직 내부와 다른 종류의 조직에서 만남을 촉진시키는 필연적인 부분이기 때문이다. 돌봄은 윤리적으로 다루어질 필요가 있다. 그리고 상담 기술은 합법적인 요구를 거절당하는 사람들을 달래기 위한 서비스에서 사용되지 않다. 이것은 차라리 수급권을 중재하고, 욕구에 따른 호소나 불평등을 옹호하고 촉진하며, 사회복지의 가치를 지지하고 전달하며, 자유로운 패러다임과 새로운 제휴에 대한 운동이 나타날 수 있도록 해야 한다(Abbortt, 1995). 사실, 복지서비스가 21세기로 향할 때, 영국의 4개 지역에서 서비스전달을 위한 새로운 종류의 조직과 기관들은 이미 구성되어 있었다.

상담 기술과 관계 기술은 사회복지사가 개인들과 공공의 이익을 위한 복지서비스 사이에 영역을 절충하는 것을 도와줄 수 있는 능력이 있다. 상담 기술은 이용자가 관리자에게 명확하게 표현하는데 사용되며, 역으로, 개인들이 혼란스럽지만 변화하는 것을 지지하는데 사용된다. 상담 기술은 사회적 수용과 배제 사이를 조정하는데 사용된다. 존중, 이해 그리고 진솔성의 가치들이 기술에 의해 전달되어야 한다(Brown, 1993).

진솔성과 이해는 조직의 문제에서 다음에 것들에 의해 전달된다. 즉 모든 의사소통에서 주의와 고려, 상대방에 대해 귀 기울이기, 자신의 역할에 대해 적절하게 공유하고 완화하기, 비밀유지에 주의를 기울이고 차이를 터놓고 논의하기. 존중은 능동적인 경청, 주의 깊은 자세, 공손한 전화자세, 판단이나 비난을 피하기, 차이를 수용하기, 들은 것을 기억하기, 업무범위를 유지하기(즉, 모임에 늦지 않기, 모임을 위한 장소가 편안하고 접근 가능할 수 있도록 확인하기, 중간에 끼어드는 것을 피하기 그리고 주의 깊고 정확하게 공유된 기록을 유지하기). 이처럼 상세하게 주의를 기울이는 의사소통절차는 자기 자신의 능력과 기술의 사용을 필요로 한다. 여기에 포함된 '감정적 노동'은 보건 그리고 사회적 케어에서 업무의 핵심적 요소로 떠오르고 있다(Rogers, 2001).

6. 정보기술과 비밀유지

상담은 항상 비밀유지 규정을 갖고 있고, 이는 사회복지에서도 마찬가지이다. 상담가는 자신의 클라이언트, 자신 그리고 감독자 사이에 비밀을 유지할 수 있다(정보의 노출이 위해나 위험으로부터 보호를 위해 요구될 때를 제외하고). 정신치료사와 상담가를 위한 윤리적 구조의 틀은 다음과 같다.

> 클라이언트의 비밀유지를 존중하는 것은 신뢰를 유지하기 위한 근본적인 요구사항이다. 비밀유지의 전문적인 관리는 개인적으로 확인할 수 있는 것과 권한이 없는 노출로부터 민감한 정보의 보호에 관계한다. 정보의 노출은 클라이언트의 동의나 법에 의해 권한을 부여 받을 수 있다. 어떤 정보의 노출이라도 클라이언트의 신뢰를 가장 잘 지켜줄 수 있는 방법으로 이루어져야 한다. 실천가는 일반적으로 자신의 비밀유지에 대해 그리고 특히 클라이언트의 동의 없이 만들어진 어떤 노출에 대해 자신의 클라이언트 그리고 자신의 직업에 대한 책임을 기꺼이 질 수 있어야 한다.
>
> (BACP, 2004: 7)

사회복지조직에서 비밀유지는 관련된 사람들의 수, 보유한 정보의 특성, 사용되고 있는 전산자료를 입력할 수 있는 직원들의 수 때문에 더욱 복잡해지고 있다. 법적인 구조의 틀은 정보보호법(1998)에 의해 확립되었고, 여기에는 두 개의 주요한 원칙이 있다.

1) **접근권한**: 자신에 대해서 무엇이 보관되었는지 알고, 그것이 정확하고 공평한 것인가를 확인할 수 있는 권리.
2) **비밀유지의 권한**: 타인들이 자신에 관한 보관된 정보에 공인되지 않은 접근을 할 수 없다는 것을 기대되는 권한.

이것은 실천에서 매우 어려운 것으로 알려지고 있다. 예를 들어, 비밀유지에 대한 관련사항들은 일반적으로 자료를 허락하지 않는 것으로 (잘못)사용되고 있다. 윈체스터(Winchester, 2004)가 언급한 것처럼, '사회적 케어는 대부분의 다른 분야보다 이런 법조항에 더 많은 문제점을 지니고 있다. 사회적 케어전문가가 접근하는 대부분의 정보는 민감하다. 하지만 그것을 신속하게 그리고 적절하게 공유하는 것은 생명을 구할 수도 있다.' 기관들 간에는 공유된 자료의 사용과 관련하여 추가적으로 연관된 것이 있다. 정보와 관련된 예를 들면, 2004년에 의뢰와 추적 시스템(Referral and Tracking System)이 아동보호를 위해 도입되었다. 원칙은 '여러분은 오로지 절대적으로 필요한 사람에 대해서만 정보를 수집해야 하며, 오로지 그 정보에 대해 진짜 필요한 사람만 그것에 접근할 수 있어야 하고, 그것이 더 이상 필요 없을 때는 즉시 폐기되어야 한다.'는 것이다(Bingham in Winchester, 2003: 39). 그렇지만, 누가 '필요'를 정의하고, 어떤 기준에 의할 것인가? 지침의 뉘앙스가 실천상황에서 적용될 때 실천가가 서비스이용자와 서로 '대화를 유지하는 것'이 매우 중요할 수 있다(Sone, 1996).

사회복지사는 지역욕구에 더 반응적 접근성과 더 나은 서비스를 창조할 목적으로 보건, 주택, 교육, 청소년비행 그리고 다른 사람들과 함께 새로운 업무제휴를 하게 된다. 그렇지만, 이튼(Eaton, 1998)이 말한 바에 따르면, '이것은 같은 것으로 귀결 된다: 가장 큰 문제는 구조가 아니라, 직원과 그들의 관리자가 갖고 있는 태도이다.' 사회복지사는 (조직의 형태가 무엇이든 간에) 기술적인 합리성뿐만 아니라, 실천을 촉진하기위한 상담 기술의 사용이 윤리적인 것을 유지할 수 있는 행동의 반영을 통해(Schon, 1983) 책임질 수 있는 자율성으로 서비스이용자에게 인간적으로 반응하는 방식으로 일하기를 원할 것이다. 사회정책에 대한 사상의 변화 그리고 복지에 대한 접근방법은 대중과 소통하고 있는 사회복지사에게 필연적으로 영향을 미친다. 하지만 실천 속에서 소비자들과 관계를 유지하고, 조종함이 없이, '선택'과 '제 목소리내기'를 촉진하기 위해 상담 기술을 사용하는 것이 가능하다.

다음의 실천사례는 상담 기술이 시설보호가 필요한 부부에 대해 사정절차의 틀 내에서 사용된 것을 보여준다. 사회복지사는 노인담당팀과 요양시설을 연계하는 일을 하고 있다. 이것은 업무의 '일상적인' 한 단면이지만, 사람들의 욕구는 개별적으로 매우 중요하게 다루어지고 있다.

실천사례 : 송찬우 그리고 그의 부인 최미순

최미순은 그녀의 남편이자 간병인인 송찬우가 심장발작을 일으키자 긴급구호시설에 입소가 필요하였다. 최미순은 신체적으로 매우 허약하고 치매진단을 받았다. 지역정신치료소에서 단기간 긴급입소가 제공되었다. 하지만 송찬우가 병원에서 퇴원한 후에 그의 아내를 돌보는 것에 대해 걱정이 생겼다. 송찬우는 자신의 주요한 욕구는 아내와 함께 지내는 것이라고 느꼈다. 실천가는 그의 자택을 방문해서 그의 욕구를 사정하였다. 그는 개인적인 일과 관련하여 최소한의 원조를 필요로 하였지만, 집안일에는 많은 원조를 요구하였다(거동의 불편, 헐떡거림의 심장상태로 인해 휴식을 취하라는 병원의 조언에 의해). 최미순은 따로 사정을 받았다. 두 개의 사정을 통하여 육체적 그리고 정신적 면에서 서로 다른 욕구를 확인하였다. 무엇보다 우선적인 관심사는 두 부부가 함께 있고자 하는 바람이 분명하였다. 송찬우는 부인인 최미순과 떨어져 있을 때 편안하지 못했고, 부인은 그를 애타게 기다렸다.

둘이 함께 입소할 수 있는 시설을 물색하였지만, 송찬우의 신체를 돌보는 것은 물론 최미순의 정신건강욕구에 부합할 수 있는 곳이 필요하였다. 시설들의 구조(그들이 확인한 바에 의하면)는 어딘가 최미순에게 가능한 곳이 발견되면, 송찬우를 제외한 대부분의 거주자들은 인지장애인임을 의미하였다. 부부는 공동거실로, 시험 삼아서, 4주간만 매주 상황을 살펴보기로 하고, 옮겼다. 그렇지만 송찬우는 그렇게 많은 혼란스러운 사람들과 함께 지내는 것이 매우 피곤하다는 것을 알게 되었다. 그럼에도 그가 만약 집으로 돌아가면 그의 아내가 그리울 것으로 느꼈다. 그는 또한 입소시설을 놓쳐버릴지도 모른다고 걱정하였다. 그는 시험삼아 한 달을 머물기로 동의하였다. 그는 시설에서 약간의 사회적 지지를 받기 위해, 분리된 방을 사용하고, 직원들이 그를 덜 혼란된 일부 입소자들과 연계하기로 결정하였다. 사회복지사는 매주 그를 방문하였다.

사회복지사의 방문은 송찬우에게 자신의 걱정을 믿을 수 있는 누군가에게 나눌 수 있는 기회를 제공하였다. 실천가는 시설에 대한 송찬우의 주장에 대해 경청하였고, 이것은 특히 덜 혼란스러운 입소자들과 예정된 첫모임이 이뤄지지 않았을 때, 직원에게 행동으로 옮길 수 있는 **피드백**이 되었다. 자리배정의 한계에 대한 대화가 이루어졌다. 그리고 송찬우는 다가오는 면담에서 자신이 무엇을 말할 것인가에 대해 곰곰이 생각해 볼 수 있었다. 그는 친척들이 방문하지 않은 것에 대한 걱정 그리고 최미순에 대한 감정, 장래에 대한 걱정을 함께 나누었다. 여기에는 또한 유언장을 작성하고 재산을 정리하는 것 같은 실제적인 문제도 있었다(**주의 깊은 경청, 탐색적인 질문, 명료화, 요약, 감정의 정화, 공감**). 안타깝게도 송찬우는 심장병이 더 악화되어 다음 면담일 전날 병원으로 되돌아갔다.

이 사례는 사회복지사가 능숙하게 사정을 완료하고, 적절한 케어를 확보하게 하고, 부부 모두의 욕구에 실제로 적합하지 않은 조직구조에서 진전 가능성을 재검토하는 것을 보여준다. 사회복지사는 또한 요양시설에 있는 사회적 케어 직원과 긴밀한 협조관계를 유지하였다. 절차적인 틀 안에서, 실천가는 송찬우와 관계를 형성하고, 또한 상담 기술이 송찬우가 자신의 의견을 표현하고, 가능한 한 그가 자신의 선택을 발휘하는 것을 돕기 위해 사용될 때, 또 다른 중요한 일들이 해결되었다. 실천가의 업무는 스크루튼(Scrutton, 1989)에 근거를 두고 있는데, 그는 이렇게 기술하였다. '단도직입적으로, 상담은 정서적 그리고 사회적 스트레스를 경험하고 있는 사람들에게, 시간을 내고, 그들의 문제를 경청하고, 그들에게 반응하면서, 따뜻하고, 공감적이고, 이해하는 관계이다'(1989: 6-7).

사정과 재검토 사이에 4주간의 회기 속에서, 실천가는 효과적인 사회복지실천의 서비스에서 개인적인 기술을 유용하게 사용하였다. 워커는 **무조건적 긍정적 존중, 공감적 이해 그리고 진솔성**을 제공하였다. 하지만 워커는 공감적 이해가 문제를 부인하는 것을 의미하지 않았다는 것을 되새겨보았다. 워커는 어쩌면 어려운 주제를 개방하기 위한 기회와 **두려움과 걱정의 표현을 허용하는 것**은 충분하지 못했던 것 같다고 반성하였다. 때때로, 사회복지의 역할은 가장 유익하게 보이는 것에 대한 조언을 의미하였지만, 또한 송찬우의 바람에 대한 **경청**도 가능하였다. 워커는 사회적 역할, 친구, 가정의 상실 그리고 노쇠한 질병으로 인해 일생의 동반자의 **상실에 대한 느낌에 주의**를 기울일 수 있었다.

처음에 송찬우는 자신의 아내와 함께 지내려는 자신의 감정적 욕구가 자신의 신체적 장애와 관련한 다른 어느 욕구보다도 더 그에게 중요하였다고 말하였다. 부인에 대한 걱정이 그에게 영향을 미치기 시작할 때, 상담 기술이 그가 환경에서 피할 수 없는 변화에 대해 말하는 것을 도와주는데 사용되었다. 그는, 매우 단기간에, 그의 배우자의 증가된 혼란 상태에 대응하기 위해, 부인을 계속 돌보는 것에 대한 자신의 무능력, 자신의 집에서 나가는 것에 대한 걱정 그리고 자신의 노쇠한 신체적 건강에 대해 근심하였다. 그는 가능한 한 아내를 오랫동안 돌보기를 원했다. 하지만 그의 질병과 비교하여 아내의 상대적으로 좋은 신체적 건강은 이것을 곤란하게 만들었다. 그는 자신의 사회복지사에게 자신의 죽음에 대한 걱정 그리고 항상 자신을 위해 그곳에 있던 자신의 아내와 더 이상 말을 할 수 없게 된 사실에 대해 털어놓았다. 그는 별다른 해결책이 없었고, 그 외 여러 가지 가족문제에 대해 말하였다. 돌이켜보면 워커는 최미순보다 먼저 죽는 것에 대한 남편의 걱정에 대해 더 많은 대화를 나누었으면 좋았을 것이라고 아쉬워했다. 왜냐하면 송찬우는 두 번째 심장발작으로 입원한 후 세상을 떠났기 때문이다.

상담 기술은 조직과 자원의 제약에도 불구하고 클라이언트의 선택을 촉진시키는데 사용되었다. 사회복지업무에 대한 일반적인 행정적 접근 방법이었다면 클라이언트의 영향력을 빼앗아버리고 연령으로 인해 잠재적으로 차별하였을 것이다. 고령의 서비스이용자는 질병과 무능력이 자신의 일상적인 대처방식에 영향을 미칠 때 지위와 정체성에 상당한 타격을 받는다. 이것은 동료나 배우자의 질병과 죽음 그리고 자신의 죽음이 가까워짐에 대한 인식에 의해 뒤섞인다. 개인들이 이처럼 자신의 삶에 대한 한계가 증가함에 따라 가능한 한 통제할 수 있는 범위 내에서 자신의 능력을 발휘하려는 것에 대한 워커의 존중은 매우 중요하다. 긍정적인 선택이 발달적 관점으로부터 인간중심 방법을 통하여 실천에서 이루어질 수 있다.

7. 자발적 그리고 독립적인 영역의 기관

일차보건의료기관(Primary Care Trusts)과 아동복지를 위한 파트너십의 총체적 기구(Children's Trusts)는 자발적, 자선적 그리고 개인의 사적인 조직을 포함해서 조직할 수 있다. 그것들은 비록 법률적인 의무가 없지만, 발전을 선도하고 서비스이용자를 대표하여 종종 핵심적인 역할을 맡는다. 서비스이용자에 의해 서비스가 종종 더 가깝고 접근 가능한 것으로 보일 때, 그것들은 또한 서비스 제공자로써 핵심적인 역할을 유지하고 (지역사정에 따라서) 트러스트 이사(Trust Boards)를 대표할 것이다. 이런 조직들은 많은 자격 있는 사회복지사를 고용하고, 사회복지사를 훈련하고, 대중에게 직접적인 서비스를 제공한다. 사회복지사는 또한 가사서비스, 알코올과 약물상담서비스, 가족센터, 아동과 성인을 위한 주거케어서비스, 상담센터 그리고 옹호서비스 기관에 고용된다.

이런 기관의 대부분은 높은 수준의 상담 기술을 요구하는 치료서비스를 제공하고, 워커들은 직접적인 상담 업무에 종사한다. 그러므로 크고 작은 조직에서 책임을 질 수 있는 효과적인 방법으로 일하기 위해 개인적인 기술을 보유하는 것이 중요하다. 소규모의 조직이나 덜 위계적인 구조의 조직들은 종종 실천가에게 서로 다른 종류의 실천을 위한 기회를 제공한다. 예를 들어, 거대한 국가적 조직인 가족서비스센터는, 다양한 실천을 가능하게 하면서, 지역사회사업, 집단사회사업 그리고 집중적인 개별 가족의 지지를 포함하여, 상담접근에 기초한 치료적 기술을 사용하면서, 지역의 욕구에 반응하는 지역수준에서 운용하는 작은 편성단위들로 특징된다. 소비자들은 원조를 위해 접근 가능한, 비공식적인 메커니즘에 잘 반응하는 것으로 알려지고 있다. 이것은 워커에게 자신의 방법과 개입에서 창조성을 위한 시야를 제공한다. 가족센터의 사회복지사는 여성주의 접근과 인지모델에 근거하여, 젊은 부모에게 다른 세팅에서는 가능할 수 없는 방법으로, 상담을 제공할 수 있었다.

실천사례 : 정아영

정아영은 그녀의 우울증 때문에 개별 상담을 요청하였다. 센터의 개방정책이 이것을 가능케 하였고, 그녀는 매주 구조화된 모임을 통해 상담을 제공받았다. 결과는 긍정적이었다. 작업이 완료되었을 때, 정아영은 자신의 문제로부터 벗어날 수 있음을 느꼈고, 그녀가 해결해야 할 문제들을 알게 되었다고 말했다. 그녀는 자신의 욕구를 충족시키는 것이 가족의 욕구를 충족시키는 것과 똑같이 중요하다는 사실을 인정하게 되었다. 물론 그녀는 여전히 그 당시를 불행하게 느끼고 있을지라도, 그녀는 그것이 그 당시 자신이 대우받았던 방식에 일부 기인한다는 것을 깨달았다. 실천가는 '나의 입장에서, 정아영이가 한 말은 나에게 우리의 상담이 어떤 긍정적 목적을 달성했다는 것을 깨닫게 해주었다'고 결론을 내렸다.

또 다른 사례가 지역사회보호(*Community Care*)에서 언급되고 있는

데, 그곳에서 어떤 가족이 친척에 의한 자녀의 성적학대 후에 사회복지사들과 작업에 임하고 있었다. 모니터링과 사례회의 후에, 가족의 역동성 그리고 자녀의 행동과 관련하여 약간의 전문화된 작업이 권장되었다. 어머니는 이렇게 기술하였다.

> 우리는 가족센터가 우리에게 우호적인 것뿐만 아니라 우리가 그곳 직원들과 관계를 형성하였기 때문에, 그곳에서 작업을 진행할 수 있는지 여부에 대한 질문을 받았다. 우리는 이 작업을 위해 가족센터와 전적으로 협조할 것이다. 그래서 우리는 다시 사례회의를 하는 상태로 되돌아가지 않을 것이다. 우리는 숙희에 대한 위해를 솔직히 인정하지 않는 것이 얼마나 어리석은 것인지를 깨달았다. 하지만 우리는 자녀들을 우리들로부터 빼앗을 거라고 생각하였기 때문에 매우 당황하였다. 돌이켜보면, 우리는 자녀에 대한 것뿐만 아니라, 우리의 결혼에 대해서도 가족센터로부터 많은 지지와 도움을 받았다. 우리는 사회복지사가 가족센터의 가족들과 장기적으로 작업할 시간이 항상 있지 않다는 것을 알고 있다.
>
> (23-31 July, 1997)

만약 자녀와 가족이 사회복지사와 동반자적 관계로 작업을 하려면, 이것은 이용자의 선택이 강요에 근거하지 않을 뿐만 아니라, 욕구를 인정하고 진정으로 협조할 때 발생한다. 신뢰의 분위기가 이것을 촉진한다. 두려움은 은폐와 회피로 이끈다. 가족과 일하기 위한 가족강점접근(Whalley, 1994; Scott & O'Neill, 1996; Turnell & Edwards, 1999)은 초점이나 신뢰를 놓치지 않고, 관계기술에 근거한 임파워먼트 접근방법을 사용한다.

8. 다전문기관의 팀과 일하기

정신건강을 담당하는 사회복지사는 일차보건의료기관 내에서 다전문기관의 팀으로 옮겨가고 있다. 이것은 그 당시에는 상대적으로 시도되지 않았던 조직구조였다. 그래서 팀이 형성됨에 따라 그들은 자신들이 수행하던 실천의 모델과 방법을 발전시켰다. 그들은 서로를 이해하는 방법을 탐색하고, 자신들의 전문적인 정체성을 유지하면서 서비스이용자에 대한 공통된 기술의 토대와 접근방법을 발전시켰다. 이러한 것이 약간의 조정을 요구받는 빌미를 제공하기는 했지만, 협력은 향상되었다. 어느 워커는 이렇게 말했다.

> 우리가 지금 협력하고 있는 작업은 매우 우수하다... 메시지를 사람들에게 전달하는 것은 매우 어려웠다. 그리고 여러분이 사람들에게 말하기 위해 걱정하고 싶지 않은 것들이 많이 있다. 그에 반해 지금, 여러분은 메모를 하는 동안 그들의 눈을 바라보고, 이런 종류의 대화를 시작한다... 나는 팀워크를 효과적으로 구성하는데 나의 관리자가 진짜 중요하다고 생각한다... 우리는 정기적인 지역사회 팀미팅을 갖고, 이것을 통하여 우리는 팀정체감과 지지를 발전시키고, 우리는 그것을 사용한다.
>
> (Charlesworth, 2003: 150)

사람들이 자유롭게 토론할 수 있는 팀미팅은 매우 중요한 역할을 한다. 실천가는 자신의 전문적 정체성에 대한 위협 그리고 자신의 직업과 역할이 통합될지에 대해 관심을 갖는다. 그렇지만, 초기의 걱정과 근심 그리고 실천을 이행하기 위해 보낸 시간에도 불구하고, 어떤 연구(Henderson, 2003)에서는 긍정적인 변화들을 확인할 수 있었다.

> ...사회복지사와 지역사회의 간호사가 매우 비슷한 일을 하는 것에 대한 이해가 있었다...나는 우리가 현재 일어나고 있는 일들에 대해 서로의 역할을 훨씬 더 잘 이해하게 될 것이라고 생각한다. 우리는 사회복지사와 함께 서서 우리의 역할을 보호할 수 있다. 그래서 사회복지와 간호업무 사이에 차이가 상세하고 더 분명하게 되었다...
>
> (The Open University, 2003: manager consultations)

또 다른 관리자는 더 밀접한 업무협력은 역할에 대한 더 나은 이해와 서비스이용자의 이익으로 이끌었다고 생각하였다.

> 나는 우리가 말하는 것은 전문적인 정체성의 유지에 대한 것이라고 생각한다. 나는 사회적 케어를 배경으로 하는 사람들은 자신들이 믿는 것 즉, 사회적 케어가 사람들을 변화시키는데 영향을 미칠 수 있다고 믿는 것을 위해 옹호할 필요가 있다고 생각한다. 그리고 나는 건강케어의 배경을 가진 사람들도 마찬가지로 필요하다고 믿는다. 지금 문제는, 왜 우리는 이 사람들을 함께 두고 있는가?이다. 우리는 워커들을 위해 그것을 하고 있지 않다. 우리는 서비스이용자를 위해 그것을 하고 있다. 그들은 두 가지 사정을 원하지 않는다. 그들은 자신을 상대할 두 개의 조직을 원하지 않는다... 이것은 차이를 존중하는 것에 대한 것이다. 하지만 서로에 대해 경쟁하는 대신에, 우리가 함께 일하는 방법으로...
>
> (The Open University, 2003: manager consultations)

통합된 팀에서 전문가들이 함께 일할 때 유익한 것들은 자기영역에 대한 집착의 감소, 역할과 책임에 대한 재 집중 그리고 정보와 아이디어의 더 쉬운 교환인 것 같다. 그런 전문가들 사이에 언어의 공통된 특징 중의 하나는 상담과 의사소통기술에 대한 그들의 이해이다. 이것들은 반드시 훈련에 의해 얻어지는 것이 아닌 반면, 둘 다 업무영역을 넘어서 사용할 수 있다. 이것은 건강과 사회적 케어에서 의사소통 그리고 관계의 교육과정에 기여한 정신건강 전문가집단에 의해 확인되었다(The Open University, 2004). 그들이 말한 것을 요약하면 다음과 같다.

지역정신보건센터팀의 구성원들은 여러 가지 기술들을 확인하였지만, 상황에 대한 높은 인식과 자신들의 활동에 적절성을 유지하였다. 그들의 서비스를 이용하는 사람들의 대부분은 아프거나 고통을 받고 있다. 그래서 그들은 서비스이용자가 의사를 전달하고 자신에 대해 말할 수 있는 능력을 향상시키기 위해 가능한 한 능숙하게 의사소통을 하는데 매우 민감하고 주의를 기울였다. 그들은 타인들이 듣고 반응할 수 있도록 자기 자신의 기술을 사용한다. 그들의 업무는 위기를 사정하고, 팀에서 함께 일하면서 지지를 제공하며, 다른 기관(즉 주택)과 함께 서비스이용자들에게 혜택을 주는 것이다. 그들은 자신의 업무를 수행할 때 서비스를 이용하는 사람들은 물론 동료들과 이런 기본적인 상담 접근방법을 사용한다.

실천사례 : 다전문기관 팀의 대화

김소희(작업치료사)는 사람들을 편하게 하기 위해 사회적 기술을 사용하고, 서비스이용자가 자신의 상황에 대한 의견을 말하고 함께 나눌 수 있도록 시간을 관리한다고 말했다. 그녀는 질문을 가능한 한 줄이면서 사람들의 대화를 끌어내기 위해 공감과 반복을 사용하였다. 그녀는 상대방이 표현하고 있는 이야기나 관심사에 **끼어들지 않기** 위해 **여유 있게 침묵의 상태를 유지**하였다. 미팅의 후반부에서 그녀는 자신이 서비스 제공에 필요한 정보를 얻기 위해 질문을 사용한다. 그녀는 **친밀감과 신뢰를 형성하기** 원하며, 이것을 가장 잘 하는 것은 **민감성과 공감**이라고 생각한다. 그녀는 서비스이용자로부터 피드백을 주의 깊게 **경청**하고, 그녀가 계속 말할 때 그에 대해 **반응**하는 것을 신중하게 고려한다. 김소희는 자신의 사회적 기술을 부모와 업무의 경험을 통해 배웠지만, 전문적인 상담훈련, 슈퍼비전 그리고 동료들과 함께 하는 것으로부터 도움을 받고 있다.

이명수(정신과 의사)는 사람들에게 **영향을 미치고** 어려운 상황을 해결하는 것에 대해 말했다. 이것은 그가 환자와 팀에게 정신질환을 관리하고 지지하는 것을 도와주기 위한 것이다. 그는 자신의 의학적 수련과 경험을 통하여 의사소통기술을 배웠다. 하지만 그는 그런 기술은 재충전과 정기적으로 점검하는 것이 필요함을 잘 알고 있다.

양숙자(지역정신과 간호사)는 또한 **언어적 기술**을 사용하지만 **비언어적 표현**에 매우 민감하다. 그래서 그녀는 사람들을 편안하게 해주고, 그들이 자기 자신에 대한 감정을 전해줄지도 모르는 비언어적 메시지에 민감할 수 있다. 양숙자는 의사소통기술은 생애초기에 학습되지만, 그것은 훈련과 경험을 통해 직업에서 '잘 조화'된다고 말한다.

조현숙(사회복지사)은 서비스이용자가 경험하는 불이익에 대해 매우 민감하다. 그녀는 사람들의 환경을 개선하고 그들의 이야기를 듣고 있다는 것을 확신시키기 위해 다른 기술은 물론 **옹호**와 **자기주장**을 사용한다. 그녀는 자신의 직업적 배경으로부터 사회적 불평등에 대한 높은 의식수준을 갖고 있고, 훈련을 통해 자신의 기술을 향상시키고 있다. 그녀는 '지속적인 반영'이 자신의 실천을 발전시키고 향상시키는 방법을 추구하는 과정에서 실제로 매우 중요하다고 말한다.

정혜리(팀의 서무)는 차분하고 사람들이 접근하기 쉬울 수 있도록 일한다. 그녀는 사람들이 걱정하고 있을 때 그들을 안심시키기 위하여 **공감**을 사용한다. 그녀는 사람들을 '내가 대접받고 싶은 것'처럼 상대한다. 그리고 상대방들의 서로 다른 유형에 유연하게 접근한다. 그녀는 '직업상' 타인들로부터 배운다. 그리고 지금은 타인들이 배우는 것을 도와줄 수 있다고 느낀다. 또한 **비밀유지**가 그녀의 역할에서 중요하다.

9. 전문적인 상담 서비스

상담 기술은 사회복지사가 자신의 조직 내에서, 기관 간 업무협력 그리고 다전문기관의 팀에서 자신의 과업을 달성하는데 유용하다고 주장되고 있다. 여기서는 더 진전된 기술이 요구되는 조직에서 사회복지사의 전문적 역할에 대해 살펴본다. 약간의 핵심적인 주제가 또한 포함된다. 하지만 사회복지사가 단기 지지적 상담을 제공하는 것을 통하여 효과적인 기여를 할 수 있는 세팅들이 많이 있다. 사람들은 종종 비용이 많이 들고, 멀리 있는 서비스에 의뢰되기 전에 지연되지 않고, 즉각적인 원조에 의해 가장 도움을 많이 받는다. 만약 고충처리를 담당하는 사회복지사가 즉각적인 어려움을 해결하기 위해 단기 상담을 제공할 수 있다면 도움이 된다. 전문화된 기관에 속한 워커들은 분명히 자신들의 특정한 실천영역과 관련하여 더 진전된 기술이 필요하다.

10. 입양과 위탁서비스

아동을 일시적 또는 영구적으로 타인의 보호에 맡기는 전문화되고 복합적인 분야에서 사회복지사의 관여는 높은 수준의 상담 기술을 요구한다. 입양, 위탁보호자 사정 그리고 입양후 사후관리 업무에서 개인을 원조하는 것은 많은 변화와 불확실성에 잘 적응시키는 것을 의미한다. 전문적인 업무는 종종 과거에 입양되어서 자신의 출생배경과 연락이 끊겨버린 성인들을 위해 친부모를 찾거나 그렇지 않은 것과 연관된 일을 맡는다. 이 분야에서 사회복지사는 전문적인 지식, 민감성 그리고 진전된 상담능력이 요구된다.

11. 아동안전 보호하기

아동안전 보호와 관련된 모든 업무는 민감성을 요구한다. 사회복지사는 신체적, 정서적, 성적학대와 방임을 경험하고 있는 아동을 잘 다루기 위해 진전된 자격훈련이 필요하다. 앞서 언급한 사례 중 일부는 상담 기술의 사용이 이런 작업을 향상시킬 수 있는 방법을 보여준다. 이런 실천가들 중의 일부는 해를 가한 자가 법률위반행위로 고발되었을 때, 법정에서 증언할 아동들을 면담할 수 있도록, 더 진전된 면담기술에 대한 훈련을 받는다(Wickman & West, 2002). 학대의 폭로에 대한 업무를 맡고, 법원절차를 위해 증거를 제시하는 사회복지사는 아동을 직접적으로 다루는 업무에서 유능해야 한다(Jones, 2003, 2004; Aldgate & Seden, 2005). 이때 아동들은 전문화된 치료적 원조의 기회를 갖게 된다. 어떤 사회복지사들은 이것을 제공하는 자원봉사기관에 고용된다. 또한 젊은 아이들에게 과정에 대한 규제 그리고 직접적인 서비스를 위해 의뢰에 대한 선택을 부여하는 것을 목적으로 아동들에게 전화상담 서비스가 확대되고 있다. 이와 비슷하게 어린 시절의 학대경험과 관련하여 성인이나 노인과 함께 일할 때가 있는데, 이것은 전문적인 상담지식을 필요로 한다.

12. 학습장애

학습장애를 지닌 성인과 아동의 선택과 삶의 기회 증진에 대한 인식이 증가하고 있다. 의사소통과 이해에 대한 새로운 이념이 차별을 감소시키는 방법을 신중하게 고려하고 있으며, 서비스이용자의 목소리가 제대로 들리는 치료적 만남을 진정으로 만들면서, 작업을 진척시키고 있다. 브랜든(Brandon, 1989)은 언어, 음악 그리고 미술치료를 포함하여, 그런 상담이 유용하게 활용될 수 있는 방법을 모색하고 있다. 서비스이용자를 위한 중요한 문제는 자기 자신의 삶을 통제하는 것, 그리고 이것이 이루어져야 한다는 전제로부터 출발한 사회복지사를 갖는 것이다(Sinason, 1992).

13. 호스피스, 죽음 그리고 임종

보건세팅에 고용된 사회복지사는, 상담가, 작업치료사 그리고 의료전문가들과 함께, 주로 실제적인 문제와 케어플랜에 관여하지만, 어떤 워커들은 더 치료적인, 상담 역할을 맡는다. 그렇지만, 이것은 비현실적인 구분일 수 있다. 왜냐하면 임종 또는 사별한 사람들을 케어 할 때, 정서적 그리고 실제적 원조를 위한 독특한 욕구가 있기 때문이다(Katz, 2003). 이런 세팅에서 일하는 사람들은 종종 사별상담; 죽음과 임종에 대한 태도; 자신의 느낌에 대한 자각과 그 일이 자신에게 미치는 영향력에 대해 더 진전된 수준으로 훈련을 받는다. 그런 기술은 필요에 따라 적합한 상담 서비스에 의뢰하기 위한 기술과 함께 자신의 업무를 촉진하는데 중요하다. 자원봉사 영역과 개인적 영역이 성인을 위한 호스피스 그리고 중한 질병이나 임종을 맞이하는 부모와 자녀를 위한 서비스를 제공한다. 여기에는 또한 사산이나 설명할 수 없는 '유아돌연사'를 경험한 부모를 위한 전문적인 서비스가 있다.

14. 재난과 위기

보건, 경찰 그리고 다른 서비스와 동반자적 관계에 있는 지방정부는 열차 또는 비행기추락 또는 테러범의 소행 같은 사고에 대한 긴급구호계획에 책임이 있다. 사회복지사는 보통 생존자와 그 장면 그리고 그 후에 충격 받은 친척들을 원조해 줄 전문적인 보호팀에 합류하게 된다. 이런 종류의 업무는 온화함, 동정 그리고 '옆에 있어 주는 능력', 외상과 외상 후 장애의 효과에 대한 지식을 요구한다(Hetherington, 2001).

충격이나 위기에 연관된 사람들에게는 장기적인 효과가 있다.

사회복지사는 종종 어려운 생활사건과 투쟁하고 있는 사람들에게 선택된 절친한 친구가 된다. 때때로 사회복지사는 가정에서 폭력사건이나 비극적 사건이 일어났을 때 이미 그 가족에 연루되어 있을 때도 있다. 이런 역할에서 사회복지사는 특별한 기술이 요구되는 단기 상담의 필요성을 알게 될 것이다. 2004년에 마드리드에서 아침 러시아워시간에 열차가 폭파되었을 때, 사회복지사는 희생가족을 위한 중심적인 역할을 하면서, 신원확인과 장례준비를 통하여 가족을 지지하고, 보호자나 부모가 사망한 사람들을 지지하고, 그들을 돌볼 수 있도록 조치를 취하였다. 이것은 사회긴급구조체제에 의해 조정되었다(Sale, 2004).

15. 세계화

세계를 둘러싼 빠른 변화가 새로운 문제를 가져오고 있다. 예를 들어, 사회복지사는 이민와서 동행 없이 보호시설을 전전하는 사람들과 연관되고 있다. 사회복지사가 이민과 관련하여 수행하도록 요청받은 어떤 역할의 적절성이 의심스럽지만(Humphries, 2004), 성인과 아동에게 유연하게 반응하는 능력과 적대적인 환경에서 자기 자신을 새롭게 그리고 개방적으로 재확립하려는 시도가 중요하다(Department of Health, 2001a; The Open University et al., 2005). 사회복지사는 성인과 아동에게 똑같이 과거와 현재의 경험이 주는 영향에 대해 이해할 필요가 있다. 그들은 적의와 폭력으로부터 피신했을 수도 있고, 자신들의 미래에 대해서 불확실할 수 있고, 친근한 문화적 환경과 뒤에 남겨진 친척들을 그리워할 수 있고, 자신들의 새로운 장소에서 고난, 고립 그리고 어쩌면 적대감을 경험할 수도 있다. 이런 모든 느낌은 기술적인 지지와 원조를 필요로 한다.

16. 알코올과 약물사용

약물을 사용하는 사람과 함께 일하는 것은 또한 사회복지실천에서 중요한 부분이다. 모든 사회복지사는 알코올과 약물사용에 연관된 문제, 그리고 그들이 정신건강, 양육능력, 범죄행위와 관련하여 개인이나 가족에게 해롭게 할 때, 이에 대한 기본적인 이해가 필요하다. 사회복지사는 어떤 상담 유형이 더 나은 결과를 가져올 것인가에 연관된 연구에 관심을 가질 필요가 있다. 예를 들어, 불쾌감을 주는 행위에 대한 인지접근의 사용은 가장 도움이 되는 것으로 알려지고 있다. 많은 사회복지사들이 음주문제나 약물사용의 통제에 대한 상담이나 조언을 해주는 전문기관에 고용되어 있다. 전문적인 접근방법에 있어서는 상담 기술훈련이 요구된다(Unell, 1996; Williams, 1996).

이것들은 사회복지사가 자신의 업무를 촉진하기 위하여 일반적인 상담 기술, 그리고 특정한 분야에서 더 진전된 훈련이 제공될 필요가 있는 업무의 일부에 불과하다. 사회복지사는 또한 출산상담, 정신건강세팅, 불임, HIV와 AIDS 상담에 관계가 있다. 이런 분야에서 사회복지사 업무의 대부분은 케어가 조정되고, 방법이 공유되는 다전문기관 팀 상호간에 발생한다. 어떤 상담 유형이 불필요한 중복을 피하고, 개개의 상황에서 가장 유용한지 정확하게 알려면 훈련이 필요하다. 이것을 달성하기 위해서는 소비자의 피드백이 필수적이다.

핵심 요점

- 사회복지실천 현장에서 조직의 변화는 지속적인 과정이다.
- 조직의 조정은 사회복지사의 역할에 영향을 미치고, 그들이 어떻게 자신의 과업을 수행하는지, 그리고 서비스를 이용하는 사람들과 관련될 수 있는 방식을 분명히 나타내준다.
- 조직의 분위기(조직풍토)는 조직의 구조만큼이나 중요하고, 대인관계 기술에 의해 영향을 받을 수 있다.
- 사회복지사는 서비스이용자를 대표하기 위해 그리고 조직에서 윤리적인 실천을 하기 위해서 상담 기술을 사용할 수 있다.
- 어떤 사회복지사의 역할은 진전된 상담 기술과 전문적인 지식을 요구한다.

자기개발 또는 집단토의를 위한 질문과 활동

1. 여러분이 일하고 있거나, 알고 있는 조직을 기재하시오. 조직구조가 어떻게 사회복지 또는 다른 실천현장에 영향을 미치는가? 여러분은 거대한 관료조직이 개별적인 작업과 서비스이용자와의 관계를 더 형성하기 어렵게 만든다고 생각하는가?(예를 들어 그것들은 너무 많은 의사결정 관리계층을 갖고 있기 때문에). 더 작은 조직이 사회복지를 실천하는데 항상 더 나은 곳인가? 또는 거대하고 공식적으로 잘 정비된 조직이 자원을 공유하는 방식에서 더 책임 있고 공평한가?

2. 개개인들이 조직의 분위기에 영향을 미치기 위해 무엇을 할 수 있는가? 여러분의 현재 또는 과거의 근무장소에서 상담 기술의 특정한 방식이 더 나은 업무관계를 창조하고 유지하는데 기여할 수 있었는가?

3. 사회복지사가 일터로 가져오는 특정한 기술과 태도는 무엇인가?
   a. 다전문기관 팀
   b. 조직의 경계를 넘어서는 네트워크?

제 8 장

전문적인 능력을 개발하기: 관련된 상담 기술

사회복지사는 자신의 학습과 전문적 발전에 대한 책임을 질 수 있는 능력을 보여주는 것이 매우 중요하다. 비록 정책과 지침에 의해 많은 역할과 과업이 창조되지만, 여전히 상당한 정도는 사회복지사의 전문적인 판단의 여지를 남겨두고 있다. 서비스의 질은 개별적인 실천가의 의사소통과 관계기술에 상당히 의존한다. 개입에서 목표달성을 위한 방법의 다양성은 워커가 적절한 방법을 선택하고 사람들과 윤리적으로 그리고 책임 있게, 그들의 생각을 공유하면서 일하는 능력에 달려 있다. 성인학습자로서, 사회복지사는 관리자와 동료들에 의해 지지를 받으면서 자신의 발전과 실천에 기여한다. 자격이 있는 워커는 '사회복지실천에서 자신의 전문적인 능력을 나타내 보이고, 또한 자신의 지속적인 전문적 발전에 대해 책임질 수 있다'는 것을 보여주어야 한다(Key Role 6, Standard 4, Scotland).

전문적 발전에 전념하는 것은 사회복지사에게 자신의 경력전반에 걸쳐서 중요하게 자리 잡고 있다. 전문사회복지사 자격증제도(Post Qualifying and Advanced Awards)는 자격훈련을 받도록 계획되었고, 지원자들이 복합적인 업무와 관련하여 자신의 능력을 재평가할 수 있도록 하였다. 이외에, 모든 실천가들은 법률, 새로운 연구결과들, 그리고 실천을 위한 이런 모든 것들이 포함된 것 속에서 변화에 발맞추어갈 필요가 있다. 변화의 빠른 양상은 끊임없는 것처럼 보이고, 민감하고, 반영적인 실천가를 필요로 한다. 지방정부는 대처정부에 의해 도입된 근본적인 변화에 반응하였는데, 결국 이러한 것들은 토니 블레어정부의 신노동당 정책에 의해 재정의 되었다. 두 행정부는 사회복지실천을 위한 환경과 실천가들이 할 수 있던 세부적인 면 모두에 대해 중대한 영향을 미치면서 정부의 정책을 실천현장으로 불어넣었다. 정책변화에 창조적으로 반응하는 것은 사회복지에서 근본적이다.

동시에, 사회복지사는 자신의 역할과 과업을 효과적으로 그리고 윤리적으로(유능하게) 수행할 수 있다는 것을 보여주어야 한다. 영국의 사회복지윤리강령(BASW, 2004)은 사회복지에 없어서는 안 될 가치와 원칙을 나타내고 있다. 사회복지에서 학위를 위한 요구조건(2003)은 두 개의 행동강령과 개인, 가족, 돌보미 집단 및 지역사회 그리고 그들을 돌보는 사람들로부터 준수사항(Statement of Expectations)을 요구한다(Topss, 2003a, b, c). 이 장에서는 사회복지사가 영국사회복지사협회(BASW)의 윤리강령과 자격조건에 따라서 인간중심과 관계형성에 근거한 접근을 향상시키기 위해 실천을 위한 상담 기술을 사용하면서 자신의 능력을 발전시킬 수 있는 방법에 대해 알아본다. 요약해서, 세 가지 주요한 부분에 대해 살펴볼 것이다.

• 복지를 증진하기

모든 인간은 본질적으로 소중하다. 모든 개인은 자기충족을 위한 복지권을 갖고 있으며, 타인의 욕구와 일치하는 것만큼 자신의 삶을 통제할 수 있는 권리를 갖고 있다.

(BASW, 2004)

• 윤리적인 업무관계를 형성하기

부당하게 이용하지 않고 발전을 증진시키는 건설적인 관계를 유지하기

(BASW, 2004)

• 다음과 같은 것들에 도전하면서 불이익에 대항하기
서비스이용자의 이익을 최우선으로 하지 않는 것.
불공평하게 차별하는 것.
강요적, 영향력을 빼앗거나 문화적으로 부적합한 것.

(BASW, 2004)

이것은 복합적이다. 사회복지사는 자신이 위임받은 의무를, 때때로 강제적인 요소를 포함하여, 잘 수행할 수 있다는 것을 보여주어야 한다. 동시에 그는 자신의 활동이 인간의 존엄성과 다른 것들의 가치 그리고 사회적 정의에 기여하는지를 반성하기 위한 전문적인 책임이 있다. 만약 법률적인 의무의 방식이 전문적인 윤리와 갈등을 일으키는 것처럼 구성되어 있다면, 조사, 이해관계에 대한 갈등의 확인 그리고 잘못된 것에 대한 시정요구는 윤리적인 전문적 실천의 부분이다. 이 장에서는 상담 기술이 전문적 능력의 발전에 기여하는 주요 분야에 대해 살펴본다. 그것들은 다음과 같다. 즉 서비스이용자에게 경청하기; 발전적인, 연관된 접근방법을 사용하기; 연구로부터 증거를 사용하기; 팀에서 일하기; 슈퍼비전을 사용하기; 자기돌봄; 자기발전을 위해 책임지기. 개개의 주제가 특정한 상황과 환경을 반영하고 탐색하는 것을 촉진하기 위해 약간의 질문과 함께 마무리를 짓고 있다.

1. 서비스를 이용하는 사람들에게 경청하기

워커가 서비스이용자가 제공되는 서비스로부터 원하는 것을 말하고, 실천에 대한 이용자의 평가에 대해 경청하는 방법을 배우는 것은 전문적인 능력을 함양하는데 필수적이다(Connelly & Seden, 2003; Topss, 2003b). 베레스포드(Beresford, 1994, 1995)는 장애아동의 부모를 서비스와 관련하여 '수동적인 수혜자'가 아닌 '능동적인 대리인'으로 기술하였다. 서비스이용자를 능동적으로 참여하고 가능한 한 자신의 삶에 대한 책임을 지는 것으로써 개념화하는 것은, 만약 그것이 자원을 제공하기 위한 책임을 피하는 것으로 퇴보하지 않는다면, 사람들과 상호작용하는 모든 실천가들에게 전달되어야 한다. 서비스이용자들은 의견을 '받는 것'이 아닌 '전달하는' 실천가와 만남을 보고한다. 그들은 실천가들이 종종 의견을 제시하고, 그들 자신의 생각 또는 문화적 편견 그리고 어떤 가정들을 강요한다고 말한다. 경청기술은 제2장에서 다루었지만, 만약 동반자적 관계, 가치 그리고 사람들에게 경청하는 것에 대한 방침이 실제적으로 되려면, 적극적 경청에서 능력의 발전은 결코 지나친 강조라 할 수 없다.

아이삭(Isaacs)은 '경청의 능력은 경청자를 다차원의 세계에 접촉하게 하고, 그 안으로 참여하기 위한 문을 열어준다'고 기술하였다. 그는 또한 우리 자신의 내적인 편견, 고정관념 그리고 추측을 더 잘 알아차리기 위해 자신에 대해 경청하는 것이 중요하다고 주장하였다.

> 대화의 핵심은 단순하지만 깊이 있게 경청하는 능력에 있다. 경청은 우리가 언어를 듣는 것뿐만 아니라 포용하고 수용하며, 그리고 점차적으로 우리 자신의 내적인 아우성을 놓아버리는 것을 요구한다. 우리가 그것을 살펴본다면, 우리는 경청이 포용력이 큰 활동이란 사실을 발견하게 된다. 이것은 우리에게 우리가 자신을 둘러싼 세계에 참여하는데 좀더 직접적으로 인식하는 방법을 제공해준다.
>
> 이것은 경청이 타인뿐만 아니라 우리자신과 우리 자신의 반응임을 의미한다. 최근에 내가 주도하고 있는 프로그램에서 한 관리자가 나에게 '당신도 알다시피 나는 항상 내 자신이 말하는 것을 준비하지만 나는 결코 내 자신이 경청하는 것을 준비해본 적이 없다'고 말했다. 이것이 내가 발견한 어디서나 공통적인 현상이다. 우리가 종종 당연시 여기는 주제인 경청은, 실제적으로 행하기가 매우 어렵고, 우리는 거의 그것에 대한 준비를 하지 않는다.
>
> (1999: 83)

자기개발과 토론집단을 위한 질문과 활동

1. 만약 여러분이 제2장의 끝에서 자신의 경청기술을 점검했거나, 일지를 기록하였다면, 그것을 지금 이곳으로 가져와서 자신이 얼마나 적극적으로 경청할 수 있는지에 대해 다시 평가하시오. 여러분의 경청기술에 대해 타인들로부터 피드백을 받고 그들이 여러분에게 개선하도록 조언한 방법을 적으시오. 만약 여러분이 집단에 속한다면, 짝을 지어서 여러분의 경청기술을 실습하시오. 즉 한 사람은 최근의 경험에 대해 5분간 이야기하고, 상대방은 주의 깊게 경청하고, 들은 것에 대해 부연설명을 하시오. 그 다음에 서로 역할을 바꾸어서 하시오. 서로에게 피드백을 해주시오.

2. 여러분이 가정방문 또는 다른 사회복지활동을 준비할 때, 여러분은 자신이 말하고자 하는 것을 준비하는 것만큼이나 상대방에 대한 경청을 준비합니까? 만약 여러분이 경청을 준비하지 않았다면, 여러분이 생각하기에, 상대방이 말하고 싶어 하는 부분을 확인하고, 또한 그들에게 자신의 관심사를 제기할 시간적 여유를 주면서, 마음속으로 말하는 것은 물론 경청에 대한 여러분의 다음 활동을 계획하시오. 그 후에 나타나는 결과에서 어떤 차이가 있는지 검토하시오.

2. 발달적 그리고 연관된 접근

아난드와 센(Anand & Sen, 1994)은 국제연합발달프로그램을 위한 철학적 논문에서 사회정의 그리고 편견과 차별의 철폐를 주장하였다. 그들의 주장에 의하면, 개인의 환경은, 개별적인 독창력뿐만 아니라 사람들이 살고 있는 사회적 환경 그리고 사회적 제도에 의해 유용하게 만들어진 기회에 달려 있다. 특히 그들은 '인간의 삶의 질서유지'와 '인간발달'에 초점을 둘 것을 강력하게 주장한다. 이것은 사회복지학위에서 요구하는 것이 무엇인지 알 수 있게 하며, 인권법(1998)과 일치하는 것으로 국제적인 사회복지 정의의 근거가 되는 인간의 잠재력의 실현을 가능케 하는 것을 강조하는 것이다.

인간의 발달적 욕구에 대한 이해와 그것에 부응하는 것과 관련된 일은 효과적인 실천을 위한 중심에 놓여 있다. 이를 위해 실천가는 아동의 발달을 증진하거나 훼손하는 아동발달에 관한 문제(Aldgate et al., 2005)와 서비스를 요구하는 성인에게 심리사회적으로 영향을 미친 생애사건을 이해할 필요가 있다(Seden & Katz, 2003). 상담가와 상담가 훈련은 타인의 정서적 그리고 심리적 욕구에 접촉해서 함께 하기위한 능력을 배울 필요가 있음을 강조하였다. 사회복지사는 또한 자신이 함께 일하고 있는 사람들의 정서적 욕구와 느낌을 이해하기 위한 능력을 개발하고 종종 업무와 연관되는 강한 감정 등을 관리할 필요가 있다.

전문적인 관계는 용어상 모순처럼 보이지만, 이것은 사회복지, 건강보호, 교육 그리고 다른 휴먼서비스 전문직에서 서비스전달을 위한 통로가 된다. 윤리적인 의사소통을 위한 상담접근은 다양한 전문적 실천을 위한 튼튼한 토대를 제공한다. 인간의 상호작용에서, 관계의 사용은 도외시 할 수 없고, 실천가는 타인과 관계를 잘 맺기 위한 자신의 능력이나 무능력의 영향을 평가할 수 있어야 한다.

대부분의 정서적, 태도적, 사회적 성장 그리고 사람을 위한 변화는 그들 서로 간에 상호작용을 통하여 일어난다. 실천가는 종종 삶의 위기나 심각한 고통에 처한 사람들과 일한다. 서비스이용자는 매우 취약할 수 있고, 도전과 적의, 질병, 사회경제적 불이익 또는 압박에 노출될 수 있다. 이런 상황이 개인의 전부이거나, 또는 반드시 영구적이 아니란 사실을 이해하는 것이 중요하다. 이것은 전환점이나 과도기일 수 있다. 사회복지사는 사람들이 어떻게 반응하는지 이해하고, 만약 그들이 충분히 반응하려면 상실과 변화 같은 사건들을 다루기 위해, 심리적인 개념의 지식, 예를 들면, 애착과 탄력성과 같은 것을 끌어올 필요가 있다

(Rutter, 1985; Rutter et al., 1994; Rutter & Hay, 1996; Gilligan, 1997; Seden & Katz, 2003; Skye et al., 2003; Aldgate et al., 2005).

보건성(Department of Health)은 자문보고서(The Obligation of Care)에서, '다른 직업보다도 사회서비스에서, 모든 위치에 있는 직원들은 취약한 클라이언트와 일대일 접촉을 유지할 수 있다'고 언급하였다(1996: 4). 그런 관계의 특성은 윤리적, 영역의 경계들, 낙인을 찍지 않는, 가능케 하는, 그러면서도 온화한, 공감적 그리고 수용적 관계가 사람들을 돌보고 있는 사회적 케어 직원에 의해 제공되는 것이 특히 중요하다. 관계의 기술은 다른 능력들이 실천되는 토대이다. 따라서 훈련생이 이런 선결조건을 적절하게 충족시키지 못하면 그들이 조금이라도 업무를 잘 할 것이라고 기대하기가 곤란하다.

상담은 '관계형성'을 귀중하게 여기는 것에 대해 비판을 받는 측면이 있는데, 이는 사회복지에서도 마찬가지이다. 보호자에 의해 사망한 아동문제에 연관된 워커는 아동의 손상보다 먼저 성인들과 관계를 형성하도록 고려되고 있다. 이런 인식은 아동보호실천을 이차적으로 바꾸었다. 사회복지와 상담의 관계는 영역이 적절히 구분되어야 하며, 그러면서도 윤리적 그리고 동의된 목적을 달성하기 위해, 결국은 통합되어야 한다. 사회복지사는 또한 지나치게 관료화되고, 소비자와 워커의 바람보다 조직의 이익에 관심을 갖고 있다는 비판을 받고 있다. 브랜드(Brand, 1997)는 많은 실천가들의 좌절을 이렇게 요약했다.

> 슈롭셔(Shropshire)가 조직을 보호하기 위해 계획된 기계적인 형식들을 위해서, 도움이 필요한 사람들과 진실한 개인적 관계를 버리면서, 런던 그리고 South East의 나머지 지역에 합류할 때, 나는 마침내 슬픔을 머금고 사회복지를 그만두었다.

그녀는 자신의 초기 근무경험에서 인간과 원조적인 만남의 특성을 이렇게 기술하였다.

> 나는 내가 종종 수행해야 하는, 가슴 아픈 업무에도 불구하고, 나는 이전에 결코 나의 낙관주의와 열정을 유지하는데 실패한 적이 없다. 자궁경부암으로 죽어가는 젊은 여성이 자녀들과 더 이상 함께 할 수 없게 되었을 때, 자녀들을 위해, 원하는 것을 말하는 것을 듣는 것보다 더 가슴이 아픈 일이 있을까. 나는 신체적으로 학대받는 아동의 고통스러운 폭로를 들어본 적도 있었다. 나는 고통을 함께 나누면서, 아동이 사회복지사에 의해 도움을 받는 것을 보아왔다.
>
> (1997)

효율적인 행정, 다루기 쉬운 방식, 분명한 지침과 정책은 돌봄에서 필수적인 부분이다. 그것들은 활동을 촉진시키고, 딜레마를 완화하고, 귀중한 시간을 절약한다. 중요한 것으로, 그것들은 워커가 책임을 지고, 더욱 공평한 서비스 분배를 보장하고, 서비스이용자를 잠재적으로 학대하는 숨겨진 행동으로부터 보호하고, 워커에 의한 개인적인 재량권의 남용을 피할 수 있게 도와준다. 그렇지만, 수요의 경쟁적인 증가, 사례건수의 폭주 그리고 감소되는 자원의 갈등에 대한 반작용이 사회복지사가 관료주의로 빠지는 이유가 될 수 있다. 따라서 관계의 면에서 이용자에 대한 서비스의 비용과 관련하여 기관의 관례에 대해 먼저 알아보는 것이 중요하다.

사회복지 교육과 실천에 대해 도전하는 것은 개인적 그리고 관계 지향적 서비스를 조직적인 절차와 임무를 위해 구성된 책무성과 통합하는 것이다. 전문적, 초점적, 반성적 그리고 인간적 방법에서 이러한 균형의 달성은 전문가, 시민 그리고 정책 입안자들이 신뢰할 수 있는 전체적인 서비스에서 핵심이다. 도미넬(Dominell, 1996)이 주장했듯이, '이런 면이 소홀히 되었을 때, 공적인 신뢰는 유지되지 않는다'. 클라이언트, 사회 그리고 우리자신들 간에 관계를 이해할 때, 우리는 사회복지가 무엇이고, 이것이 어떻게 가르쳐지고 평가되어야 하는지를 발견한다. 사회복지의 특정한 역할은 다음의 것들에 초점을 둔다.

- 인간발달에 대한 이해를 사용하여, 인간의 복지를 증진하기.
- 불이익과 맞서면서, 정치적 그리고 사회적 상황을 이해하고 개입하기.
- 서비스이용자가 표현한 바람, 의견 그리고 느낌을 중점적으로 유지하기.

대인관계 기술에 근거한, 사회복지실천 과정은 사회시스템에서 박탈, 일탈, 학대, 불공평 그리고 역기능을 관리하면서, 사회를 위한 높은 잠재적 가치와 기능을 갖고 있다. 시민과 정부 사이에 이런 중재역할은 매우 중요하고, 과정이 대부분(항상이 아니라면) 동의에 근거하기 때문에 그것이 효과적일 것을 요구한다. 만약 시민이 인간중심적 그리고 과정을 자각하는 방법으로, 개인적 욕구와 정부 사이를 중재하기 위한 전문가의 능력에 대한 신뢰를 잃어버린다면, 사회복지실천은 그렇게 알려짐에 따라 주변으로 밀려나게 될 것이다. 스타뎀(Statham, 1996)은 이와 관련하여 다음과 같이 말한다.

> 인간 상호작용에 있어서 과정의 중요성을 회복하는 것은 사회적 케어의 과정을 소생시킨다... 관리자들은 변화를 달성하는 데 있어서 과정과 방식의 중요성을 점차 인식하고 있다. 마찬가지로, 서비스이용자, 돌보미 그리고 그들의 조직은 가치 있는 것과 함께 일하는데 시간을 할애하는 것은 워커의 방식, 관계 그리고 그들의 능력이라고 말한다.
> (1996)

자기개발 또는 집단토론을 위한 질문과 활동

1. 여러분은 자신이 함께 일하고 있는 사람들과 형성한 관계를 어떻게 특징지을 수 있습니까? 여러분은 개방된 분명한 의사소통에 근거하여 정직한 관계를 형성하는데 어떤 기술이 필요합니까?

2. 개인, 가족, 돌보미 집단, 지역사회 그리고 그들을 돌보는 사람들로부

터 준수사항을 구해서 읽어보시오(Topss, 2003b). 그것에 표현된 의견들을 여러분이 근무하는 장소의 실천사항과 비교해 보고, 실천현장이 이러한 의견을 반영한 정도를 살펴보시오. 이런 준수사항을 충족시키는데 필요한 변화들을 계획하시오.

3. 연구로부터 증거를 사용하기

사회복지사는 실천이 욕구를 충족시키고, 적절한 증거에 의해 제공된다는 사실을 확인하기 위해 연구결과를 주시하고, 시대적 흐름에 뒤지지 않도록 해야 한다. 연구결과의 신뢰성과 적절성을 평가하는 방법을 아는 것이 중요하다(Gomm & Davies, 2000; Shemmings & Shemmings, 2003). 연구결과에서 어디에 무게를 두어야 할 것인가에 대해 고려할 때, 한 가지 방법은 과거와 현재의 결과를 확인하는 증거를 꾸준히 구축하는 것이다. 이런 사례는 아동보호(*Child Protection: Messages from Research*, Department of Health, 1995)가 있다. 이 보고서는 연구결과들에 나타난 증거들을 토대로 가족지지와 관련하여 아동과 가족의 업무에 초점을 재정립하는 계획안을 이끌어냈다. 사회복지기관에서 전달체계에 대한 법률의 이행을 평가하는 연구들이 많이 있다. 그런 연구들의 일차적 초점이 반드시 상담 기술에 있는 것은 아니지만, 반복적으로 나타나는 하나의 결과는 상담 기술의 가치와 원조관계에 근거한 개인적 지지에 대한 언급이다.

하디커와 바커(Hardiker & Barker, 1996)는 광범위한 사회서비스 분야에서 지역사회보호(Community Care)와 국민건강보험법(NHS Act)의 이행을 조사하였다. 그들은 위탁자, 돌보미, 제공자 그리고 서비스이용자에 대한 욕구사정과 24개의 사례관리 사례를 체계적으로 면담하였다. 이용자 집단에는 노인, 장애인, 학습장애인 그리고 정신건강 의뢰자들이 포함되었다. 연구의 목적은 사회복지사가 급속한 기관의 변화와 발전의 시기에, 새로운 법률의 요구에 부응하기 위해, 존재하는 가치, 지식 그리고 기술을 어떻게 사용하였는지 조사하는 것이었다. 연구자들이 사회복지사가 주로 선택하는 업무방법을 조사하였을 때, 그들은 자신들이 말하는 '상담/개별사회사업'이 매우 높은 비율을 차지하는 것을 발견하였다. 예를 들어, 어떤 전형적이지 않은 상황에서, 사회복지사는 다음과 같은 것들을 포함한 상담 기술을 제공하고 있었다.

- 청소년이 자신의 계획을 세우는 데 경청하고 관여하기.
- 입사지원과 면담에 대해 불안해하고 스트레스를 받는 것에 대처하도록 도와주기.
- 자신의 성취에 대한 부정적인 견해를 재구성하도록 도와주기.
- 자신의 부모와 실제적인 관계를 형성하도록 도와주기.

청소년은 계획의 모든 부분에 참여하였다. 그의 부모는 워커가 보여준 케어에 깊은 감명을 받았고, 그 결과에 대해 매우 만족하였다(1996: 34). 24개의 사례와 관련하여, 연구자들은 '사회보호계획, 개별사회사업 그리고 상담은 욕구에 부응하고 이용자가 필요로 하는 변화를 관리하는데 중심적인 접근방법이었다'고 언급하면서, 다음과 같이 덧붙였다.

> 서비스이용자의 대다수가 장기간의 욕구를 갖고 있었고, 그들의 무능력은, 악화될 가능성이 있으며, 종종 매우 심각하였다. 일부는 고립되어 있었고, 비좁고 제한된 생활공간(종종 그들의 보호자와 함께 공유하는)에서 살고 있었다. 많은 사례에서 그들의 생활조건이 변화의 시점에 있었다. 때때로 그들의 지지망과 상호작용이 위험한 적도 있었다. 이런 요인들은 이용자와 돌보미 모두에게, 상당한 정도의 스트레스를 유발하였다. 어떤 이용자는 고통이 매우 심하여서, 장래에 대한 자신의 슬픔과 두려움을 표현할 기회를 필요로 하였다.
>
> (1996: 23-4)

올게이트(Aldgate, 1997) 등은 도움이 필요한 아동을 위한 가족지지의 임시간호서비스(일시적인 수용계획)의 성과를 연구하였다. 그들은 다양한 인구와 지정학적 영역을 대표하여 선정된 몇 개의 지방정부에서 가족에게 제공된 서비스의 결과를 조사할 수 있었다. 연구결과는 임시간호서비스가 사례 중 60퍼센트 정도가 성공적임을 보여주고, 사회복지실천 과정이 이것을 촉진시킨 방법을 측정하였다. 가족과 관련하여 성공적인 요인 중 하나는 개별사회사업 개입에서 상담기술을 사용하는 것이었다. 연구자들은 사회복지의 지지의 중요성에 대해 이렇게 기술하였다.

> 조사하는 과정에서 새롭게 부각된 것은 사회보호계획 그리고 개별사회사업에 대한 활동을 통합하는, 능력 있는 사례관리자로써 가족지지 사회복지사의 복합적인 역할이었다. 사회복지사는 서비스를 조직화할 뿐만 아니라, 문제를 확인하고, 함께 그것을 완화할 수 있는 전략을 모색하면서, 부모와 함께 직접적인 임무를 맡았다. 보호자들은 적절할 때, 예를 들어 부모들에게 그들의 양육기술을 향상시키거나 아동들이 특별히 편하게 느끼도록 하기위하여, 이런 전략 속으로 함께 투입되었다. 가족지지 사회복지사는 임시케어서비스에 맡겨진 아동들의 진행상황을 점검하기 위하여 부모와 전화나 편지로 접촉을 유지하였다. 간단히 말해서 그들은 개별사회사업으로 가장 잘 묘사되는 전통적인 사회복지실천 과정의 사정과 개입으로 관여하였다. 이런 전문적인 관계는 소중하였고, 클라이언트에게 좋은 영향을 미치는데 사용되었다.
>
> (1997: 206)

이 연구를 통해 워커의 상담 기술이 변화를 관리하고 계약을 긍정적으로 종료하면서, 개입의 전통적인 과정을 촉진하는데 사용되었다는 것이 또한 분명해졌다. 장래에 존재할 수 있는 지역사회 네트워크를 중재하기 위한 기술의 사용이 또한 중요하였다.

상담은 또한 필요한 것에 대한 소중한 증거를 제공한다. 사회복지에서 학위를 위해 요구되는 상담에 대한 기본적인 틀이 이미 마련되었다.

"모든 아동들은 중요하다(*Every Child Matters*)"의 요약자료(DfES, 2003a: 7)가 5개의 결과를 제시하였는데, 그것들은 장래의 서비스(건강유지, 안전, 오락과 성취, 긍정적인 기여와 경제적 안정)와 관련하여 상담을 받은 대부분의 아동과 청소년들에게 중요하였다. 이것들은 코넥션(Connexions), 슈어스타트(Sure Start), 아동청소년정신건강서비스(child and adolescent mental health services), 청소년 사법체계 그리고 확대된 학교서비스 같은 제도들을 통하여 개인들이 달성해야 할 결과물들이다. 코넬리와 세덴(Connelly & Seden, 2003: 27-47)은 헌신이 부족한 시늉만 내는 반응을 피하면서, 경청과 반응이 모두 중요하다는 것을 분명히 하면서, 서비스이용자와 의견을 교환하는 것을 논의하였다. 이 다음에 살펴볼 연구영역은 특정한 상황에서 상담을 위한 서로 다른 접근의 관련성이다. 트레비식(Trevithick, 2000)은 다섯 가지의 특정한 상담 '학파들'이 사회복지에서 영향력을 미치고 있는데, 주로 그것들은 '개인의 자유를 증진하고, 비차별적 그리고 비강제적 실천과 일치하기 때문'이라고 말했다. 그것들은 다음과 같다.

- 클라이언트 중심 상담(간혹 개인중심 또는 인간중심 상담이라 불림)
- 여성주의 상담
- 인지행동주의 상담
- 정신역동적 상담
- 절충적 통합주의 상담(단일한 '학파'를 고수하지 않고, 대신에 서로 다른 접근방법을 결합하는 것).

(2000: 135)

상담의 각 '학파'가 그 자체의 밑바탕이 되는 지식기반을 갖고 실천과 연관된 반면에, 이 책에서는 모든 것들이 기본적인 상담 기술의 배경으로 사용되는 경향이 있다. 사회복지사는 간단하고 지지적인 상담의 역할보다 그 이상을 맡기 위해 더 많은 훈련이 요구된다. 하지만 특정한 접근의 상담이 어떤 작업 영역에서 도움이 되고 있는지 정도는 알 수 있다. 이런 사례는 범죄자와 약물을 사용하는 자들과 함께 작업하는 과정에서 인지행동접근, 약물을 경험한 여성을 위한 여성주의 접근의 사용, 또는 성적으로 학대받은 아동과 그의 가족에게 효과적인 개입에 대한 연구결과에서 볼 수 있다(Jones & Ramchandani, 1999). 클라이언트의 관점에서 서로 다른 접근방법들의 치료효과에 대해 설명한 것 중 읽을 만한 것은 제이콥스와 워커(Jacobs, 1995a,b & Walker, 1995a,b)의 연구결과에서 찾아볼 수 있다. 코리(Corey, 1997)는 독자들이 적절한 방법으로 이론을 선택하는 것을 도와줄 목적으로, 개개의 것과 연관된 어떤 윤리적 그리고 전문적 문제를 논의하면서, 상담 실천의 주요한 이론적 기준을 비판적으로 조사하였다.

자기개발과 집단토의를 위한 질문과 활동

1. 여러분은 자신의 업무지식과 관련하여 적합성을 입증하는 정보를 제공해 주는 세 개의 연구를 제시할 수 있는가? 여러분은 어디서 자신의 실천현장을 위한 연구결과를 찾을 수 있는가(대학의 웹사이트, 전문직 단체, 정부와 연구소의 웹사이트, 전문잡지, 정부홍보물)?

2. 여러분은 어떻게 서비스를 이용하는 사람들과 상담하고, 그들의 의견을 알아낼 수 있는가? 만약 여러분의 기관이 이것을 하고 있다면, 그 결과는 서비스를 제공하는데 어느 정도 영향을 미치는가?

4. 팀 그리고 집단에서 일하기

사회복지사는 보통 팀에서 일하고, 상담 기술과 의사소통 기술은 집단을 이해하는데 그리고 사람들이 팀에 연관된 방식을 이해하는데 직접적으로 활용될 수 있다. 또한 팀에서 작용할 수 있는 복합적인 역동성의 어떤 측면과 팀을 형성하는 방법에 대한 이해가 도움이 된다(Belbin, 1981, 1995; Ward, 1993; Jay, 1995; Syer & Connelly, 1996; Payne, 2000; Ward, 2003). 왜냐하면 일상적인 과업은 의사소통을 개방하고, 협력하는 능력은 팀의식과 팀워크를 양성하는 것을 도와주는 주요 자질이기 때문이다. 예를 들어, 팀워크는 구성원들이 무엇이 잘 작용하고 어디에 문제가 있는가에 대한 것 같은 관련된 정보에 대해 서로 쉽게 이야기 할 수 있을 때 최고가 된다. 구성원들이 자신들의 특정한 배경으로부터 서로 다른 것을 기대할 수 있는 새로운 다전문가 팀의 부분일 때, 정직해지는 것이 매우 중요할 수 있다. 예를 들어 Sure Start(5세미만의 아동통합서비스 프로그램) 팀의 관리자는 이렇게 말했다.

> 팀미팅에서 모든 사람들의 생각이 달랐다. 어떤 이는 결코 팀미팅을 해본 적이 없고, 그것을 처음에는 매우 어려워했다. 왜냐하면 어떤 사람들은 우리가 부딪혀야 할 것에 대해 전혀 생각해보지 않았기 때문이다... 그리고 나는 이것이 매우 어려웠다고 생각한다. 왜냐하면 우리는 자신이 해왔던 것을 근거로 가정을 하고, 우리는 사실 너무 일찍 자리에 앉아서 우리자신의 기본원칙을 제시하였기 때문이다. 물론 그것들은 실제적으로 유용한 면이 있다. 왜냐하면 우리는 지금 2년 정도 되었고, 우리는 여전히 때때로 그것들에게 맡기기 때문이다... 우리는 만약 두 사람이 함께 일하고 있다면 그들은 실제적으로 자신들을 서로 협력하는 계약관계로 둔다... 어떻게 그들이 일처리를 하였고, 그들 모두 어떤 기술을 가져왔고, 그들의 유형은 무엇이었고, 무엇이 그들을 괴롭혔고, 그리고 개개의 집단회기의 끝에 그들은 솔직하게 여러 가지에 대해 말하였다... 그들은 그것에 대해 매우 진솔하게 대화를 하였고, 그들은 그것으로부터 너무 많은 것을 얻었고, 모임의 종료될 즈음에 그들은 현저하게 서로에 대한 신뢰가 증가하였다.
>
> (Charlesworth, 2003: 161-2)

사회복지/케어팀의 구성원들은 결코 서로를 자의적으로 선택하지 않는다. 일반적으로 그들은 특정한 작업세트에 요구되는 지식과 기술을 혼합하여 함께 투입할 목적으로 타인들과 함께 고용주에 의해 선택되기 때문이다. 종종 팀들은 다전문적이다. 따라서 그들은 서로가 가져온 기술, 일하는 방식 그리고 선호하는 운영방식을 이해하기 위해 실제로 서로 대화를 나누어야 한다. 이런 종류의 개방적인 의사소통은, 특히 만약 팀구성원이 일이 잘 진척되지 않을 때 서로에게 정직한 피드백을 제공하기 위한 기술을 갖고 있다면, 가능케 하고, 지지적인 일터의 '분위기'를 만들 수 있다. 불평과 비난의 '분위기'가 형성된 팀은 좋은 경험을 할 수 없다. 세덴(Seden, 2004)은 좋은 팀의 리더는 다음과 같다고 말하였다.

- 팀원들이 해야 할 것으로 기대되는 것에 대해 의사전달을 한다. 특히 팀원들의 실천이 바람직한 것보다 덜 되었을 때 비난하거나 무시하지 않는 언어를 선택한다.
- 팀원들의 실패에 대해 정직하고 더 나은 방법을 제공한다.
- 잘 진행되고 있는 부분에 대해 격려와 인정을 한다.
- 사례를 통해 이끈다(팀원들은 좋은 실천사례에서 행동하고 말하는 방식을 보고 들을 수 있다).
- 팀구성원 간에 관계를 형성하고 지지하기 위해 그들을 위한 공간을 남긴다.
- 업무를 수행하는 과정에서 유모감과 균형을 유지한다.
- 업무관계의 범위내 에서 팀원들에게 존중, 진솔성 그리고 공감을 전달한다.
- 팀구성원들이 서로를 통해 함께 배우는 기회를 만든다.

자기개발과 집단토의를 위한 질문과 활동

1. 여러분이 생각하는 긍정적인 팀분위기를 형성하는데 요구되는 의사소통 기술의 목록을 작성하시오.

2. 여러분의 상황에서 함께 일할 이상적인 팀구성원의 기술과 자질을 적으시오. 이제 여러분은 이런 특성들을 타인들에게 얼마나 많이 제공하는지에 대해 생각해 보시오. 팀워크 의식을 함양하기 위해 여러분이 기여할 수 있는 방법에 대해 생각해 보시오. 여러분이 생각하기에 일이 잘 진행되고, 여러분이 다시 사용할 수 있거나, 새롭지만 시도해 볼 수 있는 실제적인 사례들을 찾아보시오.

5. 슈퍼비전

슈퍼비전의 경험 그리고 지도와 평가의 과정은 워커의 전문성 발달에서 중요한 역할을 한다. 이것은 그들에게, 업무가 서비스이용자와 기관에게 적절한 방법으로 맡겨져 있는지를 확인하고; 다르고, 새로운 또는 더 나은 업무의 방식에 대해 논의하고, 탐색하는 시간을 갖도록 해주며; 그들이 맡은 업무에서 특정한 문제에 대해 지지를 받도록 해주며; 기관의 다른 부서나 다른 조직에서 다루는 것이 필요한 어떤 문제에 대해 원조를 받도록 해준다.

사회복지에서 슈퍼비전은 상담 실천에서 슈퍼비전과 유사한 선례를 갖고 있다. 모두가 정신역동적 관점에서 과정에 대한 이해를 포함하는 역사를 갖고 있다. 슈퍼비전의 역할과 기능에 대한 내용은 잘 정립되었는데(Morrison, 1988/1999; Richards, Payne & Shepperd, 1990; Kadushin, 1995; Hawkins & Shohet, 2000) 그것들을 요약하면 다음과 같다.

- **관리**: 기관의 정책과 실천이 이해되고 고수되도록 확신시키는 것; 업무의 우선순위를 결정하고 할당하는 것; 업무를 관리하는 것; 목표를 설정하고 이행된 것의 효과성을 평가하는 것.
- **교육**: 직원이 배우고 전문적으로 발전하도록 도와주는 것, 그래서 그들은 사회적 그리고 조직의 수요에 대처할 수 있고, 또한 욕구의 변화에 따라, 업무에 접근하는 새로운 방법을 시도해 볼 수 있다.
- **지지**: 직원이 업무의 여러 가지 스트레스에 대처할 수 있도록 해 주는 것.
- **중재**: 직원이 자신의 과업을 수행하는데 연관된 자원과 방법을 발견하도록 도와주는 것.

실천하기 위한 지식, 기술 그리고 기본적 틀은 잘 확립되었지만(Sawon & Sawdon, 1995; Morrison, 1988/1999), 기관에서 좋은 실천의 범위는 의문시될 수 있다. 프리처드(Pritchard, 1995)는 이렇게 기술하였다:

> 나는 학생으로서 그리고 실천가로서 항상 정기적으로 높은 수준의 슈퍼비전을 받아서 매우 운이 좋은 셈이다. 나는 이런 경우가 매우 드물다는 것을 안다; 많은 워커와 관리자들이 슈퍼비전을 중요하게 여기지 않으며, 그것을 우선적으로 고려하지 않는다. 나는 워커가 슈퍼비전을 받지 않은 결과와 동료들이 '자기 스스로 한' 경우의 결과를 보았다. 이처럼 스트레스가 높고, 사기가 저하된 시기에 슈퍼비전은 모든 워커들을 위해서 매우 중요하다.

이 분야에서 지식과 실천 사이에는, 모든 단계에서 실천가의 상세하고 긴밀한 슈퍼비전은 필수적으로 간주되고, 그것에 우선순위를 낮게 하는 것은 예외적일 수 있는 상담실천과 극명하게 대조되면서, 격차가 큰 것처럼 보인다. 마쉬와 트라이셀리어티스(Marsh & Triseliotis, 1996)는 이렇게 기술하였다.

> 새롭게 자격을 취득한 직원은 자신의 실천을 확립하는데 주요한 문제를 갖고 있다. '소개과정'이 부실하고, '서비스 과정'이 그들의 욕구에 거의 부합하지 못하고 있다. 사회서비스에서 신입직원의 25%가 입사 1년 동안 슈퍼비전을 받지 못하였고, 대다수의 직원들에 대해서도 무계획적이고, 산만하다고 보고되었다.
>
> (1996: 1)

또한 클레버(Cleaver) 등은 다음과 같이 말한다.

> 만약 사회복지사가 자신들을 지지하지 않는 구조속에서 일한다면, 실천적인 도구나 여분의 훈련도 더 나은 의사결정으로 이끌지 못할 것이다. 보건성(1995a)의 연구 프로그램에서 발간한 요약본은 사회복지사로부터 다양한 슈퍼비전의 수준과 경험이 없는 직원이 곤란한 상황을 혼자 처리해야 하는 빈도에 대해 언급하였다.
>
> (1998: 40)

실천에서, 관리자들이 슈퍼비전이 자신들에게 유익함에도 불구하고 슈퍼비전 기술에 대해 특정한 훈련을 받은 경험이 거의 없는 것처럼 보인다. 슈퍼비전을 할 수 있는 능력은 주로 역할과 '견습 과정'에 의존하는데, 그것은 마치 새로운 슈퍼바이저가, 임파워먼트와 좋은 실천처럼, 강제적이고 빈약한 실천에서 벗어나는 결과를 가져오는 것과 같다. 실천이 잘 갖추어진 곳에서, 그것이 모델이 되고 전파되는 것이 의심할 여지가 없지만, 이것은 그런 무작정 되는 데로 하는 접근방법에 맡기기에는 너무 중요한 관리활동의 분야처럼 보인다.

또 다른 주요한 문제는 다전문팀에 속한 워커들과 그들의 관리자들이 슈퍼비전에 대한 공통된 접근방법을 공유하는 정도이다. 여기서 사회복지에 속한 것들을 기술한 문헌과 간호에서 임상슈퍼비전은 매우 다른 내용을 포함할 수 있다. 함께 일하는 것을 배우는 것은 함께 협의하고 경험 많은 관리자와 정기적으로 그리고 구조화된 방법으로 실천문제를 토의하는 기회가 전문적 발달에 필수적임을 의미한다. 따라서 공통된 이해와 실천이 절충과 타협을 통해 형성되어야 한다.

슈퍼비전이 단지 사례관리에만 집중되는 경향이 있다. 그렇지만, 업무에 대한 불안과 스트레스의 감정을 다스리고 발산하는 능력을 갖추는 것이 중요하다. 이것들은, 만약 미해결로 남아있다면, 워커의 대처기제를 감소시키고 스트레스와 질병에 영향을 미친다. 이런 능력에는 실천을 위해 기술된 기본적인 상담 기술뿐만 아니라, 워커의 수행에 영향을 미치는 역동성, 방어기제 그리고 저항에 대한 더 진전된 이해가 포함된다.

사회복지실천에서 슈퍼비전은 분명히 심리치료도 아니고, 실천가를 위한 개인적 지지 시스템도 아니다. 하지만 인간은 업무의 특성에 의해 심리적 영향을 받을 수 있기 때문에, 관리자로부터 직원에 대한 경청, 반응 확인 그리고 공감적 지지는 모두 중요한 역할을 한다. 선택된 모델이 무엇이든 간에, 효과적인 의사소통 기술은 과정을 촉진하는데 필요하다. 워커는 의사결정과 자신의 반응을 반성하고 분석하는 데 시간이 필요하다.

자기개발과 집단토의를 위한 질문과 활동

1. 여러분은 자신의 일을 효과적으로 수행하는데 필요한 슈퍼비전과 지지를 받고 있습니까? 만약 그렇지 않다면, 여러분은 자신의 관리자/기관이 여러분이 필요한 것을 제공하도록 영향력을 미치기 위해 무엇이 필요합니까?

2. 만약 여러분이 슈퍼비전을 받고 있다면, 그것은 교육, 지지, 관리 그리고 중재입니까? 한편 여러분은 업무가 자신에게 미친 영향에 대해 어떤 걱정이나 강한 감정을 논의할 수 있는 여건이 허락됩니까?

3. 여러분은 슈퍼비전 과정을 만들기 위해 적극적으로 어떤 역할을 하였습니까? 여러분은 자신의 안건에 대해 준비를 합니까? 여러분은 자신

의 강점과 관심에 대해 공개적입니까? 여러분은 자신이 필요한 훈련에 대해 알아보고, 관련된 교육에 보내달라고 요청합니까?

6. 자기 돌봄

그렇지만, 아무리 잘 훈련된 슈퍼바이저도 모든 면에서 전문가가 될 수 없다. 전문적인 자문기술을 사용하기 위한 기회는, 비관리적 역할에서, 유용할 수 있다. 마찬가지로, 일상적인 업무의 스트레스는 다른 개인적 문제들을 촉발시킬 수 있다. 상담은 위기의 순간이나 개인적 변화를 통하여 사람들을 지지하는데 유익하다. 이런 견해는 스트레스가 긍정적인 것이라고, 또는 상담이 의존적인 문화를 만들고, 그것의 유일한 좋은 결과는 상담가들에게 더 많은 일자리를 제공하는 것이라고 주장하는 저자들에 의해, 도전을 받고 있다(Gordon, 1995: 23). 상담은 만병통치약이 아니고, 내적인 적응 유연성, 개인적 지지 시스템 그리고 자신을 지탱하는 다른 유익한 것들이 있는 자들에게는 불필요한 반면, 특별히 다룰 문제가 없더라도 전문적으로 훈련받은 상담가의 정서적 지지가 도움이 될 때가 있다.

어떤 사회복지환경에서는 사회복지사가 많은 양의 업무, 시간적 압박 그리고 많은 일들의 스트레스적인 특성에도 불구하고, 슈퍼비전의 회기가 거의 없고, 다른 개인적 지지가 없이, 견디어내도록 기대되는 문화가 있는 것처럼 보인다. '도움을 받는 경험'은 도와주기 위한 능력을 발달시키는 것의 일부라는 것이 상담문헌과 훈련에서 분명하게 인식되고 있다. 실천을 위한 분명한 가치, 지식 그리고 기술을 가진 전문직이 복잡한 일에 대한 원조 또는 개인적 지지를 추구하는 워커의 능력을 나약함보다는 성숙함과 강인함으로 보지 않는 것은 유감스럽게 보인다. 사회복지학위를 위한 요구조건에서 강조되고 있는 변화는 이것에 영향을 미칠 수 있다. 분명히, 그 문제는 때때로 전문적인 잡지에서 논의되고 있는데, 예를 들어, 도우건(Dougan, 1996)은 "지역사회보호(*Community Care*)"에서 다음과 같이 말하고 있다.

> 수년간 다양한 워크숍에 참석하고, 지금은 치료자의 훈련을 받고 있는 사회복지사로서, 나는 종종 교사, 간호사 그리고 다른 전문가들이 포함되었던 교육과정에 다른 사회복지사들의 부재로 계속 타격을 받고 있다. 이것은 많은 사회서비스 부서에 만연하고 있는 종종 혹사하는 환경과 대부분 관계가 있다. 상담을 추구하는 것은 전문성에서 취약하다는 표시로 여기는 경향이 있다. 나의 견해로 그것은 정반대인 것 같다.
>
> (1996: 12)

원조 전문직은 타인이 직면한 어려움들을 통찰하게 해주는 개인적인 경력을 가진 사람들에게 매력을 주는 것이 또한 분명하다. 이것은 탁월한 동기부여가 될 수 있다. 하지만 때때로, 많은 사회복지의 인간적 특성이 원조자에게서 개인적 반응을 촉발시키더라도, 이것은 그리 놀랍지가 않다. 훈련은 초보 실천가가 자신의 개인적 가치 그리고 업무가 자신에게 미치는 영향을 살펴보는 것을 도와준다. 하지만 가장 경험이 많은 워커조차도 자신의 업무에 의해 감정적으로 영향을 받을 것이다. 그리고 어떤 상황에서 만약 어떤 워커가 영향을 받지 않는다면, 그것은 매우 놀라울 것이다. 실례로 가족관련 업무를 담당하고 있는 워커 중에 한 명이, 새디즘, 학대 그리고 살인의 후유증을 다루면서, 경험한 것을 기술하면 다음과 같다.

> 마침내 아동들은 영구적인 시설로 가게 되었고, 케어팀의 업무는 끝나게 되었다... 개인적인 대가가 너무 컸다. 우리는 모두 결코 다시 이전과 같을 수 없다고 느꼈다. 우리는 이런 모든 정보를 우리의 머릿속에 가두어서 매우 오랫동안 배회하였고, 우리는 그것을 꺼낼 수 없었다. 우리는 자신이 결코 정상으로 되돌아 올 수 없음을 느꼈다. 우리는 모두 상담을 제공받았고, 우리들 중 대다수가 여전히 그것을 받

고 있다. 우리는 그룹모임을 갖고 있는데, 그곳에서는 자신이 원하는 것을 말할 수 있고, 아무도 그것에 의해 충격을 받거나 당황하지 않을 것을 알 수 있어서 진짜 마음이 위안이 된다.

(West Social Worker, 1996)

스트레스와 소진 같은 사회복지의 특성이 점점 더 일상적이 되고 있다. 상담이, 슈퍼비전이나 평가로부터 분리되어서, 도움이 될 때가 있다. 직장에서 스트레스와 질병에 따른 결근과 퇴직으로부터 비용의 증가에 직면한 기관들은 워커들의 인간적인 욕구를 다룰 필요가 있다. 노스(North, 1996)는 자신의 저서 "지역사회보호(Community Care)"에서 다음과 같이 말하는 관리자를 인용하였다.

과중한 사례건수에 대한 관리 압력은 이전에 특정한 사례의 문제와 또한 그것이 사회복지사에게 미친 영향을 논의하는데 유용했던 많은 시간이 압축되고 있고, 우리는 개인적인 문제를 다루기 위한 시간을 놓쳐버리고 있다는 것을 의미한다... 이번 여름에 고용인지원 프로그램 위원회의 발족후, 수 개월간 사회서비스 직원이 그 프로그램의 가장 많은 이용자가 된 것은 결코 놀랍지가 않았다.

(1996)

그런 계획들은 사회복지사가 직면한 스트레스에 대한 뒤늦은 인식을 보여주고, 슈퍼비전이 어떤 기관에서는 거의 전적으로 운영되는 방식을 반영하고 있다. 워커는 증가하는 복합적인 업무성과 그리고 그들에 대한 어떤 적대감과 폭력의 영향에 대응하기 위하여 또 다른 서비스를 필요로 한다. 캐롤과 월튼(Carroll & Walton, 1997: 2)은 업무계약의 범위와 비밀유지의 문제를 포함하여 조직이 고용인상담서비스를 고려하기 위한 유용한 체크리스트를 제공하였다.

고용인들은, 자연적으로, 자신들의 경력개발이 불리하게 영향을 받을 경우, 업무와 관련하여, 합법적으로 고용서비스에 문제를 제기하는 것에 대해 두려움과 불안을 갖고 있다. 따라서 이런 문제들은, 주로 비밀유지와 장래의 고용전망과 관련하여, 애초에 공개적으로 그리고 대중적으로 해결되는 것이 중요하다. 대학에서 학생건강서비스에 일치해서 고용인에게 완전히 신뢰할 수 있는 서비스가 주는 이익은 업무스트레스를 원조하는 가장 강력한 방법이 될 수 있다. 이와 관련하여 월쉬(Walsh)는 다음과 같이 말하고 있다.

> 모든 인간시스템은, 정말로 모든 인간은, 제삼자의 관점으로부터 도움을 받아 자신의 행동에 대한 주기적인 반성으로부터 이익을 얻을 수 있다. 많은 정신건강 그리고 사회서비스전문가들은 타인들을 위해 단지 그런 자문역할을 하면서 상당한 시간을 보내고 있다; 우리는 우리 자신을 위해서도 그것의 가치를 받아들여야 한다.
>
> (1987: 283)

개인적인 업무관련 위기의 시기에, 권리와 신뢰에 근거하여, 지지와 상담서비스를 제공하면서, 스트레스를 완화하기 위하여 고용주가 그런 계획들을 워커에게 제공하는 것이 중요한 반면에, 이것들은 일상적인 수준에서 업무의 실천을 다루기 위한 대체물로써 보여서는 안 된다. 다음과 같은 전략은 모두 도움이 된다. 즉 고용인의 권리를 공식화하고 알리는 것; 고용인의 권리를 존중하는 것; 워커가 매년 자신의 공휴일 권리를 갖고 초과수당을 즉시 지급받는 것을 보장하는 것; 좋은 정보를 제공하는 것; 팀미팅과 지지집단을 위한 공간을 마련하는 것; 워크숍과 더 나은 훈련을 촉진시키는 것(Cartwright & Cooper, 1997; Nucho, 1988; Seden & Katz, 2004).

자기개발을 위한 질문과 활동

1. 여러분의 직장에서 자신에게 스트레스를 느끼게 하는 요인을 세 가지 고르시오. 그리고 나서 다음과 같이 하시오.
   a. 여러분이 고른 것 각각에 대해 자신에게 걱정이나 근심을 유발하고, 불편함이나 압박감을 느끼게 하는 것들에 대해 생각해 보시오.

b. 여러분/또는 다른 사람들이 스트레스가 쌓이는 것을 완화시키기 위해 할 수 있는 것에 대해 생각해 보시오. 여러분은 어떤 일을 떠넘기거나, 휴가를 가거나, 어떤 훈련이나 지지를 받거나 업무환경을 개선시킬 수 있습니까?
c. 여러분을 이완/편안하게 해주는 것을 고르시오. 그것을 더 잘할 수 있도록 계획을 세우시오.

2. 여러분은 타인에게 어떤 방식으로 스트레스를 유발합니까?(예를 들어, 마감일을 임박하게 설정하기, 타인들이 휴식을 위한 요청을 어렵게 하기, 불필요하게 비판하기). 그것이 직원의 능력과 몰입을 증진시키기 위한 최선의 방법입니까? 직장에서 여러분이 타인과 관계를 위한 다른 접근방법은 무엇입니까?

3. 여러분은 자신의 고용권리가 무엇이고, 기관이 여러분에게 어떤 서비스를 제공하는지에 대해 알고 있습니까?

7. 자기개발을 위한 책임: 반영적인 사회복지사 되기

기관들은 직원의 발전과 조직전반에 걸쳐서 학습 분위기가 조성되도록 하는 책임이 있다(Pearn & Mulrooney, 1995). 그렇지만, 실천가들은 직장을 옮겨 다니고, 자신의 능력에서 격차를 확인하는 것에 대한 개인적 책임이 있으며, 여러 교육과정을 알아보는 것에 대한 개인적 책임도 있다. 의사소통 기술 그리고 상담 기술과 관련하여, 도움이 될 수 있는 코스와 워크숍이 있고, 건강과 '사회적 케어에서 의사소통 그리고 관계와 같은 통신학습 패키지'(The Open University, 2004)도 있다. 또한 실천에서 타인의 기술을 주목하고, 동료와 서비스이용자로부터 피드백을 받는 것으로부터 많은 것을 배울 수 있다.

사회복지는 도전적인 직업이며, 사회복지사는 서비스이용자들에게 감정적, 반영적 그리고 실천적 방법으로 개입하는 것이 요구된다. 지속적인 전문성의 개발은 기관, 워커, 팀, 관리자 그리고 서비스이용자 등 모든 사람들의 책임이 될 것이다. 실천과 관련해서 모든 사건 이전에, 도중에 그리고 이후에 반영하는 것을 배우는 자세가 중요하다. 이것은 사회복지사가 자신이 서비스이용자를 만났을 때 자신이 하고 있는 방법을 설명할 수 있고, 또한 그가 평가하고, 검토하고, 배울 수 있도록 하기 위한 것이다. 이와 관련하여 파커와 브래들리(Parker & Bradley, 2003: xi)는 다음과 같이 기술하였다.

> 반영은 만약 행위가 그 반영으로 인한 것이라면 좋은 사회복지실천에서 핵심적이다.
>
> 여러분의 실천에 대한 반영은 사회복지사가 되기 위한 여러분의 교육기간 동안만 중요한 것이 아니다. 이것은 지속적인 전문성의 개발에서 핵심으로 간주되고 있다. 연구가 실천에 정보를 제공하는 것을 확신하고, 실천을 위한 기술과 가치를 향상시키기 위해 꾸준히 노력하면서, 우리가 시대에 뒤떨어지지 않는 방법으로 평생학습을 인정하는 전문직으로 나아가려면, 자신의 경력을 시작할 때부터 그런 과정을 시작하는 것이 중요하다. 전문성 개발의 중요성은 그것이 국가직업표준에 포함되어 있고, 고용주를 위한 일반사회보호위원회(GSCC, General Social Care Council)의 실천요강에 반영된 것에서 분명하게 알 수 있다.

사회복지 교육에서, 행동에 대한 '안'과 '밖'에 대한 반영은 쉔(Schon, 1983), 콜브(Kolb, 1984) 그리고 허니와 멈퍼트(Honey & Mumford, 1982)의 저서에서 가장 자주 언급되고 있다. 애서턴(Atherton, 2003)은 이에 대해 유용한 요약을 제공하였다.

> 반영적 실천은 아마도 학생들의 이해와 비판적 사고능력의 개발을 목적으로 하는 자율적인 학습을 증진시키는 접근이라는 면에서 가장 잘 이해될 수 있다. 자기 자신과 동료의 평가, 문제해결학습, 개인적인

> 발전계획 그리고 그룹워크 같은 기술들은 반영적 접근을 증진시키는데 모두 사용될 수 있다... 우리가 '반영적 실천가'라고 말할 때 우리는 보통 어떤 종류의 활동(종종 전문직)에 종사하고 있는 성인학습자들을 언급한다. 그들은 그런 활동들을 자신의 강점과 약점 그리고 개발을 위한 분야에 대해 반영적으로 살펴보는데 사용할 수 있다.

'학습하는 조직'을 목적으로 하는 직장과 기관에 깊이 새겨질 수 있는 활동에 대해 반영하는 것은 실천의 반영적 분석을 위한 여건을 조성할 것이다. 반영을 위한 시간은 신입교육, 평가, 슈퍼비전, 팀 그리고 집단토의에 포함될 수 있다. 동시에 개개인은 실천에서 자신의 학습에 대한 책임 그리고 개개의 업무를 준비하고, 이행하고 평가하는 동안 무엇이 좋은 실천인가에 대해 반영할 필요가 있다. 이것을 위해 요구되는 기술은 다음과 같다.

- 경청
- 피드백에 대한 반응
- 타인에 대한 자기영향력의 자각
- 한발 물러서서 분석할 수 있는 능력(인지기술)
- 느낌과 직관에 대해 반영할 수 있는 능력

이런 반영은 사회복지사가 불확실하거나 복잡할 수 있는 근무상황을 다루는 방식을 조사하기 위하여 경험, 지식, 그리고 느낌을 종합한다. The Open University의 '사회복지를 위한 개방학습프로그램'은 반영에 필요한 기술을 다음과 같이 언급하고 있다.

> 반영은 사회복지에서 판단과 결정을 할 수 있게 하는데 핵심적인 기술이다. 이것을 바라보는 한 가지 방법은 이것은 우리가 실천을 통해서 그리고 체계적인 분석경험을 통해 우리의 전문적 지식을 개발할 수 있도록 허용해 준다는 것이다. 실천과 경험을 선두에 둠으로써, 이것은 대부분의 사회복지사가 자신의 일에 적절하게 임할 수 있도록

해준다.

반영 속에 내재된 이론은 실천을 통해서 드러난다. 다시 말해서, 반영은 본질적으로 우리가 하고 있는 것을 이해할 수 있게 도와준다. 따라서 우리는 경험으로부터 이익을 얻을 수 있고, 그것을 실천을 향상시키는 방법으로 사용할 수 있다. 이것은 다른 사람들의 아이디어와 함께 우리가 하고 있는 것을 통하여 우리 자신의 '이론'을 개발하는 것을 도와준다.

모든 기술과 마찬가지로, 만약 우리가 발전을 위해 노력하는 방법을 알고 있다면 도움이 될 것이다. 반영을 위해 우리가 여기서 사용하는 구조의 틀은 아브라함(Abraham, 1992)의 미발간 자료에서 인용한 것이다.

- 우리의 판단을 뒷받침하고 있는 것에 대한 반영.
- 행동패턴에 내재하는 이론에 대한 반영.
- 느낌, 그리고 그것이 행위에 대해 의미하는 것에 대한 반영.
- 우리가 생각하고 있는 문제가 설명되는 방식과 대안적인 것에 대한 반영.
- 우리 또는 타인이 우리가 생각하고 있는 문제와 관련하여 우리의 역할을 어떻게 보는가에 대한 반영.

모든 사람들이 어느 정도는 반영을 한다. 하지만 사회복지사는 자신의 일에 대해 자신이 갖고 있는 생각과 아이디어의 대부분을 만들어야 하고, 그것을 적절하게 하기 위한 시간과 훈련을 필요로 하면서, 반영을 실천에서 없어서는 안 될 부분으로 고려해야 한다.

(Dimmock et al., 2004)

지속적인 전문성 개발은 오로지 사회복지사가 집단과 개인적인 개발

활동을 맡기 위한 시간을 공식적으로 만들면서, 활동에 대해 반영하는 것의 가치를 인정하는 조직의 분위기 내에서 일어날 수 있다.

이 책에서 반영을 위한 질문과 활동이, 만약 신중하게 이행된다면, 상담 그리고 의사소통기술과 관련해서 자기개발을 하는 한 가지 방법이다. 상담과 의사소통 기술은 의사소통과 관계를 촉진시키기 위해 의존할 수 있는 것 이상으로 기술의 핵심을 제공한다. 그렇지만 그것들은 결코 완전히 '학습'되지 않는다. 그것들은 새로운 관계와 신선한 상황에 고용될 때마다 새롭다. 그것들은 변화하는 관계와 여건에 의해 계속해서 개선되고 재형성된다. 따라서 유능한 실천가는 기술과 실천을 배울 것이다. 하지만 그는 개개의 상황에 대한 반영을 통하여 그리고 가능한 한 서비스이용자의 표현된 바람과 느낌에 의해 인도되면서, 그것들을 적절하게 사용할 것이다.

많은 저자들이 '케어'를 돌보는 전문직으로, 따뜻한 '마음(heart)'이 사회복지실천으로 되돌아올 필요성에 대해 저술하고 있다. 서비스이용자의 목소리에 대한 새로운 관심, 인간발달에 대한 초점, 관계와 행복에 대한 압력활동이 사회복지를 위한 자격요건에 반영되고 있다(Topss, 2003a, b, c). 그렇지만, 교육생과 실천가들이 도전, 스트레스, 불확실성, 복합성, 어려운 인간적 딜레마 그리고 건강 또는 사회적 케어의 전문적 실천가가 경험하는 일상적 부분 같은 사건을 다루기 위해 자신의 전문직에서 지지되지 않는다면, 이것은 결코 유용하지 않을 것이다.

또한 많은 저서에서 병원, 학교 그리고 사회복지기관 같은 케어기관에서 일하는 실천가(정서노동자)의 정서적 비용에 대해 언급하고 있다(Malone et al., 2004). 또한 죽음, 질병, 범죄, 아동학대 그리고 다른 사회적 문제에 대한 사회의 불안을 다루는데서 실천가들의 역할이 논의되고 분석되고 있다(Reynolds et al., 2003). 개인에게 미치는 업무의 영향을 이해하는 이론과 그것을 지지하기 위한 것은 상담문헌에 존재한다. 그렇지만 이것은 부분적으로 개인들을 '병들게 할 수 있는' 두려움 때문에 그리고 부분적으로 기관의 과업과 임무에 대한 초점을 잃어버리는 것에 대한 불안으로 인해 덜 사용되고 있다. 이런 걱정은, 어느 정도, 합당한 것이고, 직장은 우선적으로 다루어야 할 서비스이용자 집단의 욕구에 대한 초점을 놓쳐버리는 치료적 지역사회가 되어서는 안 된다. 그럼에도 불구하고 사람들을 이해하는데 유용한 통찰과 지식을 사용하는 것과, 이행되어야 할 일에 초점을 유지하면서, 그들이 전문적이고 한정된 방법으로 자신의 과업을 수행하도록 지지하는 것 사이에 달성하기 위한 균형적인 행동이 있다. 만약 관리자가 이런 '인간적' 접근을 팀구성원들과 함께 사용한다면, 그들을 지지하고, 그들의 기술을 발전시키기 위해, 실천은 향상되고 스트레스나 질병은 감소될 것이란 주장들이 제기되고 있다(Seden & Katz, 2003). 또한 더 많은 '인간적' 접근은 서비스이용자들과 의사소통이 잘 될 것이다. 로저스(Rogers, 2001)가 주장한 것처럼, 그런 기술은 케어와 관료주의 사이에 상호교차하는 다리를 연결하는데 사용될 수 있다.

> 원조 전문직에서 정서노동의 고통, 양육과 돌봄의 의미에 대한 인식이 증가하고 있다. 동시에, 조직의 세계는 업무를 평가하는 문화와 상업성의 관점에서 증가하는 경영주의와 관료주의에 직면하고 있다. 비인간화된, 기술에 중점을 둔 환경에서, 관계와 돌봄의 발달을 내건 풍부한 정서적 분위기를 유지하는 것은 점차 어려워지고 있다. 방법을 제공하고, 이용자, 환자, 클라이언트와 치료적 관계를 유지하기 위한 느낌을 사용하는 것을 지지하기 위한 교육과 훈련을 위하여, 지속적인 전문성의 발달에서 세부적인 기술에 초점을 두는 것이 요구되고 있다... 교육과 업무에서 감정의 역할에 초점을 두는 케어의 지역사회를 창조하고 유지하는 것은 '개인적 발달의 중요성과 학습자의 사회적 세계를 인정하는 지속적인 전문성 개발'을 제공할 수 있다(Gorman, 2000, p. 157)... 그런 케어지역사회들은 교육과 관료제의 상호교차를 탐색하기 위한 문제의식을 기술개발 너머로 확대한다.
>
> (2001: 190)

나가는 말

이 책은 사회복지실천에 대한 일반적인 것에서 시작하여 세부적인 내용으로 문제를 해결토록 하는(top down) 관리적 접근과 서비스 그리고 실천을 형성하기 위해 세부적인 것에서 시작하여 일반적인 내용으로 문제를 해결토록 하는(bottom up) 서비스이용자를 포함한 실천가 중심의 접근 사이의 긴장에 대한 개략적인 설명을 하면서 시작하였다. 상담 실천으로부터 가져온 의사소통과 관계기술은 서비스이용자와 실천가 사이에 동반자적 관계와 참여를 형성하는데 핵심적인 수단이라고 주장한다. 즉 의사소통과 관계기술은 서비스를 이용하는 사람들이 필요로 하는 것을 확립하는 수단이고, 존중을 전달하는 수단이다. 상담 기술은 또한 실천가가 지지적인 기관 간 네트워크와 개별적인 '실천의 지역사회'를 형성하는데 유용하다. 상담 기술은 또한 실천가가 케어업무의 감정적인 요구와 도전을 다룰 수 있게 도와준다.

상담 기술은 사회복지의 모든 주요한 활동(사정, 활동, 계획, 옹호, 조직에서 일하기 그리고 실천에서 능력개발)을 뒷받침할 수 있으며, 널리 사용될 수 있다. 케어를 받는 사람들과 제공하는 사람들 사이의 관계를 형성하고 증진시키기 위하여 능숙한 상담 기술의 윤리적 사용은 가장 좋은 실천을 위한 중요한 요소이다. 이러한 능숙한 상담 기술의 사용을 통해 사람들에게 서비스를 제공하는 것이 사회복지실천이다.

참고문헌

Abbott, A. (1995) Boundaries of social work or social work boundaries? *Social Services Review*, December: 542-62

Adams, R. Dominelli, L. and Payne, M. (eds) (2002) *Social Work: Themes, Issues and Critical Debates*. Basingstoke: Palgrave.

Aldgate, J. and Colman, R. (1999) *A Conceptual Framework for the PQ Award in Child Care*. London: Department of Health.

Aldgate, J. and Simmonds, J. (1988) (eds) *Direct Work with Children*. London: batsford.

Aldgate, J., Bradley, M. and Hawley, D. (1997) *Supporting Families through Short Term Accommodation*. London: The Stationery Office.

Aldgate, J. and Seden, J. (2005) Promoting developmental outcomes for children in J. Aldgate, D. Jones, W. Rose and C. Jeffery (eds) *The Developing World of the Child*. London: Jessica Kingsley.

Aldgate, J., Jones, D. P. H., Rose, W. and Jeffery. C. (eds) (2005) *The Developing World of the Child*. London: Jessica Kingsley.

Allen-Meares, P. and Lane, B. A. (1987) Grounding social work practice in theory: ecosystems, *Social Casework: the Journal of Contemporary Social Work*, November:515-21.

Anand, S. and Sen, A. (1994) *Sustainable Human Development Concepts and Priorities*, http://meltingpor.fortunecity.com/lebanon/254/sen/htm:accessed 10 May 2004.

Argyle, M. (1969) *Social Interaction*. London: Methuen.

Argyle, M. (1988) *Bodily Communication*. London: Methuen.

Argyle, M. (1991) *Co-operation: the Basis of Sociability*. London: Routledge.

Argyle, M. and Cook, M. (1976) *Gaze and Mutual Gaze*. Cambridge: Cambridge University Press.

Atherton, J. (2004) Reflections [On-line] UK, http://www.dmu.ac.uk/jamesa/learning/criricall.htm:accessed 4 May 2004.

BACP (2004) www.bacp.co.uk, accessed 5 March 2004.

BASW (2004) *Code of Ethics in Social Work*, www.basw.co.uk, accessed 2 March 2004.

Balloch, S. and Taylor, M. (eds) (2001) *Partnership Working: Policy and Practice*.

Bristol: Policy Press.

Barclay, P. (1982) *Social Workers: Their Role & Task*. London: Bedford Square Press.

Barnes, R. (1990) *The fall and rise of casework, Community Care*, July 12:822.

Bateman, N. (1995) *Advocacy Skills*. Aldershot: Arena.

Beardshaw, V. (1991) *Implementing Assessment and Care Management*. London: Kings Fund College Paper.

Belbin, R. M. (1981) *Management Teams*. London: Heinemann.

Belbin, R. M. (1995) *Team Roles at Work*. London: Butterworth-Heinemann.

Beresford, B. (1994) *Positively Parents: Caring for a Severely Disabled Child*. York: Social Policy Research Unit.

Beresford, B. (1995) *Expert Opinions: A National Survey of Parents Caring for a Severely Disabled Child*. Bristol: Policy Press.

Beresford, P. and Croft, S. (2003) Involving service users in management: citizenship and support in J. Reynolds, J. Henderson, J. Seden and J. Charlesworth (eds) *The Managing Care Reader*. London: Routledge.

Beresford, P. and Croft, S. (2004) Service users and practitioners re-united: the key component for social work reform, British *Journal of Social Work*, 34: 53-68.

Berne, E. (1961) *Transactional Analysis in Psychotherapy*. New York: Grove Press.

Biestek, F. P. (1961) *The Casework Relationship*. London: George Allen and Unwin.

Birchall, E. and Hallett, C. (1995) *Working Together in Child Protection*. London: HMSO.

Bird, G. (1997) Letter, *Community Care*: 25 Sept-1 October.

Bowlby, J. (1988) *A Secure Base: Clinical Applications of Attachment Theory*. London: Routledge.

Bradshaw, J. (1972) The concept of need, *New Society*, 30 March: 640-3.

Brand, J. (1997) Letter, *The Independent*, 19 April.

Brandon, D. (ed.) (1989) *Mutual Respect*. Surbiton: Hexahon Publishing.

Braye, S. and Preston-Shoot, M. (1995) *Empowering Practice in Social Care*. Buckingham: Open University Press.

Breakwell, G. (1990) *Interviewing*. London, Routledge.

Brearley, J. (1991) *Counselling and Social Work*. Buckingham: Open University Press.

Brechin, A. (1998) Introduction in J. Walmsley, J. Katz and S. Peace (eds) *Care Matters*. London: Sage.

Brechin, A. and Seden, J. (2004) Communication skills in *Communication and Relationships in Health and Social Care*. Milton Keynes: The Open

University.

Brown, H. with Seden, J. (2003) Managing to protect in J. Seden and J. Reynolds (eds) *Managing Care in Practice*. London: Routledge.

Browne, A. (1993) A conceptual clarification of respect, *Journal of Advanced Nursing*, 18: 211-17.

Browne, M. (1996) Needs assessment and community care in J. Percy-Smith (ed.) *Needs Assessment in Public Policy*. Buckingham: Open University Press.

Cairns, F. (1994) A behinner's guide to transference and counter-transference within counselling, *Counselling*, November: 302-3.

Caplan, G. (1964) *Principles of Preventative Psychiatry*. New York: Basic Books.

Carroll, M. and Walton, M. (eds) (1997) *Handbook of Counselling in Organizations*. London: Sage.

Cartwright, S. and Cooper, G. L. (1997) *Managing Workplace Stress*. London: sage.

Chand, A. (2000) The overrepresentation of black children in the child protection system: possible causes consequences and solutions, *Child and Family Social Work*, 5(1): 67-77.

Charlesworth, J. (2003) Managina across professional and agency boundaries in J. Seden and J. Reynolds (eds) *Managing Care in Practice*. London: Routledge.

Clarke, C. L. and Asquith, S. (1985) *Social Work and Social Philosophy*. London: Routhedge and Kegan Paul.

Cleaver, H., Wattam, C. and Cawson, C. (1998) *Assessing Risk in Child Protection*. London: The Stationery Office.

Cleaver, H., Walker, S. and Meadows, P. (2004) *Assessing Children's Needs and Circumstances*. London: Jessica Kingsley.

Cochrane, D. (1989) Power, probation and empowerment, *Probation Journal*, 36(4): 177-82.

Compton, B. R. and Galaway, B. (1989) *Social Work Processes*. Pacific Grove: Brookes Cole.

Connelly, N. and Seden, J. (2003) What service users say about service users say about services: the implications for managers in J. Henderson and D. Atkinson (eds) *Managing Care in Context*. London: Routledge.

Cooper, A. (2003) Risk and the frame work for assessment in M. Calder and S. Hackett (eds) *Assessment in Child Care*. Lyme Regis: Russell House.

Corby B. (1996) Risk assessment in child protection in H. Kemshall and J. Pritchard *Good Practice in Risk Assessment and Risk Management*. London: Jessica Kingsley.

Corey, G. (1997) *Theory and Practice of Counselling and Psychotherapy*. California:

Brookes Cole.

Cornwell, N. (1990) Who directs the power in talking with clients? *Social Work Today*, September: 28.

Coulshed, V. (1991) *Social Work Practice: on Introduction*. Basingstoke: Macmillan.

Crompton, M. (1990) *Attending to Children*. London: Arnold.

Curnock, K. and Hardiker, P. (1979) *Towards Practice Theory, Skills and Methods in Social Assessments*. London: Routledge and Kegen Paul.

Dalgleish, L. I. (1997) *Risk Assessment Approaches: The Good, the Bad and the Ugly*, paper to the Sixth Australasian Conference on Child Abuse and Neglect, 20-4 October, Adelaide, South Australia.

Dalgleish, L. I. (2003) Risks needs and consequences in M. C. Calder and S. Hackett (eds) *Assessment in Child Care*. Lyme Regis: Russell House.

Dalgleish, L. I. and Drew, E. C. (1989) The relationship of child abuse Indicators to the assessment of perceived risk and to the court's decision to separate *Child Abuse and Neglect*, 13: 491-506.

Davies, D. and Neale, C. (1996) *Pink Therapy*. Buckingham: Open University Press.

Davies, M. (1985) *The Essential Social Worker*. Aldershot: Arena.

De Shazer, S. (1985) *Keys to Solution in Brief Therapy*. New York: Norton.

De Shazer, S. (1988) *Investigating Solutions in Brief Therapy*. New York: Norton.

Deakin, N. (1996) Contracting and accountability: the British experience in H. J. Schultze and W. Wirth (eds) *Who Cares: Social Service Organisations and Their Users*. London: Cassell.

Department of Health (1991a) *Assessment Systems and Community Care*. London: HMSO.

Department of Health (1991b) *Care Management and Assessment: Practitioners Guide*. London: HMSO.

Department of Health (1995) *Child Protection: Messages from Research*. London: The Stationery Office.

Department of Health (1996) *The Obligations of Care*. London: Department of Health.

Department of Health (1998a) *Modernising Social Services: Promoting Independence, Improving Protection, Raising Standards*. London: The Stationery Office.

Department of Health, DfES and Home Office (1998b) *Working Together to Safeguard Children: New Government Proposals for Inter-Agency Co-operation*. London: The Stationery Office.

Department of Health (2000a) *A Quality Strategy for Social Care*. London: The

Stationery Office.

Department of Health (2000b) *No Secrets: Guidance on Developing and Implementing Multi Agency Policies and Procedures to Protect Vulnerable Adults*. London: The Stationery Office.

Department of Health (2000c) *Assessing Children in Need and their Families: Practice Guidance*. London: The Stationery Office.

Department of Health (2000d) *The NHS Plan: a Plan for Investment, a Plan for Reform*. London: The Stationery Office.

Department of Health, DfES and the Home Office (2000) *The Framework for the Assessment of Children in Need and their Families*. London: The Stationery Office.

Department of Health (2001a) *The Children Act Now*. London: The Stationery Office.

Department of Health (2001b) *Valuing People*. London: The Stationery Office

Department of Health (2002) The *Single Assessment Process: Guidance for Local Implementation*, www.doh.gov.uk/sch/facs, accessde 31 December 2002.

Department of Health (2003) *Fair Access to Care Services: Guidance on Eligibility Criteria for Adult Social Care*, www.dogh.gov.uk/scg/facs, accessed 1 December 2003.

Department of Health (2004) www.children.doh.gov.uk/childrenstrust/faqu/htm, accessed 20 April 2004.

DfES (2003a) *Every Child Matters*. London: The Stationery Office.

DfES (2003b) *Every Child Matters: Summary Document*. London: The Stationery Office.

DfES (2004) *Every Child Matters: the Next Steps*. London: The Stationery Office.

Dickson, D. and Bamford, D. (1995) Improving the inter-personal skills of social work students: the problems of transfer of training and what to do about it British *Journal of Social Work*, 25:85-105.

Dimmock, B., Johnson, J. and Page, M. (2004) 'Reflection' *Aids to Practice Card*. Milton Keynes: The Open University.

Doel, M. and Marsh, P. (1992) *Task-centred Social Work*. Aldershot: Arena.

Dominelli, L. (1996) *Address, NOPT Conference*. University of Leicester, 11-13 September.

Doueck, H. J., Bronson, D. E. and Levine, M. (1992) Evaluating risk assessment implementation in child protection: issues for consideration *Child Abuse and Neglect*, 16:637-46.

Dougan, T. (1996) Counselling can add to the benefits of experience, *Letter*

Community Care, 18-24 January : 12.

Dowie, J. and Elstein, A. (eds) (1988) *Professional judgement: A Reader in Clinical Judgement Making*. Cambridge: Cambridge University Press.

Doyal, L,. and Gough, I. (1991) *A Theory of Human Need*. Basingstoke: Macmillan.

East, P. (1995) *Counselling in Medical Settings*. Buckingham: Open University Press.

Eaton, L. (1998) How long have we got? *Community Care*, 4 June : 18.

Edy, M. A. (2000) The challenges of being accountable in A. Brechin, H. Brown and M. A. Edy (eds) *Critical Practice in Health and Social Care*. London: Sage.

Egan, G. (1990) The Skilled Helper. Pacific Grove: Brooks-Cole.

Ellis, K. Devis, A. and Rummery, K. (1999) Needs assessment, street-level bureaucracy and the new community care *Social Policy and Administration*, 33(3): 262-80.

English, D. and Pecora, P. (1994) Risk assessment as a practice in child protection services *Child Welfare*, 53: 451-73.

Epstein, L. (1988) *Helping People: The Task Centred Approach*, 2nd ed. Columbus: C. E. Merrill.

Erikson, E. (1965) *Childhood and Society*. Harmondsworth: Penguin.

Everitt, A. and Hardiker, P. (1996) *Evaluating for Good Practice*. London: BASW and Macmillan.

Fairbairn, W. R. D. (1952) *Psychoanalytic Studies of the Personality*. London: Routledge and Kegan Paul.

Forbat, E. and Atkinson, D. (forthcoming 2005) The troubled position of advocates in adult services *British Journal of Social Work*.

Forbat, L. and Nar, S. (2003) Dementia's cultural challenge *Community Care*, 25-32 September 39.

Foskett, A. (2004) No secrets in practice *Community Care*, 11-17 March: 38-9.

Frances, D. and Woodcock, M. (1982) *Fifty Activities for Self-Development*. Aldershot: Gower.

Franklin, C. and Jordan, C. (1995) Qualitative assessment: a methodological review *Families in Society*, May: 281-95.

French, S. and Swain, J. (2004) Disability and communication: listening is not enough in M. Robb, S. Barrett, C. Komaromy and A. Rogers (eds) *Communication, Relationships and Care: a Reader*. London: Routledge.

Gandhi, P. (1996) When I'm sixty four: listening to what elderly people from ethnic minor-ities need *Professional Social Work*, February: 12-13.

Garbarino, J. (1982) *Children and Families in the Social Environment*. New York:

Aldine.

Gaudin, J. M., Shilton, P., Kilpatrick, A. C. and Polansky, N. A. (1996) Family functioning in neglectful families *Child Abuse and Neglect*, 20(4): 363-77.

Gilligan, R. (1997) Beyond permanence, the importance of resilience in child placement practice and planning *Adoption and Fostering*, 21(1):13-19.

Glisson, C. and Hemmelgarn, A. (1998) The effects of organizational climate and inter-organizational coordination on the quality and outcomes of children's service systems *Child Abuse and Neglect*, 22(5):401-21.

Golan, N. (1981) *Passing Through Transitions*. London: Collier-Macmillan.

Gomm, R. and Davies, C. (eds) (2000) *Using Evidence in Health and Social Care*. London: Sage.

Gordon, J. (1995) Counselling, who needs it? *You*, 22 October: 23-7.

Haines, J. (1975) *Skills and Methods in Social Work*. London: Constable.

Hallet, C. and Birchall, E. (1995) *Co-ordination and Child Protection* Edinburgh: HMSO.

Handy, C. (1993) *Understanding Organizations*. London: Penguin.

Hardiker, P and Barker, M. (eds) (1981) *Theories of Practice in Social Work*. London: Academic Press.

Hardiker, P and Barker. M. (1991) Towards social theory for social work in J. Lishman (ed.) *Handbook of Theory for Practice Teachers in Social Work*. London: Jessica Kingsley.

Hardiker, P. and Barker, M. (1994) *The 1989 Children Act-Significant Harm, The Experience of Social Workers Implementing New Legislation*. Legislation. Leicester: University of Leicester School of Social Work.

Hardiker, P. and Barker, M. (1996) *The NHS and Community Care Act 1990: Needs-led Assessments and Packages of Care*. Leicester: University of Leicester School of Social Work.

Hardiker, P. with Atkins, B., Barker, M., Brunton-Reed, S,. Exton, K., Perry, M. and Pinnock, M. (2002) A framework for conceptualising need and Its application to planning and providing services in H. Ward and W. Rose (eds) *Approaches to Needs Assessment in Children's Services*. London: Jessica Kingsley.

Harris, J. (2002) *The Social Work Business*. London: Routledge.

Harris, J. (2003) Let's talk business *Community Care*, 21-7 August:36-7.

Harrison, R., Mann, G., Murphy, M., Taylor, A. and Thompson, N. (2003) *Partnership Made Painless*. Lyme Regis: Russell House.

Hasenfald, Y. (1983) *Human Services Organisations*. Eaglewood Cliffs: Prentice-Hall.

Hawkins, P. and Shohet, R. (2000) *Supervision in the Helping Professions*.

Buckingham: Open University Press.

Healey, K. (1998) Participation in child protection: the importance of context *British Journal of Social Work*, 28:897-914.

Henderson, J. (2003) The consultation process in J. Henderson and D. Atkinson(eds) *Managing Care in Context.* London: Routledge.

Henderson, J. and Atkinson, D. (eds) (2003) *Mananging Care in Context.* London: Routledge.

Henderson, J and Forbat, E. (2003) Relationship-based social policy: personal and policy constructions of 'care', in M. Robb, S. Barrett, C. Komaromy and A. Rogers (eds) *Communication, Relationships and Care: a Reader.* London: Routledge.

Heron, J. (1997) *Helping the Client.* London: Sage.

Hetherington, A (2001) *The Use of Counselling Skills in the Emergency Services.* Buckingham: Open University Press.

Hill, M. and Meadows, J. (1990) The place of counselling in social work, *Practice*, 4(3): 156-72.

Hinds, A. (2003) Just Chatting? *Community Care*, 27 February-5 March: 40.

Hollins, S. and Sinason, V. (forthcoming) *Psychoanalytic Snapshots: Three Moments of Transition.*

Hooks, b. (1991) *Yearning: Race Gender and Cultural Politics.* London: Turnaround Books.

Hollis, F. (1964) *Casework: a Psycho-Social Therapy.* New York: Random House.

Honey, P. and Mumford, A. (1982) *The Manual of Learning Styles.* Maidenhead: Ardingley House.

Hornby, S. and Atkins, J. (2003) The environment of collaborative care in J. Reynolds, J. Henderson, J. Seden and J. Cherlesworth (eds) *The Managing Care Reader.* London: Routledge.

Horwath, J. (2001) (ed.) *The Child's World.* London: Jessica Kingsley.

Howe, D. (1987) *An Introduction to Social Work Theory.* Aldershot: Wildwood House.

Howe, D. (2003) Assessment using an attachment perspective in M. C. Calder and S. Hackett (eds) *Assessment in Child Care.* Lyme Regis: Russell House.

Howe, D., Dooley. T. and Hinings, D. (2000) Assessment and decision making in a case of child neglect and abuse *Child and Family Social Work*, 5(2): 143-55.

Hudson, B. (1991) Behavioural social work in J. Lishman (ed.) *Handbook of Theory for Practice Teachers in Social Work.* London: Jessica Kingsley.

Hudson, B. and MacDonald, G. M. (1986) *Behavioural Social Work: an Introduction.*

London: Routledge.

Hudson, B, Hardy, B., Henwood, M. and Wistow, G. (2003) In pursuit of inter-agency collaboration in the public sector: what is the contribution of theory and research? in J. Reynolds, J. Henderson, J. Seden and J. Charlesworth (eds) *The Managing Care Reader.* London: Routledge.

Hugman, B. (1977) *Act Natural.* London: Bedford Square Press.

Humphries, B. (ed.) (1966) *Critical Perspectives on Empowerment.* Birmingham: Venture Press.

Humphries, B. (2004) An unacceptable role for social work: implementing immigration policy *British Journal of Social Work*, 34: 93-107.

Hunter, M. (2003) One for all *Community Care*, 3-9 July: 30-1.

Huntley, M. (2002) Relationship based social work - how do endings impact on the client? *Practice* 14(2): 59-66.

Inskipp, F. (1986) *Counselling: The Trainers Handbook.* Cambridge: National Extension College.

Isaacs, W. (1999) *Dialogue and the Art of Thinking Together: a Pioneering Approach to Communicating in Business and in Life.* New York: Random House.

Jacobs, M. (1982) *Still Small Voice.* London: SPCK.

Jacobs, M. (1985) *Swift to Hear.* London: SPCK.

Jacobs, M. (1988) *Psychodynamic Counselling in Action.* London: Sage.

Jacobs, M. (1991) *Insight and Experience.* Buckingham: Open University Press.

Jacobs, M. (ed.) (1995a) *Charlie, an Unwanted Child?* Buckingham: Open University Press.

Jacobs, M. (ed.) (1995b) *Jitendra, Lost Connections.* Buckingham: Open University Press.

Jacobs, M. (1996) *The Care Guide.* London: Cassells.

Jacobs, M. (1998) *The Presenting Past.* Buckingham: Open University Press.

Jay, R. (1995) *Build a Great Team.* London: Pitman.

Jones, D. P. H. (2003) *Communicating with Vulnerable Children.* London: Gaskell.

Jones, D. P. H. (2005) Communicating with children in J. Aldgate, D. P. H. Jones, W. Rose and C. Jeffery (eds) *The Developing World of the Child.* London: Jessica Kingsley.

Jones, D. P. H. and Ramchandani, P. (1999) *Child Sexual Abuse: Informing Practice from Research.* Oxford: Redcliffe.

Jones, D. P. H. Hindley, N. T. and Ramchandani, P. (2005) Making plans: assessment, intervention and planning in J. Aldgate, D. P. H. Jones, W. Rose and C,. Jeffery (eds) *The Developing World of the Child.* London: Jessica Kingsley.

Jordan, B. (2004) Emancipatory Social Work? Opportunity or Oxymoron? *British Journal of Social Work*, 34: 5-19.

Joyce, B. (2003) Tools that dig deeper *Community Care*, September 4-10: 38.

Kadushin, A. (1995) *Supervision in Social Work.* New York: Columbia University Press.

Katz, J. (2003) Managing loss in care homes in J. Reynolds, J., Henderson, J. Seden and J. Charlesworth (eds) *The Managing Care Reader.* London: Routledge.

Keith-Lucas, A. (1972) *Giving and Taking Help.* Chapel Hill: University of Carolina Press.

Kempshall, H. and Pritchard, J. (1997) *Good Practice in Risk Assessment and Risk Management.* London: Jessica Kingsley.

Killick, J. (2004) Eliciting experiences of dementia in C. Malone, L. Forbat, M. Robb and J. Seden (eds) *Reflecting Experience: Stories from Health and Social Care.* London: Routledge.

Kitwood, T. (2004) The experience of person centred care, in C. Malone, L. Forbat, M. Robb, and J. Seden (eds) *Reflecting Experience: Stories from Health and Social Care.* London: Routledge.

Kolb, D. (1984) *Experiential Learning: experience as the source of leaning and development.* New Jersey: Prentice Hall.

Krane, J. (1976) *A Complete Guide to Therapy.* London: Harvester.

Lago, C. and Thompson, J. (1996) *Race, Culture and Counselling.* Buckingham: Open University Press.

Laird, J. (1995) Family centred practice in the post-modern era, *Families in Society*, March: 150-62.

Laming, H. (2003) *The Victoria Climbie' Inquiry.* London: The Stationery Office.

Lancaster, Y. P. and Broadbent, V. (2003) *Listening to Young Children.* Maidenhead: Open University Press and Mcgraw-Hill.

Leathard, A. (1994/2001) (ed.) *Going Interprofessional: Working Together for Health and Welfare.* London: Routledge.

Leathard, A. (2003) (ed.) *Interprofessional Collaboration: from policy to practice in health and social care.* London: Routledge.

Leathard, A. W., Chiodo, D., Whitehead, P. C., Hurley, D. and Marshall, L. (2003) The empirical basis of risk assessment in child welfare: the accuracy of risk assessment and clinical judgement, *Child Welfare*, LXXXII Sept/Oct: 5.

Lhullier, J. M. and Martin, C. (1994) Social work at the turn of the century *Social*

Policy and Administration, 28(1) Dec: 359-69.

Lindsey, D. (1994) *The Welfare of Children*. Oxford: University Press.

Lipsky, M. (1980) *Street Level Bureaucracy*. New York: Sage.

Lishman, J. (1991 and forthcoming) *Handbook of Theory for Practice Teachers in Social Work*. London: Jessica Kingsley.

Lloyd, M. and Taylor, C. (1995) From Hollis to the orange book *British Journal of Social Work*, 25(6): 691-707.

Lyons, P., Wodarski, J. S. and Doueck, H. J. (1996) Risk assessment for child protective services: a review of the empirical literature on instrument performance *Social Work Research*, 20(3) September: 143-55.

Maluccio, A. (ed.) (1981) *Promoting Competence in Clients: a New/Old Approach to Social Work Practice*. New York: The Free Press.

Malone, C., Forbat, L., Robb, M. and Seden, J. (2004) (eds) *Reflecting Experience: Stories from Health and Social Care*. London: Routledge.

Marsh, P. and Triseliotis, J. (1996a) abstract of 1996b, HMSO and Scottish Office:1.

Marsh, P. and Triseliotis, J. (1996b) *Ready to Practise? Social Workers and Probation Officers: Their Training and First Year in Work*, Aldershot: Avebury.

Mayer, J. E. and Timms, N. (1970) *The Client Speaks*. London: Routledge and Kegan Paul.

McGuire, J. (ed.) (1995) *What Works: Reducing Offending, Guidelines From Research and Practice*. Chichester: Wiley.

McLeod, J. (1998) *An Introduction to Counselling*. Buckingham: Open University Press.

Mearns, D. and Thorne, B. (1988) *Person Centred Counselling in Action*. London: Sage.

Meyer, C. H. (1993) *Assessment in Social Work*. New York: Columbia University Press.

Moore, W. (1997) Speak to me before it's too late *Health Service Journal*, 2 Jan: 20-2.

Morrison, T. (1988/1999) *Staff Supervision in Social Care*. Brighton: Pavilion.

Murphy. M. (1993) *Working Together in Child Protection: an Exploration of the Multi-disciplinary Task and System*. Ashgate: Arena.

Murphy Berman, P. (1994) A conceptual framework for thinking about risk assessment and case management in child protective services *Child Abuse and Neglect*, 8(2) February: 193-201.

NSPCC (1997) *Turning Points, a Resource Pack for Communicating with Children*.

Leicester: NSPCC, Chailey Heritage and the Department of Health.

Nelson-Jones, R. (1981) *Practical Counselling and Helping Skills*. London: Cassells.

Neville, D. (1996) Skills for empowerment in social work, Leicester: Centre for Fun and Families.

North, S. J. (1996) *Stress Community Care*, 30 October.

Nucho, A. O. (1988) *Stress Management*. Springfield: Thomas.

O'Hagan, K. P. (1986) *Crisis Intervention in Social Work*. Basingstoke: Macmillan.

Open University (1999) *MESOL Materials*. Milton Keynes: The Open University.

Open University (2003) *Managing Care*. Milton Keynes: The Open University.

Open University (2004) *Communication and Relationships in Health and Social Care*. Milton Keynes: The Open University.

Open University, NSPCC, Royal Holloway University of London and Department of Health (2005) *The Developing World of the Child: Training and Resource Pack*. Milton Keynes: The Open University.

Parker, R., Werd, H., Jackson, S., Aldgate, J. and Wedge, P. (1991) (eds) *Assessing Outcomes in Childcare*. London: HMSO.

Parker, J. and Randall, P. (1997) *Using Behavioural Theories in Social Work*. Birmingham: BASW.

Parker, J. and Bradley, G. (2003) *Social Work Practice: Assessment, Planning, Intervention and Review*. Exeter: Learning Matters.

Parton, N. (1998) Risk, advanced liberalism and child welfare: the need to rediscover uncertainty and ambiguity *British Journal of Social Work*, 28: 5-27.

Payne. M. (1992/1997) *Modern Social Work Theory: a Critical Introduction*. Basingstoke: Macmillan.

Payne, M. (2000) *Teamwork in Multiprofessional Care*. Basingstoke: Macmillan.

Pearn, M. and Mulrooney, R. C. (1995) *Learning Organizations in Practice*. Maidenhead: McGraw-Hill.

Person, G., Treseder, J. and Yallilly, M. (1988) *Social Work and the Legacy of Freud*. Basingstoke: Macmillan.

Percy-Smith, J. (ed.) (1996) *Needs Assessments in Public Policy*. Buckingham: Open University Press.

Perlman, H.H. (1957) *Social Casework*. Chicago: University of Chicago Press.

Petrie, S. and Wilson, K. (1999) Towards the disintegration of child welfare services *Social Policy and Administration*, 33(2): 181-94.

Piachaud, D. (2001) Child poverty, opportunities and quality of life *The Political Quarterly*, 72(4): 446-53.

Pincus, A. and Minahan, A. (1973) *Social Work Practice: Model and Method*.

Ithaca: Peacock.

Pittman, F. S. (1966) Techniques of family crisis therapy in J. Masserman (ed.) *Current Psychiatric Therapies*. New York: Grune and Stratton.

Powell, J. and Goddard, A. (1996) Cost and stakeholder views: a combined approach to evaluating services *British Journal of Social Work*, 26(1): 93-108.

Practice Panel (2004) Working at Cross Purposes *Community Care* 26 Feb-3 March: 42-3.

Prins, H. (1995) Seven sins of omission *Probation Journal*, 42(4) December: 199-201.

Pritchard, J. (ed.) (1995) *Good Practice in Supervision*. London: Jessica Kingsley.

Reder, P., Duncan, S. and Gray. M. (1993) *Beyond Blame: Child Abuse Tragedies Revisited*. London: Routledge.

Reeves, J. (2003) Research into practice *Community Care*, August 7-13: 44

Reid, W. J. (1963) *An Experimental Study of Methods Used in Casework Treatment*. New York.: Columbia University PhD Dissertation.

Reid, W. J. and Epstein, L,. (1972) *Task-centred Casework*. New York: Columbia University Press.

Reid, W. J. and Epstein, L,. (1976) *Task-centred Practice*. New York: Columbia University Press.

Reid, W. J. and Shyne, A. W. (1969) *Brief and Extended Casework*. New York: Columbia University Press.

Reynolds, J., Henderson, J., Seden, J. and Charlesworth, J. (eds) (2003) *The Managing Work*. London: NISWE.

Richmond, M. E. (1922) *Social Diagnosis*. New York: Russell Sage Foundation.

Roberts, A. R. (ed.) (1991) *Contemporary Perspectives on Crisis Intervention and Prevention*. Englewood Chicago Press.

Roberts, A. R. (1995) *Crisis Intervention and Time Limited Cognitive Treatment*. London: Sage.

Roberts, R. W. and Nee, R. H. (1971) *Theories of Social Casework*. London: University of Chicago Press.

Rogers, A. M. (2001) Nurture, bureaucracy and re-balancing the mind and heart *Journal of Social Work Practice*, 15(2): 182-91.

Rogers, B. (1992) Transference, counter-transference and a teddy bear *Counselling*, November: 242-3.

Rogers, C. R. (1961) *On Becoming a Person*. Boston: Houghton Mifflin.

Rollnick, M. W. (1996) *Motivational Interviewing*. London: Guildford Press.

Rosenstein, P. (1995) Parental levels of empathy as related to risk assessment in child protect-ive services *Child Abuse and Neglect*, 19(11) November: 1349-60.

Rutter, M. (1985) Resilience in the face of adversity: protective factors and resilience to psychiatric disorder *British Journal of Psychiatry*, 147: 163-82.

Rutter, M., Taylor, E. and Hersov, L.. (1994) *Child and Adolescent Psychiaty: Modrn Approaches*, (3rd ed.) London: Blackwell.

Rutter, M. and Hay, D. (eds) (1996) *Developing Through Life*. Oxford: Blackwell.

Ryan, M., Taylor, E. and Hersov, L. (1994) *Child and Adolescent Psychiatry: Modern Approaches*, (3rd ed.) London: Blackwell.

Rutter, M. and Hey, D. (eds) (1996) *Developing Through Life.* Oxford: Blackwell.

Ryan, M., Fook, J. and Hawkins, L. (1995) From beginners to graduate social worker: preliminary findings of an Australian longitudinal study *British Journal of Social Work*, 25: 17-35.

Ryle, A. (1995) Cognitive Analytic Therapy in M. Jacobs (ed.) *Charlie an Unwanted Child?* Buckingham: Open University Press.

Sale, A. U. (2004) Ready for the worst *Community Care*, 15-21 April: 26-7.

Saleebey, D. (1997) (ed.) *The Strengths Perspective in Social Work*. New York: Longman.

Sang, B. and O'Neill, S. (2002) Patient involvement in clinical governance *British Journal of Health Care Management*, 8:10.

Sawdon, C. and Sawdon, D. (1995) The supervision partnership: a whole greater than the sum of the parts in J. Pritchard (ed.) *Good Practice in Risk Assessment and Risk Management.* London: Jessica Kingsley.

Schaffer, R. H. (1990) *Making Decisions about Children, Psychological Questions and Answers.* Oxford: Blackwell.

Schon, D. (1983) *The Reflective Practitioner*. New York: Basic Books.

Scott, D and O'Neill, D. (1996) *Beyond Child Rescue: Developing Family Centred Practice at St Lukes*. St Leonards: Allen and Unwin.

Scrutton, S. (1989) *Counselling Older People*. London: Arnold.

Seden, J. (2001) Assessment of children in need and their families: a literature review in Department of Health, *Studies Informing the Framework for the Assessment of Children in Need and their Families*. London: The Stationery Office.

Seden, J. (2003) Managers and their organisations in J. Henderson and D. Atkinson (eds) *Managing Care in Context.* London: Routledge.

Seden, J. (2004) Showing the working: leadership and team culture in C. Malone, L.. Forbat, M. Robb and J. Seden (eds) *Reflecting Experience: Stories from Health and Social Care*. London: Routledge.

Seden, J. (2005) Frameworks and theories in J. Aldgate, D.P.H. Jones, W. Rose and

C. Jeffery (eds) *The Developing World of the Child.* London: Jessica Kingsley.

Seden, J. and Katz, J. (2003) Managing significant life events in J. Seden and J. Reynolds (eds) *Managing Care in Practice.* London: Routledge.

Seden, J. and Reynolds, J. (eds) (2003) *Managing Care in Practice.* London: Routledge.

Seligman, M.E.P. (1975) *Helplessness: On Depression Development and Death.* San Francisco: W. H. Freeman.

Sheldon, B. (1982) *Behaviour Modification; Theory, Practice and Philosophy.* London: Tavistock.

Sheldon, B. (1995) *Cognitive-Behavioural Therapy*, London: Routledge.

Shemmings, D. and Shemmings, Y. (2003) Supporting evidence-based practice and research mindedness in J. Seden and J. Reynolds (eds) *Managing Care in Practice.* London: Routledge.

Sinason, V. (1992) *Mental Handicap and the Human Condition.* London: Free Association Books.

Sinclair, R., Garnett, L. and Berridge, D. (1995) *Social Work and Assessment with Adolescents.* London: National Children's Bureau.

Siporin, M. (1975) *Introduction to Social Work Practice.* New York: Macmillan.

Skye, E., Meddings, S. and Dimmock, B. (2003) Theories for understanding people in J. Henderson and D. Atkinson (eds) *Managing Care in Context.* London: Routledge.

Smith, A. (1994) *Social Work Assignment.* University of Leicester: unpublished paper.

Smith, M. (1991) *Analysing Organizational Behaviour.* Basingstoke: Macmillan.

Smith, S. and Norton, K. (1999) *Counselling Skills for Doctors.* Buckingham: Open University Press.

Solomon, B. (1976) *Black Empowerment: Social Work in Oppressed Communities.* New York: Colombia University Press.

Sone, K. (1996) Professional roles *Community Care*, 21-7 November: 19.

Specht, H. and Vickery, A. (1977) *Integrating Social Work Methods.* London: George, Allen and Unwin.

Statham, D. (1996) *Address, NOPT Conference*, Leicester University, 11-13 Sept.

Syer, J. and Connolly, C. (1996) *How Teamwork Works: the Dynamics of Effective Team Development.* Maidenhead: McGraw-Hill.

Taylor, B. and Devine, T. (1993) *Assessing Needs and Planning Care.* Aldershot: Arena.

Taylor-Goody, P. and Lawson, R. (eds) (1993) *Markets and Managers: New Issues in the Delivery of Welfare.* Buckingham: Open University Press.

Topss (2003a) *The National Occupational Standards for Social Work.* www.topss.org.uk, accessed 1 December 2003.

Topss (2003b) *Statement of Expectations from individuals, families, carers, groups and communities who use services.* www.topss.org.uk, accessed 1 December 2003.

Topss (2003c) *Academic Standards for Social Work.* www.topss.org.uk, accessed 1 December 2003.

Townsend, J. (1987) *The Interviewers Pocket Book.* Alresford: Management Pocket Books.

Trevithick, P. (2000) *Social Work Skills.* Buckingham: Open University Press.

Trowell, J. and Bower, M. (1996), *The Emotional Needs of Young Children and Their Families.* London: Routledge.

Truax, C. B. and Carkguff, R. R. (1967) *Towards Effective Counselling and Psychotherapy.* Chi-cago: Aldine Publishing.

Turnell, A. and Edwards, S. (1999) *Signs of Safety: A Solution and Safety Oriented Approach to Child Protection Casework.* London: Norton.

Turnell, A. and Essex, S. (2006) *Working with Denied Child Abuse: The Resolutions Approach.* Maidenhead: Open University Press, McGraw-Hill Education.

Unell, I. (1996) Substance misuse in M. Jacobs, *The Care Guide.* London: Cassell.

Valente, M. (1998) Child protection and inter-agency working: a discussion *Practice* 10(3): 37-43.

Valios, N. (2004) Sounds familiar *Community Care,* 3-9 April: 32-3.

Wald, M. and Woolverton, M. (1990) Risk assessment: the emperor's new clothes? *Child Welfare,* 69:483-8.

Waine, B. and Henderson, J. (2003) Managers, managing and managerialism in J. Henderson and D. Atkinson (eds) *Managing Care in Context.* London: Routledge.

Walker, M. (ed.) (1995a) *Peta, A Feminist's Problem with Men.* Buckingham: Open University Press.

Walker, M. (ed.) (1995b), *Morag, Myself or Mother Hen?* Buckingham: Open University Press.

Walsh, J. A. (1987) Burnout and values in the social service profession *Social Casework: The Journal of Contemporary Social Work,* Family Service, May: 279-82.

Ward, A. (1993) *Working in Group Care: Social Work in Residential and Day Care Settings.* Birmingham: Venture Press.

Ward, A. (2003) Managing the Team in J. Seden and J. Reynolds (eds) *Managing Care in Practice.* London: Routledge.

Ward, H. and Rose, W. (2002) (eds) *Approaches to Needs Assessment in Children's Services.* London: Jessica Kingsley.

West Social Worker (1996) *After West Social Work,* January: 10.

Whalley, M. (1994) *Learning to be Strong: Setting up a Neighbourhood Service for Under Fives and their Families.* Sevenoaks: Hodder and Stoughton.

Wickham, R. E. and West, J. (2002) *Therapeutic Work with Sexually Abused Children.* London: Sage.

White, M. and Epston, D. (1989) *Narrative Means to Therapeutic Ends.* New York: Norton.

Wigfall, V. and Moss, P. (2001) *More Than the Sum of the Parts? A Study of Multi Agency Childcare Network.* London: National Children's Bureau.

Williams, B. (1996) *Counselling in the Criminal Justice System.* Buckingham: Open University Press.

Winchester, R. (2003) Protection down the line *Community Care,* 6-12 March: 38-9.

Winchester, R. (2004) Get your act together *Community Care,* 29 January-February 4:265-7.

Winnicott, D. W. (1960) The theory of the parent-infant relationship *International Journal of Psycho-analysis,* 41:585-95.

Winnicott, D. W. (1986) *Home is Where We Start From.* Harmondsworth: Penguin.

Yelloly, M. (1980) *Social Work Theory and Psychoanalysis.* New York: Van Nostrand.

Yelloly, M. and Henkel, M. (eds) (1995) *Learning and Teaching in Social Work: Towards Reflective Practice.* London: Jessica Kingsley.

찾아보기

[저자 소개]

• 김용민

학력: 성균관대학교 사회복지학과 박사
대구대학교 사회복지학과 석사
강남대학교 사회사업학과 학사
현) 대불대학교 사회복지학과 교수

경력: 월드비전 성남종합사회복지관 사회복지사
사랑의전화 마포종합사회복지관 재가복지과장
어린이재단 중탑 및 영등포종합사회복지관 대리/ 모금개발팀장
대불대학교 사회복지학과장/ 사회복지대학원 주임교수/ 가족복지상담실장

위원 활동: 사회복지사 1급 국가고시 출제위원
사회복지공동모금회 전라남도 배분평가위원 및 모금분과위원
한국학교사회복지학회 이사
한국학교사회복지사협회 전남지회 자문위원
교육복지지원사업 전라남도 연구위원(전남교육청)
교육복지투자우선지역지원사업 목포시 운영위원(목포교육청)
드림스타트 강진군 운영위원
지역아동센터 전라남도 평가운영단 운영팀장
전남가정위탁지원센터 운영위원
전남 서부노인보호전문기관 사례판정위원
영암군 다문화가족지원센터 운영위원
장흥군 지역사회복지대표협의체 위원
장흥종합사회복지관 운영위원
목포시장애인종합복지관 운영위원
진도군장애인종합복지관 운영위원 등등

자격: 사회복지사 1급 자격증
임상사회복지사(현, 전문사회복지사) 자격증

저서: 사회복지실천기술론(단독)
사회복지실천론(공저)
보건복지의 사회적 이해(공저)
논문: 노년기 가족위기의 문제해결에 관한 연구
중년기 가족위기에 관한 연구
방과후 아동보육에 있어서 제3섹터 영역의 활용 가능성에 관한 연구
고등학생 자원봉사 집단에 대한 학교 연계형 집단사회사업의 사례 연구
사회복지관의 조직풍토가 사회복지사의 직무만족에 미치는 영향에 관한 연구 등

• 이무영

학력: 성균관대학교 사회복지학과 박사
숙명여자대학교 아동복지학과 박사
전) 광신대학교 사회복지상담학과교수
현) 대덕대학 복지학과 교수

경력: 숙명여자대학교 아시아여성연구소 연구원
인천아동보호전문기관 연구조사팀장
광신대학교 학생생활연구소장
한국가족복지학회 이사
광주YMCA 청소년수련관 운영위원
굿네이버스 광주지부 운영위원
광주여성노동자회 자문위원
광주아가페실버센터 운영위원

자격: 현실요법 전문가, 모래상자치료전문가

저서: 사회복지개론(공저)
아동복지개론(공저)
가족정책론(공저)
논문: 다문화가족 한국 남성 배우자의 문화적응 스트레스, 의사소통 능력, 사회적 지지가 결혼만족도에 미치는 영향에 관한 연구
이혼결정과정에 영향을 미치는 요인 분석
부모의 주관적 행복감에 영향을 미치는 변인
국제결혼이주여성의 자아존중감 및 결혼만족도 향상을 위한 현실요법 집단프로그램의 효과
아동상담에 대한 보육교사와 유아기 어머니의 인식 및 요구
아동의 행복감에 영향을 미치는 변인
부모의 아동기 애착, 유아의 기질이 유아의 사회적 유능감에 미치는 영향 등

사회복지상담기술

2014년 9월 10일 중판인쇄
2014년 9월 15일 중판발행

저 자 JANET SEDEN
공 역 김용민 · 이무영
발행인 유 성 열
발행처 **청목출판사**
서울특별시 영등포구 신길로 40길 20
전화 (02) 849-6157(代) · 2820
FAX (02) 849-0817
등록 제318-1994-000090호

파본은 바꾸어 드립니다. 값 15,000원

http : //www.chongmok.co.kr

ISBN 978-89-5565-377-9